West Chicago Public Library District
118 West Washington
West Chicago, IL 60185-2803
Phone # (630) 231-1552
Fax # (630) 231-1709

El ciclo del amor marica

El ciclo del amor marica

Relaciones de pareja (y soltería feliz)
para hombres homosexuales

Gabriel J. Martín

Rocaeditorial

© 2017, Gabriel J. Martín

Primera edición: abril de 2017

© de esta edición: 2017, Roca Editorial de Libros, S. L.
Av. Marquès de l'Argentera 17, pral.
08003 Barcelona
actualidad@rocaeditorial.com
www.rocalibros.com

Impreso por LIBERDÚPLEX, S.L.U.
Ctra. BV-2249, km 7,4, Pol. Ind. Torrentfondo
Sant Llorenç d'Hortons (Barcelona)

ISBN: 978-84-16700-61-5
Depósito legal: B. 5416-2017
Código IBIC: VFVC

Todos los derechos reservados. Quedan rigurosamente prohibidas,
sin la autorización escrita de los titulares del copyright, bajo
las sanciones establecidas en las leyes, la reproducción total o parcial
de esta obra por cualquier medio o procedimiento, comprendidos
la reprografía y el tratamiento informático, y la distribución
de ejemplares de ella mediante alquiler o préstamos públicos.

RE00615

A todos los que formáis parte de mi vida cotidiana:
a Adrià, a Gemma, a mis padres, a Àngel, a Moisès, a Dani,
a Sergi, a Paula, a Carlos (a todos mis Carlos), a todos
mis Jordis y a todos mis Tonis. A Juan, a Rafa (a los dos),
a Xavi, a Jose, a Marián y su Joaquín. Al equipo con el
que trabajo en IESP, a los *pingüinos*, a las *gaviotas*, a todo
Afirma't, a Pep, a Ferran, a Michael, y a todos los
compañeros y compañeras de activismo.
A Carol, a Andrea, a los compañeros y compañeras
de la editorial. A todos mis pacientes presentes
y futuros. A mis seguidores, que acogéis mi trabajo
escrito o audiovisual con tanto amor.
Porque siempre os priorizaré sobre el resto.

Índice

Introducción 13
   No culpes al amor de lo que tu cultura se imagina sobre él 14
   Cuando el amor era para toda la vida 16
   Si te casas por amor, te divorciarás por desamor 17
   El ciclo del amor 19

BLOQUE I. El amor, ¡oh, el amor! 21
   1. ¿Qué ~~cojones~~ es el amor? 23
      (Otra vez) Sternberg y mucha compañía 23
      ¿Por qué él y no otro? (¿De quién nos enamoramos?) 30

BLOQUE II. Previniendo el amor tóxico. ¿Por qué lo llamáis «amor» cuando queréis decir cualquier otra cosa? 35
   2. No, cari, no estás sintiendo amor 37
      Los mitos del amor romántico 37
         Manía: los Siths del amor 45
         Termostato: amor como gestión emocional 48
         Pragma: amor como ganancia 49
         Compensación: amor como suplemento de tu autoestima .. 51
   3. No cojas estos trenes (ni aunque sean los últimos que pasen): 57

Relaciones tóxicas y dependencias sentimentales 57
Maricones que conviene evitar como candidatos a novio 64
    Falsos decentes 64
    Problemáticos 66
    Te quiero pero no te quiero (¡Me da miedo el compromiso!) 70
    Mochileros 71
    Arrelaciones: «Fulanito y sus juguetes» 73
El amor competitivo 77
El *bully* me pone burro 79
4. Vive una soltería saludable («Los chulos pasan, las hermanas quedan»). 80
Soltero y feliz 81
¿Qué es la «soltería saludable»? 86
    Amigos 87
    Proyectos 90
    Familia 91
    Sexo 92
    Autoestima 94
    Equilibrio emocional 95
Homofobia interiorizada (IH) y pánico a la soledad 96

BLOQUE III. El amor nace, crece, a veces se reproduce… y a veces se muere 101
5. Salir a conocer (y ligar) hombres 103
Lo de *bars, baths, bookstores and bushes* se ha vuelto un poquito más complejo 104
    Las apps de *cruising* 108
    Los bares (y similares) 112
    De las asociaciones a los *meetups* 122
    La calle 127
Sexo lúdico y punto (follar por follar es estupendo) 128
Tengo una (primera) cita 133
El chiste de la segunda cita 138

Esto se llama «nosestamosconociendo» 140
6. Tengo novio 149
   La consolidación de la relación 150
   Intimidad y aceptación: a la mierda la vergüenza y la IH ... 159
   Mi novio tiene hijos 165
   Amor, tengo VIH 169
      El hombre de mi vida es VIH+ 173
      Cielo..., soy VIH+ 175
   Sexo vinculado 181
7. ¡Me caso! 183
   Un proyecto en común 184
   El amor es ciego, la convivencia lleva gafas: resolución de conflictos 197
   Comunicación efectiva 205
   Comunicación afectiva 212
   El sexo después de 1000 polvos 218
8. Esto se acaba (preludio) 232
   Signos de desgaste 232
   Crisis e irresolución de conflictos 237
   La ruptura bien gestionada 243
      Gestión emocional inicial 248
      Aspectos prácticos relacionados con la ruptura 251
   Por eso, vete, olvida mi nombre, mi cara, mi casa (mi Facebook, mi Twitter, mi Instagram, mi email, mi Whatsapp...) y pega la vuelta 252

BLOQUE IV. Rescatándonos del naufragio 257
9. Aquello se acabó: el duelo 259
   Las funciones del duelo 263
   Etapas (o tareas) que tendremos que ir resolviendo 271
   Preparados, listos, ¡al capítulo 1!: no veas tu vuelta a la soltería como un fracaso 278

BLOQUE V. Los otros amores 285
   10. Universos alternativos 287
      El poliamor gay 287
      Parejas intergeneracionales 297
      Parejas a distancia 302

Recapitulemos 307
Epílogo 309
Referencias bibliográficas 315

Introducción

𝒯ras *Quiérete mucho, maricón*[1] y su éxito, confieso haberme sentido algo asustado sobre el siguiente libro. Pensé: «¿Podré escribir algo que sorprenda tanto?». Me tranquilizó una frase que se repetía entre vosotros: «Nos encanta cómo explicas las cosas». *Quiérete mucho, maricón* había sido un éxito por lo que explicaba y por cómo lo hacía. También por lo riguroso y lo exhaustivo, así que imaginé que algo así esperaríais para el siguiente trabajo. Esa fue la convicción que me llevó a plantearme este segundo libro como un manual sobre el amor entre gais visto a través de los ojos (y la experiencia y la formación) de Gabriel J. Martín. Y aquí lo tenéis: *El ciclo del amor marica*.

La culpa de que mi segundo libro sea sobre las relaciones sentimentales la tenéis vosotros porque cuando Carol, mi editora, me preguntó: «¿Sobre qué tema crees que podría tratar un segundo libro?», le contesté tirando de las estadísticas de mi trabajo: «Pues después de la IH,[2] las relaciones sentimentales

---

1. De ahora en adelante y para abreviar, emplearé las siglas *QMM* para referirme al título de mi primer libro.
2. Recuerda que IH son las siglas en inglés de *internalized homophobia* y que lo empleamos para abreviar «homofobia interiorizada».

son el asunto sobre el que más consultas me llegan, tanto por *email* como al gabinete». Así que aquí lo tienes: un libro que llega dispuesto a desmontarte algunos mitos y a ayudarte a que vivas tu mundo afectivo más sanamente.

No culpes al amor de lo que tu cultura se imagina sobre él

Ya sabéis que existe mucho debate sobre el amor romántico y las relaciones. Algunos puntos de vista demonizan las relaciones románticas hasta extremos que uno llega a asustarse y casi se siente cómplice de propagar una ideología asesina. Solo les falta afirmar que el amor es el culpable de los maltratos y abusos.

Podemos reconocer parte de verdad en lo que tiene que ver con la mitología del amor romántico (y lo veremos en este libro), puesto que buena parte de la ideología cultural sobre cómo han de ser las relaciones se ha inmiscuido en algo que resulta tan natural y tan neutro como los sentimientos que experimentamos en virtud de la interacción entre nuestras neuronas, hormonas, feromonas y aprendizajes.[3] El problema surge cuando la mitología de nuestra cultura sobre esos eventos neuronales sirve para la sumisión de la mujer al hombre o, en nuestras parejas, de uno al otro. La sumisión no es amor de ninguna de las maneras.

El amor no es solamente una «construcción burguesa». Esa frase es el resumen de una explicación mucho más extensa y compleja que, tal vez, algunos no se molestaron en leer. El modo en que nuestra cultura, en este momento de la historia y en nuestro entorno, entiende el amor sí es una construcción. Es la idea sobre el sentimiento, pero no el sentimiento, lo que

---

3. «Aprendizaje» es todo lo que hemos memorizado y vivido. Los contenidos culturales del enamoramiento se recogen bajo el término «aprendizajes», así como nuestras experiencias biográficas.

ha sido construido socialmente. Las ideas son construcciones mentales sobre los objetos naturales que ya estaban allí antes de que pensáramos sobre ellos. La burguesía de la época de la industrialización generó una mitología para tratar de explicar un fenómeno tan variable entre las personas como poco aprehensible, pero el amor llevaba milenios ahí.

El amor no es una invención de nadie. Lo que sí son una invención son las formas en que se ha tratado de explicar el amor. Pero el amor siempre ha existido. Los corazones palpitan desde la Antigüedad, como puedes ver en este poema egipcio:

> Cuando la beso y separa los labios
> ¡grande es mi alegría!
> pese a no haber probado la cerveza.[4]

El fenómeno del enamoramiento es universal (Fisher, 2004). El problema, como trataré de explicar en estas páginas, no es tanto creer en el amor sino en la interpretación que ha hecho nuestra cultura del enamoramiento. Si tú crees que «el amor lo cura todo» o que «el amor siempre prevalece», te estas creyendo falsedades difundidas por nuestra cultura acerca del amor. Pero no es por culpa de creer en el amor. Es por culpa de que no nos han ayudado a entenderlo.

El amor es real al margen de que nosotros tengamos expectativas no realistas sobre él. La mitología sobre el amor que justifica la sumisión es nociva. Si nuestra mitología sobre el amor hablara de apoyo y correspondencia, seguro que no tendría tan mala fama. En este libro trataré de ayudarte a superar los condicionantes culturales que podrían intoxicar tus relaciones de pareja.

---

4. Vaso Cairo 25218 + IFAO 1266, línea 16. Poema del Imperio Medio egipcio, entre el siglo XVI y el XI a. C.

Cuando el amor era para toda la vida

Precisamente uno de esos condicionantes tóxicos es la creencia de que el amor es para siempre. Puede serlo o puede que no lo sea. El amor galante, una de las principales fuentes de mitología sobre el amor de nuestra cultura, surge en la Edad Media. Esto es muy relevante porque, en aquella época, la gente vivía una media de treinta años. Los que conseguían superar la infancia (la tasa de mortalidad infantil era altísima) podían llegar a los cuarenta años más o menos. Pero casi nadie superaba los cuarenta y cinco…, la edad en la que todos nosotros nos divorciamos en la actualidad. El amor antes era «para toda la vida» porque la peste o la malnutrición te mataban antes de que te diese tiempo a desenamorarte.[5]

> ANTES EL AMOR DURABA TODA LA VIDA.
> AHORA LA VIDA DURA, AL MENOS, DOS AMORES.

Cuando preguntamos a los expertos, suelen explicarnos que hay un ciclo en el enamoramiento y que, aunque es posible prolongarlo gracias a las atenciones y a la dedicación mutua, lo habitual es que el estado de afectividad intensa que denominamos «enamoramiento» tenga una duración predeterminada. Se habla de los famosos siete años pero la duración es mucho más variable que esa cifra. En cualquier caso, si te haces adulto en torno a los veinte años, te enamo-

---

5. En nuestro país estaba prohibido divorciarse, cierto. Pero no en los países musulmanes, ni en los luteranos, donde se constataba que para aquellas generaciones anteriores solía llegar la muerte antes que el desenamoramiento.

ras, te casas y tienes hijos,[6] el desgaste de tu pareja suele comenzar a aparecer en torno a los treinta y cinco. Súmale los intentos de solucionarlo y las segundas oportunidades: una media de cinco años más. Te plantas en los cuarenta con una decisión que tomar: ¿sigues con tu pareja o te separas de ella? En esta época en la que, como verás, nos casamos por amor y no por necesidad y en la que, además, vas a vivir otros cuarenta años más, la respuesta de la mayoría de nosotros suele ser: «Me doy otra oportunidad de encontrar el amor».

En épocas anteriores, aunque hubiesen podido divorciarse, ni se lo hubiesen planteado («Para lo que me queda en el convento...», debían pensar), pero ahora la vida nos dura tanto que podemos experimentar no uno, sino hasta dos y tres ciclos del amor. De eso va este libro: de entender que nuestra esperanza media de vida ha superado (¡doblado!) la esperanza media de vida de una relación sentimental. De eso y de estar preparados para vivirlo lo más gozosamente posible.

Si te casas por amor, te divorciarás por desamor

Como leerás en el capítulo 2, la mayoría de los matrimonios en las generaciones anteriores no se celebraban por eso que hoy entendemos como «amor», sino por algo llamado *pragma*, que se centra más en razones prácticas que románticas. Entonces era prescriptivo tener hijos que les mantuvieran en su ancianidad y un/a compañero/a que les aportase dinero/cuidados. Hoy nos emparejamos por amor y, claro, si ya no estás con alguien por miedo a quedarte solo ni

---

6. Gracias al avance del matrimonio igualitario y de las adopciones y técnicas de reproducción asistida, estos términos son cada vez más aplicables a gais y lesbianas. Sobre si se trata de una «asimilación» o no, hablaré más adelante. Los emplearé como sinónimo de «etapas de las relaciones».

porque necesites reproducirte, el emparejamiento conllevará unas reglas distintas.

Intentamos establecer nuestras relaciones basándolas en el enamoramiento, y las expectativas de cómo transcurrirá nuestra vida en pareja han cambiado al cambiar el sentimiento que les da origen. Este sentimiento, como venimos diciendo, tiene principio… y final, así que, si te casas por amor, te divorciarás apenas el amor se acabe. Eso es lo que explica que nuestras relaciones tengan duraciones tan distintas de las de la generación anterior.

En mi opinión, no es que hayamos cambiado el modo en que nos relacionamos, es que nos relacionamos en función de otros sentimientos e intereses. Y no es que seamos distintos, es que hemos gozado de mejores condiciones gracias a la posibilidad de divorciarnos y de la progresiva (aún queda mucho por hacer) liberación de la mujer. Si ellos (sobre todo, ellas) hubieran podido, habrían hecho lo que hacemos nosotros actualmente. ¿Cuántas mujeres de más de sesenta años conoces que te han dicho algo así como: «Si a mí me pilla la juventud en estos tiempos, ¡por los cojones me caso!»? Además, hemos perdido el miedo al divorcio porque sabemos que, tras el duelo normal, uno se recompone y vuelve a estar en disposición de comenzar de nuevo. Para la generación anterior, divorciarse era una especie de drama cósmico al que más valía no tener que enfrentarse nunca y era preferible aguantar una convivencia tóxica, e incluso de maltrato, antes que romper el «sagrado vínculo del matrimonio» (cuánto daño ha hecho el catolicismo rancio, *la Mare de Déu!*).

Hemos aprendido a entender las relaciones como algo por lo que resulta bueno trabajar pero que, si no hay manera humana de que funcionen, es mucho mejor dejarlas terminar. Así que, como resultado, hemos interiorizado que el amor nace… y se acaba.

El ciclo del amor

Así que ahora podemos contemplar el amor como un ciclo compuesto por etapas que tendrán una duración variable. Algunas de estas etapas puede que no aparezcan en algunas parejas y puede que haya personas que vivan varios ciclos a lo largo de su vida. Todas las opciones son posibles y no hay buenas ni malas sino «situaciones bien llevadas» y «situaciones mal llevadas».

La idea de este libro es que puedas llevar lo mejor posible el mayor número de situaciones relacionadas con el amor. Y veremos este como un ciclo que tendría las siguientes etapas (léelo con *Circle of life* de *El rey león*, de fondo): soltería-flirteo-seducción-noviazgo-consolidación-desgaste-ruptura-duelo-soltería. Vamos a trabajar sobre qué ocurre en cada una de ellas.

En *El ciclo del amor marica* hablaremos de soltería saludable y de relaciones. Me gustaría que terminases esta lectura con dos ideas muy claras: que el proceso natural del amor se asemeja a un ciclo con sus diferentes etapas y que, cuanto mejor estés de autoestima, mejor será tu etapa de soltero y mejores tus relaciones sentimentales.

El hecho de que la autoestima sea tan importante es lo que explica que haga mención a *QMM* varias veces, especialmente en los capítulos iniciales. Allí encontrarás el material complementario que necesitas para que este segundo libro te conduzca a una vida afectiva libre de conflictos. Puedes entender perfectamente lo que se explica aquí sin haber leído el primero pero, no te voy a engañar, le sacarás muchísimo más partido al que tienes en tus manos si ya conoces el anterior (o lo lees a la vez).

Pongámonos en marcha ya.

BLOQUE I

El amor, ¡oh, el amor!

1
¿Qué ~~cojones~~ es el amor?

(Otra vez) Sternberg y mucha compañía

El primer paso en el análisis científico (describir cuidadosamente el fenómeno estudiado) ha sido un recorrido notablemente titubeante para los investigadores interesados en el estudio [del amor]. Una gran parte de este problema es que «Te quiero» es una frase que puede ser pronunciada con absoluta sinceridad por una madre a su recién nacido, por un joven a la mujer con la que tuvo una cita el día anterior en un resort de la playa en México y por una mujer heterosexual a su mejor amiga. ¿Qué tiene que ver el amor materno con la infatuación romántica y qué podrían tener ambas cosas que ver con el amor platónico entre amigas? Incluso dentro de la categoría de amor romántico, cuando una mujer y un hombre se dicen «te quiero» el uno al otro, ¿significa lo mismo?

Así comienza Douglas T. Kenrick su capítulo dentro de la obra *The new psychology of love* (editado por R. Sternberg, un psicólogo al que ya conoces de *QMM*). Y así voy a comenzar yo este libro: precisando que estamos hablando de algo que puede ser visto de múltiples maneras dependiendo de las personas que lo experimenten (o del «corazón que lo sienta», si quieres que empecemos a ponernos ñoños).

El amor admite muchas descripciones probablemente porque por «amor» entendemos muchas emociones y sentimientos distintos. Una de las pretensiones de este libro es que puedas hacerte una idea lo más clara posible de semejante complejidad y, claro está, que tengas algunas pautas para desenvolvernos mejor en un entorno que, como sabrás por tu propia experiencia, es bastante complicado aunque sumamente estimulante. Por eso nos interesa tanto. Y por eso nos tiene tan enganchados.

Volviendo a la psicología del amor y a Sternberg, como ya deberías saber si leíste QMM, el amor es la intersección de tres componentes: la pasión, la intimidad y el compromiso. Venga, clase de repaso; este autor definía cada componente de la siguiente forma:

• **Pasión**: «La pasión se refiere a los impulsos que conducen al enamoramiento, la atracción física, la consumación sexual y otros fenómenos relacionados en las relaciones amorosas [...], un estado de búsqueda intensa de la unión con el otro» (Sternberg, 2006, pp. 42-45). La pasión sería no solamente la atracción sexual (el deseo físico) sino también el deseo psicológico y la necesidad de la presencia del otro aunque esta presencia sea simbólica (= tenerlo en mente, pensar en él, priorizarlo). Si has dicho alguna vez que alguien siente «pasión por el fútbol», sustituye «fútbol» por «su novio» y sabrás a qué se refiere Sternberg cuando habla de pasión.

• **Intimidad**: «Sentimientos de cercanía, conexión y vinculación. Incluye aquellos sentimientos que dan lugar a la experiencia de calidez en una relación» (Ibíd., pp. 28-41). Según Sternberg, esta intimidad puede expresarse hasta de diez formas diferentes (comunicación íntima, comprensión mutua, compartir las propiedades, desear promover el bienestar del otro, etcétera). La intimidad es el componente que implica la total aceptación del otro, el nivel máximo de confianza y proximidad.

• **Compromiso**: «En el corto plazo se refiere a la decisión de que uno ama a alguien concreto y, a largo plazo, a que uno se compromete a mantener ese amor» (Ibíd., pp. 46-48). Compromiso es un proyecto de vida compartido, un estilo de vivir con el que ambos miembros de la pareja se identifican y con el que ambos, sin obligaciones externas, deciden comprometerse para llevarlo a cabo.

En *QMM* te expliqué que «estos tres componentes interactúan entre ellos: a mayor intimidad, mayor compromiso; si decae el compromiso, puede decaer la pasión, etcétera. Sternberg distingue también ocho tipos de relación: una llamada "no amor" (donde no aparece ninguno de estos elementos) y siete tipos de "amor", de los que solo uno de ellos puede considerarse tal cosa (él lo llama "amor consumado"). El resto son diferentes tipos de afecto».

También recordarás que, para expresar gráficamente estos tipos de relación, Sternberg emplea un triángulo, pero yo encontraba mucho más útil e intuitiva una figura donde empleo tres círculos que se intersecan, ya que cada región representa un tipo de amor. Vuelvo a traerla aquí y a recordarte la adaptación que he hecho de esos tipos de amor a la terminología del ambiente:

• Solamente pasión: un polvo de una noche.
• Solamente intimidad: un amigo (un «hermana»).
• Solamente compromiso: un compañero de piso o un socio.
• Pasión + intimidad = romance (empezamos a hacer acti-

vidades juntos, a contarnos nuestras intimidades y a sentirnos cómodos en la compañía del otro).

• Pasión + compromiso = amante o *follamigo* (no hay ningún tipo de interés mutuo más allá de lo puramente sexual pero sí el acuerdo / compromiso de repetir porque el sexo ha sido bueno). Este ejemplo se ve mejor en el caso de que sea una aventura fuera de la pareja: no van a iniciar una convivencia y se ven solo para tener sexo, pero hay una cierta continuidad. Hay pasión, hay «compromiso» en ir repitiendo, pero no se dan situaciones de intimidad emocional.

• Intimidad + compromiso = compañero de vida (o el de las parejas que llevan juntas muchos años y en las que la pasión se perdió). Es el típico caso de los matrimonios por conveniencia donde no hay pasión de ningún tipo por más que la relación pueda ser cordial, amable y comprometida.

• Finalmente, una relación donde los tres elementos se encuentran presentes, es una relación que llamamos «de pareja» (marido, novio).

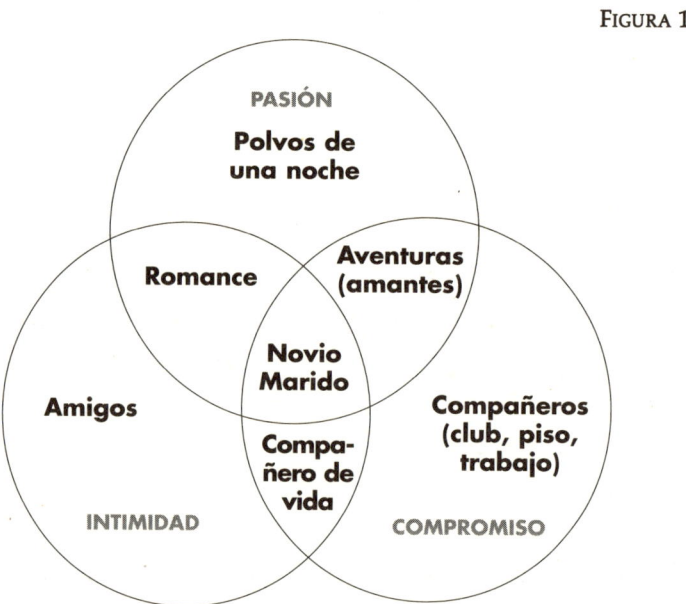

Figura 1

También en *QMM* (p. 320) te hablé de las teorías de Hendrick y Hendrick (2006), quienes distinguían entre seis variedades de estilos (o actitudes) amorosas, y que irán apareciendo igualmente en estas páginas cuando hablemos de diferentes situaciones relacionadas con tu vida sentimental. Te las recuerdo:

- **Eros**: emocionalmente muy intensa, con una fuerte atracción física y sensación de inevitabilidad. No se puede dejar de amar / desear a quien se ama / desea.
- *Ludus:* se experimenta una necesidad de jugar, de divertirse, de compartir emociones aunque no se acompaña de intimidad, de autenticidad, de mostrarse tal como uno es en realidad. Es como ese flirteo donde uno solo muestra una parte de sí mismo, aquella que cree atractiva.
- *Storge:* amor tranquilo, que va creciendo como una evolución, no aparece como una revolución. Es un amor similar a la amistad, donde no está presente el fuego de eros.
- *Pragma:* es un estilo amoroso que busca aquello que encaja con lo que estamos buscando, se parece mucho a buscar novio por catálogo: «Se lleva bien con mi familia, será un buen padre, etcétera: bueno, pues me lo quedo».
- **Manía**: es un estilo amoroso dañino, que va desde el éxtasis a la agonía, con altibajos dolorosos. No suele acabar bien. La pasión nos desata una tormenta emocional que, si no supera una duración prudencial, no plantea mayor problema. Pero si esta tormenta se convierte en manía y se nos desatan nuestros demonios, tendremos problemas. Por ello, es bueno aprender a gestionar nuestras emociones antes de pensar en enamorarse. El amor necesita estabilidad y, quien no la tiene no experimenta amor sino manía.
- **Ágape**: entrega total, amor incondicional, suele aparecer en relaciones a largo plazo, cuando las vivencias acumuladas y el compromiso mutuo así lo posibilitan.

Además de las anteriores, encontramos otras definiciones del amor muy interesantes. Por ejemplo, Helen Fisher (2006, p. 88) lo entiende como una especie de motivación, un *drive*, un impulso:

> Los estudios psicológicos indican que el amor romántico está asociado a una constelación de emociones, motivaciones y comportamientos […] el amor romántico comienza cuando un individuo empieza a ver al otro como alguien especial, único. El enamorado entonces focaliza intensamente su atención en ese individuo preferido, agrandando sus características positivas y pasando por alto o minimizando sus defectos. Los enamorados experimentan una energía extrema, hiperactividad, pérdida del sueño, impulsividad, euforia y cambios de humor. Están orientados a la tarea y fuertemente motivados para conquistar al amado […] Una sorprendente característica del amor romántico es el pensamiento intrusivo. El amante piensa obsesivamente en el amado. Y quizá algo muy característico de esta experiencia es que el enamorado está ansioso por sentirse emocionalmente unido a su amado.

Así, el enamoramiento es un proceso que se inicia con una cascada de eventos neuronales y que, como todos los eventos cerebrales, dependerá mucho del estado en que tu cerebro se encuentre. No es lo mismo el proceso de enamoramiento en un cerebro que está pasando por un duelo (como por ejemplo, un despido o un fallecimiento) que el de un cerebro feliz al que acaba de tocarle la lotería. A pesar de que ambos pudieran conocer al hombre de sus vidas, el primer cerebro estaría muy poco reactivo debido al duelo y la persona se sentiría «poco receptiva», mientras que el segundo cerebro estaría muy reactivo y la persona iniciaría un romance lleno de fuegos artificiales neurohormonales. Por todo ello, además de la variabilidad propia del proceso, deberemos añadir la variabilidad debida al propio sujeto y al momento vital en que se encuentra.

Por otro lado, a pesar de este fuerte componente biológico en nuestros estados emocionales conocidos popularmente como «enamoramiento», autores como David P. Schmitt (2006) nos recuerdan que existen fuertes diferencias entre individuos en el modo en que perciben y expresan estos estados, lo cual es indicativo, sin ningún tipo de dudas, de la influencia de elementos culturales o de rasgos de la personalidad. Entre estos rasgos se encuentran, según el autor, la agradabilidad[7] y la extraversión, con una cierta predominancia del primero de estos factores. Dicho en palabras simples: aquellas personas más extrovertidas y con más tendencia a auto-obligarse a hacer lo posible por agradar a los demás son las más propensas a enamorarse. Sobre la influencia cultural, Schmitt (op. cit., p. 252) nos dice:

> Las personas tienden a experimentar el amor de formas diferentes y en grados diferentes a través de las culturas [...] Las reglas y permisos que tienen que ver con cuándo, con quién y cómo nos enamoramos son ejemplos muy poderosos de la influencia cultural [...] la cultura puede moderar cómo se siente el amor, qué nos hace saber que estamos enamorados y qué tipo de conductas son las más apropiadas en nuestras vidas amorosas. El amor debe, en algún grado, ser una experiencia socialmente construida y refleja el momento y contexto en el que tiene lugar.

Así pues, cuando hablamos de amor estamos hablando de

---

7. Agradabilidad *(agreeableness)* es un rasgo de la personalidad que se manifiesta en amabilidad, simpatía, ser considerado con los demás y cooperativo. Se trata de uno de los cinco rasgos elementales de personalidad de todas las personas. Estos rasgos varían su presencia entre los diferentes individuos, de forma que hay personas que puntúan muy poco, otras que puntúan en valores medios y otras más que puntúan muy alto en ellos.

un fenómeno que incluye elementos biológicos, culturales y de la personalidad y que supone la interacción de muy diferentes tipos de emociones y sentimientos. Eso hace que cada uno de nosotros lo perciba de forma diferente, lo exprese de forma diferente, lo entienda de forma diferente, lo viva de forma diferente y que explique lo que siente de forma diferente. Por si no fuera suficientemente complejo ya en sí mismo, piensa en eso que llamamos «amor correspondido». Suma la complejidad anterior, la necesidad de encajar con alguien que (dentro de su particularidad personal) perciba el amor de forma similar a ti, lo exprese de forma similar a ti, lo entienda de forma similar a ti, lo viva de forma similar a ti y explique lo que siente también de forma similar a ti. ¿Te das cuenta de lo complicado que resulta? Me alegro, porque ahora empiezas a entender por qué esto del amor es un lío de cojones y se necesitan libros para entenderlo.

¿Por qué él y no otro? (¿De quién nos enamoramos?)

¡Qué fácil sería todo si nos enamorásemos de quienes debiéramos! (¡y qué poco trabajo tendríamos los psicólogos entonces!). El proceso de enamoramiento sería muy semejante al que hemos descrito en el capítulo introductorio al hablar sobre el amor tipo *pragma:* buscaríamos al hombre adecuado y nos casaríamos con él. Eso suponiendo que la adecuación fuera recíproca: él es tan adecuado para mí como yo para él y, por tanto, ambos nos reconocemos mutuamente como «candidatos ideales» y nos casamos.[8]

---

8. Verás que empleo mucho los términos «novio», «noviazgo», «marido» y «matrimonio» o verbos como «casarse». Históricamente hemos sido obligados a emplear términos que no denotasen el sexo de nuestra pareja, de manera que, de facto, teníamos prohibido socialmente el uso de determinadas palabras. Por decirlo de algún modo y

Por desgracia y como casi cualquier marica adulto sabe, no siempre nos enamoramos del hombre que nos conviene, y eso puede ser debido a múltiples razones. Al fin y al cabo, todo sucede por una razón: como, por ejemplo, la razón de que a veces somos gilipollas y tomamos decisiones basadas en criterios estúpidos. Vale, no hagamos sangre: a veces también elegimos acertadamente. En cualquier caso, ¿alguna vez te has preguntado qué es lo que nos hace inclinarnos por un hombre u otro? La mayoría de expertos señalan hasta seis razones para explicar nuestras preferencias:

- **Feromonas.** A veces no sabes muy bien por qué pero ese hombre en concreto te da un morbo tremendo. La química follando con él es bestial, sientes que su sudor te excita, que solo tenerlo cerca ya hace que dilates o te empalmes... ¡o ambas cosas! Tiene algo que llega directo a los núcleos sexuales de tu cerebro y te enardece. O, simplemente pero con igual poder, te despierta la ternura más profunda y las mayores ganas de saber de él.
- **Compatibilidad.** Algunos hombres tienen una vida, aficiones, actitudes, ideas tan similares a las nuestras que nos des-

---

siempre desde mi punto de vista, a los homosexuales se nos había vetado el uso de parte de nuestra lengua común, esa lengua que no pertenece a nadie, de la que nadie puede apoderarse, y que, por tanto, nadie puede prohibir a otros el uso de determinadas palabras. Por más que, para algunos, puedan parecer un efecto del asimilacionismo, mi intención es remarcar que, en el movimiento de liberación homosexual, también hemos conseguido rescatar esa parte de nuestra lengua que nos estaba prohibida y debemos hacer uso de ella como parte de nuestro activismo. Además, y pensando en aquellos países a los que aún no ha llegado el matrimonio igualitario, con el uso de estas palabras pretendo remarcar la igualdad de todos los amores y, por tanto, la obligación de los Estados de reconocer legalmente esa igualdad.

piertan una inmediata sensación de empatía. Cuando les aplicamos nuestro «programa de valoración de candidatos», esa especie de *checklist* mental en la que vamos repasando todas las razones por las que él sería un buen candidato a novio, él saca una nota altísima, así que, como no podía ser de otro modo al coincidir en tantas cuestiones, él va sumando puntos y comenzamos a considerarlo una buena apuesta.

• **Soledad.** En ocasiones nos sentimos solos y si uno se nos acerca para ofrecernos su cariño y compañía se convierte en alguien a quien nos aferramos para que nos saque de nuestra soledad. A lo mejor no tiene más interés para nosotros que el mero hecho de sentirnos acompañados. Pero nos llena una parcela de nuestras vidas y eso despierta algunos sentimientos. Puede que a algunos les suene triste pero para muchos hombres es una opción realista y legítima.

• **Familiaridad.** A veces encuentras hombres que, por sus rasgos físicos, por su temperamento, carácter o personalidad, puedan parecerse a alguien que haya formado parte de tu vida bien como un amor anterior, o como familiar, o bien como amigo. Los encontramos «familiares» porque nos suenan de algo y ese «sonarnos» hace que nos abramos a la intimidad con ellos o que, desde antes de conocerlos en profundidad, empecemos a desarrollar afecto hacia ellos.

• **Idealización.** Puede darse el caso de que idealicemos a alguien porque ya teníamos un ideal de pareja. Cuando antes ya has dicho «Mi hombre ideal sería de tal o cual aspecto, profesión y personalidad» y te encuentras a uno que encaja en ese molde ideal, puede surgir la tendencia a intentar una relación con él (al fin y al cabo, es el «hombre perfecto», ¿no?). El problema es que, en realidad, solo conoces de él sus características superficiales y puede que quieras ver lo que no hay porque, sencillamente, lo has idealizado.

• **Admiración.** El lado bueno de la idealización es la admiración. La diferencia entre idealizar a alguien y admirarlo es que, en el segundo caso, sí que lo conoces en profundidad y precisamente ¡porque lo conoces! admiras cómo es. Cuando encontramos a un hombre admirable, es fácil sentir afecto por él. Hay quienes no podrían enamorarse de una persona a la que no admirasen. Eso sí, vigila porque, a menudo, puedes confundir amor con admiración (el «fenómeno fan» está lleno de ejemplos).

Después de todas estas explicaciones sobre qué fue lo que te llevó a enamorarte del idiota de tu ex, del adorable amigo de toda la vida o de tu profe de pilates, ya sabemos que eso que llamamos «amor romántico» es:
- una emoción compleja que promueve la vinculación con otro ser,
- una emoción que consta de una parte claramente neurohormonal y
- que es percibida y vivida de modos muy diversos a causa de factores educacionales y culturales.

Puede que la anterior no sea una explicación especialmente idealizada para quienes ven en el amor una especie de «pálpito espiritual que me funde en la experiencia de lo inenarrable y me hace sentir cómo mi alma se balancea sobre la pupila de mi amado»,[9] pero, desde luego, es una definición mucho más próxima a la realidad. Tu cerebro es una máquina maravillosa capaz de componer sinfonías y de disfrutar de experiencias como si fuesen místicas por más que no sean otra cosa que eventos neuronales. Al fin y al cabo, dentro de ese mundo de los eventos neuronales, poco importa saber cómo se producen para poder disfrutarlos.

Entender el amor nos ayuda a no caer en las trampas de

---

9. Y te lo dice uno que ha escrito muchos versos.

lo que NO es amor pero no le quita eso que llamamos «magia». Para que me entiendas: por mucho que conozcas al detalle el funcionamiento de tu aparato digestivo, sigues disfrutando de la experiencia gastronómica de ir a un buen restaurante. De manera análoga, que conozcas los entresijos del enamoramiento y de las relaciones de pareja no quitará nada de ilusión a tus amores futuros. Pero sí te ayudará a saber alejarte de situaciones tóxicas.

El amor es una emoción que se despierta (y mantiene) debido a una multitud de causas que interactúan de maneras muy complejas. Si tuviéramos la capacidad de computar todas estas causas, de medir los grados en que estas se expresan y los niveles de influencia mutua entre todas ellas podríamos hacer una descripción perfectamente precisa del proceso de enamoramiento pero, justamente debido a esta complejidad multicausal de un fenómeno como el del enamoramiento humano, por el momento nos resulta una empresa imposible. Llega un punto en que se hace tan complejo entender todas sus causas y factores que perdemos el control sobre la comprensión del proceso y esa nebulosa hace que lo vivamos como si fuese algo azaroso y casual. Esa es la «magia» del amor.

En mis palabras, el amor es un sentimiento que se expresa de múltiples maneras y que, referido a una relación de pareja, se presenta como el impulso para construir una relación nutritiva y de mutuo apoyo entre dos adultos. En el caso del «amor de pareja», suele comenzar con un impulso erótico y una necesidad de establecer una relación íntima privilegiada con el otro que, tras un tiempo, se convierte en un vínculo profundo que une a los enamorados en un proyecto común. Este vínculo tiene siempre una duración indeterminada.

Y ahora que ya sabes qué es el amor, vamos a completar ese conocimiento aprendiendo qué no es el amor.

BLOQUE II

Previniendo el amor tóxico.
¿Por qué lo llamáis «amor» cuando queréis decir cualquier otra cosa?

2

No, cari, no estás sintiendo amor

Los mitos del amor romántico

La mejor forma de comenzar un capítulo sobre el amor tóxico probablemente sea prestando atención a los mitos del amor romántico. Como te explicaba en la introducción, nuestra cultura ha elaborado una serie de creencias para tratar de explicar el sentimiento amoroso. Paralelamente, hemos ido elaborando otra serie de creencias acerca de cómo conseguir que las relaciones funcionen. Todas juntas forman ese pastelón terrible que venimos a denominar «los mitos del amor romántico»: una serie de falsas creencias acerca de cómo surge y funciona el amor.

Si bien es cierto que algunas escuelas, sobre todo sociológicas, niegan la existencia esencial del amor (que sería una construcción social sin esencia real), mi postura como psicólogo es distinta. Ningún psicólogo científico duda de que el amor exista: es un fenómeno observable y medible. Otra cosa es la elaboración mental que cada persona haga sobre sus sentimientos y sobre cómo los vive. Esta última es totalmente cultural y, quizá, la más relevante para determinar cuánto de feliz (o de infeliz) considera una persona su vida afectiva. Pero es evidente y empírico que el amor existe con absoluta independencia de la construcción que empleemos para entenderlo.

Nosotros los psicólogos entendemos que el amor, como todas las emociones, tiene varios componentes: fisiológico (la activación corporal), conductual (lo que haces para expresarlo) y cognitivo (lo que piensas acerca de lo que estás sintiendo). Así, gracias a los escáneres y a la cuantificación de determinados neurotransmisores y hormonas, podemos observar y medir el componente fisiológico del amor. El componente conductual puede también observarse y medirse mediante, por ejemplo, el lenguaje no verbal de los enamorados: puedes contar la cantidad de veces por minuto que un enamorado inclina amorosamente su cabeza cuando mira a su chico. Por tanto, el amor como emoción existe porque puede observarse y medirse. Igual que se puede hacer con el componente cognitivo, ya que podemos registrar los pensamientos que elaboramos acerca de nuestros sentimientos («Esto que siento debe ser amor, porque el corazón se me *arremolina* cada vez que me cruzo con su mirada»).

Para este capítulo son de gran interés esos pensamientos pues son razonamientos que elaboramos para entender lo que estamos sintiendo y cuyos fundamentos tomamos prestados de nuestra cultura. Algunos son saludables pero también los hay que terminan perjudicando a los enamorados. Esos son los que llamamos «mitos del amor romántico» y de ellos hablaremos a continuación.

Los mitos del amor romántico son «el conjunto de creencias socialmente compartidas sobre la supuesta verdadera naturaleza del amor» (Yela, 2003, p. 264). Como señalan Ferrer, Bosch y Navarro (2010), «podemos considerar que [...] al igual que sucede en otros ámbitos, también los mitos románticos suelen ser ficticios, absurdos, engañosos, irracionales e imposibles de cumplir».

Es decir, se trata de creencias irracionales que, sin ningún tipo de fundamento empírico, han sido introducidas en nuestra cultura a través del adoctrinamiento religioso, a partir del desconocimiento de otras realidades culturales o, simplemente, por medio de las artes y de la creencia popular. Son, por tanto, falsedades que distorsionan el modo en que vivimos nuestras relaciones sentimentales. Yela (2000) cita los principales mitos sobre el amor romántico de nuestra cultura:

1. Mito de la «media naranja». Solo hay un ser humano predestinado a formar una pareja con nosotros. Este mito tiene su origen en la Grecia clásica y se intensifica con el concepto de «amor cortés» y el Romanticismo.

2. Mito del emparejamiento o de la pareja. Lo natural y universal es tener pareja.

3. Mito de la exclusividad. No se puede albergar sentimientos más que por una persona.

4. Mito de la fidelidad. Todos tus deseos sexuales estarán dirigidos a tu pareja si verdaderamente la amas. Como señalan Ferrer, Bosch y Navarro (op. cit.), «estos tres mitos (del emparejamiento, de la exclusividad y de la fidelidad) fueron introducidos por la cristiandad (y se hallan presentes en escritos de san Agustín, san Jerónimo y santo Tomás) con objeto de instaurar un nuevo modelo de relación de pareja (amar solo a una persona, tener relaciones sexuales solo con ella y establecer una relación heterosexual), diferenciado de los de épocas y culturas anteriores. Los mitos sobre la castidad o sobre la sexualidad como algo pecaminoso, también introducidos por el cristianismo, tendrían el mismo objetivo».

5. Mito de los celos. Estos son un signo de amor.

6. Mito de la equivalencia. El «amor» y el «enamoramiento» son equivalentes y si ya no deseas apasionadamente a tu pareja, es que ya no la amas y es mejor abandonar la relación. (Lo retomaremos al hablar de parejas abiertas o permeables).

7. Mito de la omnipotencia. El amor, por sí solo, «todo lo puede» y es capaz siempre de solucionar todos los problemas.

Según Ferrer, Bosch y Navarro (op. cit.), estos dos mitos (equivalencia y omnipotencia) aparecieron en nuestra cultura como parte del «amor cortés» y fueron potenciados posteriormente por el Romanticismo.

8. Mito del libre albedrío. Nuestros sentimientos amorosos no están influidos por factores socio-biológico-culturales.

9. Mito del matrimonio o de la convivencia. Si estás enamorado, debes vivir junto a tu pareja. No vivir juntos equivaldría, por el contrario, a que no estáis verdaderamente enamorados.

10. Mito de la pasión eterna o de la perdurabilidad. La intensidad amorosa del inicio se puede mantener para siempre.

Venga, ¿cuántas ideas distorsionadas sobre el amor almacenabas? Más de cuatro ya es un problema, y más de siete ya es un horror.

Voy a tratar de darte pautas para dejar atrás esos mitos, si bien es cierto que los gais tenemos bastante superados muchos de ellos, siendo el ejemplo más patente el de la pareja abierta. Nosotros nunca nos hemos acabado de creer los mitos de la exclusividad, de la fidelidad ni de la perdurabilidad. Del resto, seguiremos hablando en estas páginas. Pero desde ahora mismo es bueno que te des cuenta de hasta qué punto puedes estar mediatizado en tus expectativas sobre tus relaciones si crees en estos mitos.

Fíjate: si crees en el mito de la «media naranja», siempre te sentirás como si te faltase una mitad. Si, además, te crees el mito del emparejamiento, ese sentimiento de carencia se acrecentará. ¿De dónde sacas que todo el mundo tiene que estar emparejado si no es de la cultura popular (de los mitos)?

¿Qué podemos decir sobre el mito de la exclusividad? ¿Acaso no podemos sentir deseo sexual por diferentes personas? Una cosa es el sentimiento de vinculación profunda y la complicidad que desarrollas hacia alguien con quien mantienes una relación sentimental. Pero el deseo sexual no necesita nada más que una activación fisiológica y un estímulo proveniente del otro (una mirada, un pectoral, un paquete, un culo… o una guarrada bien dicha). ¿Cómo te sentirás si experimentas deseos sexuales hacia personas que no son tu pareja? Una cosa es que tu pareja y tú hayáis pactado que esos deseos solo los vais a canalizar a través del juego erótico entre vosotros o en vuestras masturbaciones y que jamás follaréis con quienes os los provocan, pero los deseos existirán y os pondrán cachondos también otros hombres. Lo anterior sería una visión bastante más realista de la monogamia: «Es natural que otras personas me provoquen deseos pero eso no significa necesariamente que los satisfaga con ellos ya que he decidido y pactado voluntariamente con mi novio que nuestra sexualidad se va a expresar exclusivamente a través de relaciones entre nosotros». Lo que no puedes pretender es que solo tu novio te encienda ni ser tú el único que lo encienda a él.

Lo más cruel del mito de la fidelidad es la parte en la que nos han hecho creer que quienes mantienen relaciones abiertas (o permeables) son moralmente peores o psicológicamente más disfuncionales respecto de quienes mantienen estrictamente la fidelidad sexual. Ya sabes cuánto maricón anda por ahí despotricando de quienes pactan un modelo no monógamo de relación. En muchos casos lo hacen empleando otro mito, el de los celos, con frases al estilo de «Si no sientes celos de que tu novio folle con otro es que no lo quieres», y les resulta imposible entender que haya muchos hombres que puedan excitarse intensamente al ver a sus novios follando con otros en mitad de una orgía, de un intercambio de parejas o en un trío. Que tú sientas celos no significa que quieras más ni mejor. Solo significa que te sientes inseguro.

De hecho, el mito de los celos está relacionado con el mito de la equivalencia. Porque hay quienes no entienden que el enamoramiento y el amor no son equivalentes y que puedes amar mucho a alguien sin que ello suponga que estés todo el día loco de deseo por él. Y también está relacionado con el mito de la pasión eterna: hay quienes creen que estarán eternamente igual de enamorados y encoñados sin currárselo… ¡Uf, qué falta de contacto con la realidad!

Otro mito que ha hecho mucho daño es el de la omnipotencia. Este es un mito muy nuestro. Todo el cine, las novelas y los culebrones del género «comedia romántica» se basan en este mito: si hay amor, no importan las desgracias que puedan ocurrir, al final la pareja estará junta porque su amor los ayudará a sortear todos los obstáculos, todas las distancias, todas las oposiciones familiares y todos los condicionantes de clase. La pareja estará junta ¡y feliz!, porque otra de las falsas creencias que promueve este mito es que, solo por tener pareja, ya seremos absolutamente felices aunque las restantes áreas de nuestra vida sean una mierda. «Contigo pan y cebolla» es un refrán castellano que ejemplifica esta falsa creencia. Y también es un ejemplo esa típica frase de las películas: «Nos tenemos el uno al otro».

Si las anteriores frases se entienden como sinónimo de «Nos daremos apoyo mutuo para tirar adelante con fuerza en busca de soluciones a los problemas de la vida», puede ser una manera muy adecuada de enfocar el sentido de la pareja. Pero si las interpretamos como un «No necesitamos otra cosa que el uno al otro», esta creencia se convierte en una puerta a la frustración con vía directa al fracaso.

Por otra parte, hay quienes emplean este mito para justificar la obligatoriedad de la convivencia ya que, según ellos, vivir juntos es la mejor forma de garantizarse el apoyo incondicional. Eso puede ser cierto… o no. La peor parte de este mito es la creencia de que si dos novios no viven juntos es que no se aman lo suficiente, cuando lo cierto es que amor y convivencia, como veremos, no guardan una relación de causa-efecto. Este mito también encierra muchos errores relacionados con creer que el mero hecho de amar a alguien hará que a su vez él te ame a ti.

En primer lugar, supone el error de creer que hay una «energía mágica en el universo que irá de tu corazón enamorado hacia vete tú a saber dónde» y que hará que tu amado se enamore de ti... ¡porque tú lo deseas! Presupone, por otra parte, un exceso de confianza en las propias habilidades de seducción. Y también una fe ciega en que tú, porque se te meta entre huevo y huevo, vas a conseguir conquistar al otro. Como si tu caída de ojos tuviese poderes sobrenaturales para hechizar a cualquier ser humano (luego te frustras y te quejas si no lo consigues, maricón, ¿no estás viendo que no te contesta los whatsapps? ¡Déjalo ya!).

Lo peor es que este mito incluye otra creencia aún más perversa: la de que el otro es un sujeto pasivo[10] que no tiene voluntad ni nada que opinar acerca de si quiere ser tu novio. Si tú lo quieres, su opinión no importa: él DEBE ser tu novio. ¿No te estás pasando de la raya? ¿Ves? Tú mismo estás creyendo una burrada: que solo porque a ti te guste un chico, él debería enamorarse de ti sin que pueda decidir. ¿Te imaginas que alguien lo hiciera contigo? Y que se te metiera en el teléfono, en el buzón de email, en el Facebook, en Twitter, en Instagram... que te *estalqueara*.[11] Que interrogase a todos tus amigos sobre ti.

---

10. «Pasivo» en el sentido de que se deja hacer sin protestar; no te líes con las palabras.

11. La RAE aún no se ha pronunciado sobre la grafía correcta del anglicismo «estalquear», que aparece en algunos soportes digitales con una modificación mínima del original inglés (como «stalkear»). El verbo de marras significa 'espiar, acosar a alguien' y suele referirse a cuando chismoseamos en sus redes sociales con ánimo de enterarnos de detalles de su vida personal. A menudo se hace de modo obsesivo y se dan casos de auténtico trastorno de *stalkers* que se obsesionan con sus estrellas de cine o música.

Que te enviara flores a la oficina. Que apareciera en cada bar al que sueles ir. Que lo intentara todo para tener una cita contigo o que se te apalancara al lado y no te dejara hablar con otros en las salidas de grupo. Para prenderle fuego en las fallas, ¿verdad? Ea, pues sé empático y no le hagas eso a nadie. Si él no demuestra interés después de tres o cuatro intentos de tener una cita, capta su indirecta y queda con tu amigo para contarle que no te has salido con la tuya, hablar de la cantidad de hombres que quedan en el mundo, de que «seguro que alguno estaría feliz de tener algo conmigo»... ¡y sigue con tu vida!

Por último, el mito del libre albedrío está especialmente presente en nuestra comunidad (por eso lo he dejado para el final) ya que acostumbramos a socializar en unos espacios donde el único elemento común entre los que allí nos reunimos es que todos somos homosexuales. Nos reunimos hombres de todas las edades y de todos los niveles socioculturales. El deseo, que es algo que se basa en las características más superficiales de una persona (excepto el deseo motivado por determinados morbos que tocan más resortes psicológicos), surge entre dos hombres sin importar su biografía. Pero a la hora de intentar construir una relación, ni somos tan libres a la hora de elegir, ni el enamoramiento inicial es tan libre como para poder convertirse en una relación con quien se nos antoje.

Es muy probable que influyan elementos ajenos al deseo sexual y que estos puedan jugar en contra del afianzamiento de la relación. Elementos de este tipo son el nivel cultural (¿de qué hablamos entre nosotros?, ¿qué intereses compartimos?, ¿por qué no me acompaña a los museos?) o incluso el nivel económico por «feo» que suene (me quedo con las ganas de ir a todos los sitios que me gustaría porque él no se lo puede permitir, me hace sentir incómodo con el nivel de vida que lleva). Estos y otros muchos más factores influyen determinantemente a la hora de construir la intimidad y el proyecto de vida conjunto, así que son determinantes para pasar del enamoramiento al amor.

Sobre todos estos mitos vamos a profundizar mucho en los capítulos correspondientes aunque no hagamos referencia directa a ellos. Verás cómo ataco muchas de las preconcepciones que tenemos sobre el amor romántico y las relaciones de pareja y cómo muchos de esos lugares comunes e ideas distorsionadas de las que hablamos están relacionados con estos mitos del amor romántico que acabamos de comentar.

Manía: los Siths del amor

El amor como manía (Lee, 1988; Hendrick y Hendrick, 2006) es también conocido como «amor sintomático» y se define en los siguientes términos:

> Algunas personas experimentan el amor como estar fuera de control. El amor [para ellos] es una experiencia abrumadora; que les vuelve la vida del revés y que se traduce en una pérdida completa de la propia identidad. El amor como manía es una locura, impulsiva y necesitada. Las personas que experimentan el amor como manía se enamoran rápidamente, pero su amor tiende a consumirlos. El amor como manía también tiende al agotamiento antes de que llegue la oportunidad de madurar. Tal amor viene acompañado a menudo por delirios extremos, sentimientos de estar fuera de control, decisiones precipitadas y [una evidente sensación de] vulnerabilidad. Las personas que experimentan el amor como manía se convierten en víctimas fáciles para quienes viven el amor como *ludus*.[12]

O dicho en términos mucho más cotidianos, «manía» se refiere a esos enamoramientos tan de copla (y de canción adolescente) en los que las emociones despertadas son de tal

---

12. Consultado online el 21 de noviembre de 2016: https://www.truthaboutdeception.com/relationship-issues/love-styles.html.

intensidad que resulta prácticamente imposible vivir esa relación sin enmerdarse.

Marikin[13] sufre cada vez que se enamora porque la intensidad de sus emociones es tal que le sobrepasa. No duerme, no come, no trabaja. No piensa en otra cosa que no sea el hombre del que se ha enamorado y se dedica a urdir miles de estrategias para conseguir su atención: mensajes, llamadas, citas. Marikin necesita tanto sentir que el hombre del que se enamora le hace caso que, al otro (pobre), le resulta imposible atender todas sus peticiones de atención. Entonces, cuando no recibe toda la (exagerada) atención que necesita, Marikin empieza a desbordarse. Le asaltan todas sus inseguridades.

Como diría Mariyoda: «La falta de autoestima conduce a la inseguridad, la inseguridad conduce a los celos y los celos conducen a la agresividad. En el lado oscuro del amor has caído, maricón». Por eso, Marikin empieza a desconfiar de su candidato a novio. Comienza a justificar su propio miedo con racionalizaciones del tipo: «Este es como todos, no quiere compromiso» o «Seguro que no le importo una mierda y me la está pegando». Marikin se pone cada vez más nervioso y, en ese *in crescendo* suyo, acaba siendo verbalmente agresivo con mensajes como: «Ya veo que no te acuerdas de mí…, no, si ya me lo decía mi madre: solo yo te voy a querer de verdad». El otro chico no entenderá nada. Y si es un hombre emocionalmente maduro, probablemente mandará a Marikin a la mierda y le bloqueará en Whatsapp. Si, por el contrario, tiene sus propias mochilas, puede que entre en una dinámica tóxica con Marikin

---

13. El uso de este nombre (parodia de Anakin) y la analogía de los Siths, es un homenaje a mis amigos los gais frikis que no solo existen sino que están buscando su espacio dentro de nuestra comunidad. Con esta broma también quiero subrayar la enorme diversidad que existe dentro del colectivo homosexual. Una diversidad alejadísima de estereotipos y de lugares comunes. ¡Orgullo (marica) friki!

y se pasen semanas discutiendo antes de tener la gran y definitiva bronca. Marikin vive en el miedo y ese miedo le hace caer siempre en el lado oscuro del amor: la manía. Y se convierte en *Darth Gayder*, el *arrasarromances*, el celoso, el inseguro. El que, sin darse cuenta, cumple su propia profecía de que sufrirá por amor.

Lo de Marikin tiene explicación psicológica: el estilo de apego. Bowlby (1988), definió el apego[14] como el patrón básico de vinculación de cualquier persona. Este patrón se forja en los momentos iniciales de nuestra vida y, por tanto, responderá en esencia a cómo fueron en aquellos momentos las relaciones que manteníamos con los demás, especialmente con las llamadas «figuras de apego», que son los adultos con los que el niño convive en su primera infancia. Los niños que han tenido cuidadores afectuosos suelen desarrollar un «apego seguro» y se sienten confiados en que los demás siempre estarán disponibles. Saben que son queridos. Por eso, porque lo saben, son niños que no necesitan demostraciones continuas de afecto pero que, cuando se da la ocasión, son muy expresivos en cuanto a sus sentimientos. Son empáticos, cálidos y sociables.

Por el contrario, los niños que no han sentido ni el afecto ni la disponibilidad de los adultos, crecen inseguros de ese afecto. Su estilo de apego, de hecho, se denomina «inseguro». A causa de esa inseguridad intentan continuamente llamar la atención más allá de lo adecuado.[15] Están tratando de asegurarse de algo de lo que, en realidad, dudan.

Muchos de nosotros hemos crecido con el miedo a no ser queridos. A que el «Qué asco de maricones» pronunciado por

---

14. *Attachment*, que debería haber sido traducido mejor por 'vínculo'. Aunque no me guste la traducción, me atengo a la terminología empleada en Psicología.

15. Todos los críos reclaman atención («Mamá, mira. Papá, fíjate»). Hablo de casos realmente extremos.

nuestros padres nos dejara sin su amor una vez que supiesen que nosotros mismos éramos maricones. También hemos crecido sufriendo el rechazo de los niños del colegio que nos machacaban por ser «el maricón». Nosotros hemos crecido en unos entornos donde nunca sentimos el amor incondicional de los demás puesto que sentíamos que nos querían «a condición de que» no fuésemos homosexuales. Así, ¿cómo no íbamos a desarrollar un apego inseguro? El amor como manía es algo que me encuentro muy a menudo en consulta, especialmente en aquellos hombres que han sufrido con intensidad el rechazo por su homosexualidad. Han crecido interiorizando la idea de que no merecen ser queridos, así que ¿a quién le extraña que necesiten tantas demostraciones de amor?

El problema, cariños, (y ahora os hablo a vosotros) es que el mundo no es el encargado de sanar vuestras heridas. Ni tampoco deben encargarse vuestros candidatos a novios. Sois vosotros quienes tendréis que hacer ese trabajo y entender que le corresponde a uno mismo sanar las heridas propias. Con la ayuda de un (buen) terapeuta y/o mucha paciencia con vosotros mismos podréis desandar el camino de la manía y volver al lado luminoso del amor. Que mi libro os acompañe.

Termostato: amor como gestión emocional

En *QMM* (p. 453) te contaba la historia de Daniel:

> Su novio de entonces (sin que Daniel fuese consciente de ello, lo descubrimos en terapia) cumplía una función psicológica muy importante: lo ayudaba a regular sus emociones, especialmente su ansiedad. Si Daniel estaba muy nervioso, su novio lo tranquilizaba. Si se ponía triste, su novio lo alegraba. Daniel no había adquirido la capacidad de gestionar sus propias emociones y necesitaba a alguien que lo ayudase. Sin que fuera consciente de ello, su novio cumplía ese papel tan importante, así que era normal el pánico a perderlo...

y los celos. A lo largo de las sesiones fuimos descubriendo qué era lo que ocurría detrás de las cortinas de su mente y a entender por qué le estaba sucediendo todo aquello.

Este tipo de relación enlaza con el amor como manía, tal como ya hemos explicado pues partimos de una persona en desequilibrio y sin la habilidad de gestionar sus propias emociones. La principal diferencia entre ambos está en el motivo de las inseguridades. Aunque ambos tipos de «no amor» pueden solaparse, podemos decir que este se usa para gestionarse todas las emociones, incluyendo aquellas que no están relacionadas con el enamoramiento (como era el caso de Marikin). Las inseguridades del amor maniático siempre tienen que ver con si quienes lo experimentan se sienten queridos (o no) por sus novios/maridos, mientras que quienes buscan novios como termostatos los necesitan para gestionarse hasta el miedo a no poder hacer frente a las facturas.

En este sentido, y como te decía en mi primer libro, uno debe responsabilizarse de aprender a gestionar sus propias emociones porque, de lo contrario, seremos vulnerables a depender de otras personas y caer en relaciones tóxicas (sobre las que hablaré en el siguiente capítulo).

Pragma: amor como ganancia

En la generación anterior a nosotros casi todo el mundo estaba casado. Y esa costumbre hace pensar a muchos hombres que en aquellos años sí que era fácil encontrar el amor puesto que todo el mundo se emparejaba. Además, las parejas duraban muchos años, mientras que las relaciones actuales con suerte aguantan un par de décadas. ¿Acaso nuestros padres y madres amaban mejor que nosotros? No, claro que no.

La explicación es que, antes, la mayoría de la gente no se casaba por amor sino por otra cosa y «aguantaban» porque no les quedaba más remedio. Así de claro y sencillo. Recuerda que Hendrick y Hendrick (2006) hablan de diferentes tipos de amor. Entre estos diferentes tipos de amor hay uno que explica cómo eran muchos de los matrimonios hasta hace no demasiado tiempo: basados en el amor tipo *pragma*.

Hace unas décadas era imprescindible casarse. Sin unos hijos que te cuidaran durante la ancianidad, hacerse viejo era un drama de soledad y desamparo. Además, hombres y mujeres tenían unos universos tan separados como necesariamente complementarios: un hombre no podía ocuparse de las tareas domésticas sin riesgo de ser mal visto y una mujer tenía prácticamente prohibido el acceso al mercado laboral. Un hombre necesitaba a una mujer que le llevara la casa, una mujer necesitaba a un hombre que la mantuviera. Y ambos necesitaban engendrar unos hijos que los cuidaran de viejos. Sin sistema de pensiones y con una población tan empobrecida que no tenía la menor posibilidad de ahorrar para el futuro, la soltería (¡y ya no hablemos de vivir una relación homosexual!)[16] era un lujo solo al alcance de los muy ricos. Con este panorama, mucha gente se casaba porque no le quedaba otro remedio. Se casaba por *pragma*. Y por la misma razón seguían juntos hasta la muerte.

Piensa en aquellos hombres heterosexuales de hace una generación que razonaban: «Esta chica no es fea, parece limpia y por lo visto cocina bien…, quizá sea buena idea casarme con ella». O en las muchachas heterosexuales que decían de

---

16. Vivir una relación homosexual estaba solo al alcance de los ricos que no necesitaban tener hijos para garantizarse el cuidado en la vejez y con el suficiente poder como para que nadie se atreviera a agredirlos por ser homosexuales. Eso sigue siendo así en muchos países del mundo donde reproducirse es una obligación para poder tener una vejez digna al cuidado de los hijos, así como en los países en los que ser homosexual está castigado con cárcel o muerte.

uno de los mozos del pueblo: «Se le ve fuerte, es trabajador y no gasta el dinero en la taberna…, quizá debería pensarme lo de casarme con él». O piensa en el gay de una ciudad pequeñita que apenas tiene amigos y que no conoce más que a otro gay y está pensando si emparejarse con él: «No quisiera quedarme solo, al menos con él estaré acompañado cuando sea viejo». El amor como *pragma* se refiere al afecto que desarrollamos hacia alguien con quien nos vinculamos por una razón práctica, el amor hacia alguien que resulta útil para algún aspecto importante. Los hombres necesitaban casarse para tener una mujer que les limpiase y criara a los hijos, y las mujeres necesitaban un hombre que aportase el dinero que a ellas no les permitían ganar por sí mismas. Esto era así durante toda su vida por lo que, en esos tiempos del amor como *pragma*, las necesidades prácticas se mantenían hasta la muerte de los miembros de la pareja.

Ahora que no necesitas ni un hombre que te mantenga, ni una mujer que te cocine, ni otro gay que te dé su amistad, las relaciones se establecen basadas en el enamoramiento y se suelen acabar cuando el enamoramiento se termina. Lo más importante en este punto es que tomes conciencia de que la gente no estaba junta porque encontrase el amor sino porque era fácil encontrar a otra persona que necesitase ser acompañada hasta la vejez ¡y formaban equipo! No creas que tienes mala suerte en el amor si no encuentras una relación estable. Tal vez lo que te sucede no es por mala suerte ni producto de tus errores. Nuestra generación ha cambiado los criterios para emparejarse y ha dejado de ser algo tan elemental como era antes para pasar a convertirse en algo más complicado.

Compensación: amor como suplemento de tu autoestima

Recuerdo el caso de un hombre con la autoestima tan deteriorada que me pidió que no permitiese venir parejas a mis talleres de crecimiento personal porque, a su entender, aquellos les «pasaban por el hocico a los solteros que ellos sí tenían novio». Naturalmente no le hice caso y mis talleres continúan siendo un lugar lleno de gais diversos: jóvenes, mayores, emparejados, solteros, etcétera. Ese caso era muy extremo pero su pensamiento resulta ilustrativo de cómo, para muchos, tener novio se convierte en un mecanismo compensatorio de la propia autoestima. Un suplemento para cuando las autoestimas andan bajas. Aquel hombre necesitaba tanto tener novio para poder sentirse bien que no soportaba a quienes sí lo tenían, ya que, en su distorsión, percibía a las demás parejas como recordatorios de su «fracaso».

Para continuar entendiendo este apartado, te pido que imagines una balanza. En uno de sus platillos pondremos aquellas características tuyas que consideras negativas. En el otro pondremos las positivas. ¿Qué sucede si has ido interiorizando que la mayoría de tus características son negativas? Que el platillo negativo pesará más. ¿Cómo se soluciona esto y se devuelve el equilibrio a la autoestima (al brazo de la balanza)?

Muchos de los gais que conozco emplean la técnica de la sobrecompensación o, siguiendo nuestro símil, colocan más peso en el platillo positivo para que este equilibre el peso del platillo negativo. Así, muchos realizan arduos esfuerzos para tener cuerpazos apabullantes (incluso empleando métodos nada saludables, como los anabolizantes o las dietas ricas en proteínas pero desequilibradas en el resto de nutrientes). O harán esfuerzos para lucir ropa carísima o los tratamientos de belleza más extremos (hay cada ceja, maricón…), o el *tatoo* más artístico. También se entregan a conseguir la resistencia sexual más espectacular…, bueno, más espectacularmente dopada a fuerza de GHB, *poppers*, Viagra©, Cialis©, etcétera.

En resumen: hay hombres gais que se pasan años realizando unos esfuerzos inmensos para cargar «cosas guais» en el platillo de su balanza. Hombres que terminan agotados de tanto trabajo para aparentar algo que no son... y que no sienten. Porque muchos de ellos se sienten fatal con ellos mismos por verse compelidos a tratar de compensar sus inseguridades a base de músculos, depilaciones, *tatoos*, pollas duras u ojetes siempre dispuestos. Muchos, de hecho, tienen pánico a la intimidad porque saben que si alguien se les acerca demasiado descubrirá que, debajo de todas esas capas de sobrecompensación, lo que hay es un maricón muerto de miedo y que no se siente lo suficientemente bueno como para merecer el amor (ni el respeto) de nadie. Tener novio, para ellos, es sentir que alguien sí les considera «buenos». Por eso, para algunos, tener novio es un grito de: «¿Veis? Merezco la pena». Ellos creen que lo gritan al mundo pero, en realidad, se lo están gritando a ellos mismos.

Tener novio es otra de esas estrategias que algunos utilizan para esconder su profundo malestar y eso es un comportamiento perjudicial.

> UN NOVIO ES UN NOVIO Y UN PARCHE ES OTRA COSA.

Algunos, incluso, ni siquiera desean tener una relación. Acaban poniéndole los cuernos a su novio o sintiéndose en un conflicto por no saber lo que quieren (si novio o zorrear). Quien tiene novio solo para poder decir «Sí, sí, pero yo tengo novio» tiene pánico de que estar soltero sea como una especie de señal luminosa sobre su cabeza que anuncie «Este maricón no merece que nadie lo quiera». Un letrero luminoso que necesita, por todos los medios, esconder. Tener novio es su forma de equilibrar la pobre imagen que tiene de sí mismo. En lugar de cuestionarse si todos esos introyectos negativos son auténticos (y darse cuenta de que, efectivamente, no lo son), les hace el juego, los mantiene y trata de taparlos teniendo un novio que sirva como indicador de que «este maricón sí merece ser querido».

La convicción de que mereces ser querido no debería llegarte de fuera, de las opiniones ajenas, sino desde ti mismo. Por eso, quienes tienen novio como un suplemento que equilibre su autoestima explotarán en tres… dos…

Resumiendo

Nadie sabe por qué tú tienes novio. Nadie sabe si lo tienes porque lo amas o porque necesitas huir de tu miedo a no sentirte *querible*. Nadie, excepto tú, conoce las razones por las que tienes una relación. Solo tú lo sabes. Lo sientes cada vez que te quedas a solas, cada vez que estás en tu cama mirando al techo. Solo tú sabes qué se esconde en tu corazón. En el fondo de tu alma, tú sabes la respuesta. Y si la respuesta es la que nos estamos temiendo, que lo que sientes no es amor sino otra cosa que viene a suplir un vacío previo, entonces, espero ofrecerte en las restantes páginas un mapa para que recorras el camino hacia una solución.

Nota

En un libro sobre el amor homosexual sería imperdonable no hacer una mención extensa al origen del mito de la «media naranja». Esta idea proviene de un Diálogo de Platón titulado *El banquete,* donde se cuenta:

> En primer lugar, tres eran los sexos de los hombres, no dos como ahora, masculino y femenino, sino que había además un tercero que era común a esos dos, del cual perdura aún el nombre, aunque él mismo haya desaparecido. El andrógino (hombre-mujer), en efecto, era entonces una sola cosa en cuanto a figura y nombre, que parti-

cipaba de uno y otro sexo, masculino y femenino.

Platón explica que los dioses, para debilitar a los humanos, dividieron a cada ser primigenio en sus dos mitades, de forma que «cada parte echaba de menos a su mitad, y se reunía con ella, se rodeaban con sus brazos, se abrazaban la una a la otra, anhelando ser una sola naturaleza, y morían por hambre y por su absoluta inactividad, al no querer hacer nada los unos separados de los otros».

Lo interesante desde el punto de vista de un homosexual es que este mito explicaba (y naturalizaba) la homosexualidad porque, como más adelante recoge *El banquete:*

> En consecuencia, cuantos hombres son sección del ser común que en aquel tiempo se llamaba «andrógino» son aficionados a las mujeres, y la mayoría de los adúlteros proceden de este sexo; y, a su vez, cuantas mujeres son aficionadas a los hombres y adúlteras proceden también de este sexo. Pero cuantas mujeres son sección de mujer no prestan mucha atención a los hombres, sino que se interesan más bien por las mujeres, y las lesbianas proceden de este sexo. En cambio, cuantos son sección de varón persiguen a los varones, y mientras son niños, como son rodajitas de varón, aman a los hombres y disfrutan estando acostados y abrazados con los hombres, y son estos los mejores de los niños y muchachos, por ser los más viriles por naturaleza. Hay quienes, en cambio, afirman que son unos desvergonzados, pero se equivocan, pues no hacen esto por desvergüenza, sino por audacia, hombría y virilidad, porque desean abrazarse a lo que es semejante a ellos. Y una clarísima prueba de ello es que, cuando llegan a su completo desarrollo, los de tal naturaleza son los únicos que resultan viriles en los asuntos políticos. Y cuando se hacen hombres aman a los muchachos y no se preocupan del matrimonio ni de la procreación de hijos por inclinación natural sino obligados por la ley, pues les basta pasarse la vida unos con otros sin casarse. En con-

secuencia, la persona de tal naturaleza sin duda se hace amante de los muchachos y amigo de su amante, ya que siempre siente predilección por lo que le es connatural.

Como has leído, según este mito platónico, los gais venimos de un ser primigenio formado por dos mitades masculinas. ¿A que esto no te lo explicaron en clase de Filosofía?

3

No cojas estos trenes
(ni aunque sean los últimos que pasen)

—¡Qué complicado es el amor!
—No, cielo. Complicado es aparcar en el centro de Barcelona.
Tú te has enamorado de un cabrón.
(Visto en algún lugar de Internet)

Ahora que ya sabemos que existen diferentes tipos de afecto que bien podrían pasar por «amor», vamos a completar el cuadro (nunca mejor dicho) hablando de las dinámicas que convierten algo que debería ser una «relación nutritiva y de mutuo sostén entre dos adultos» en un problema para alguno de ellos o para ambos. Hablaremos de las relaciones de dependencia y de las relaciones tóxicas.

Relaciones tóxicas y dependencias sentimentales

Se habla muchísimo de «dependencias sentimentales» y de «relaciones tóxicas». Son muchos los hombres que llegan a consulta explicando que quieren superar sus «enganches» o salir de una relación que los está destrozando. Hay una canción de Los Panchos *(La hiedra)* que, en una de sus estrofas, dice: «Más fuerte que el dolor se aferra nuestro amor como la hiedra».

Las relaciones dependientes, los duelos prolongados, el no saber dejar atrás relaciones son elementos de nuestra cultura hasta el punto de que existe no poca creación artística sobre esos conflictos. Y ya tirando de hiedras, hay una viñeta de Mafalda en la que esta y Susanita (la niña clasista y chismosa) contemplan un árbol cubierto de hiedra:

MAFALDA: ¿No es hermoso? El árbol y la hiedra unidos para siempre en un abrazo.
SUSANITA: Sí... (*Y tras un silencio*): Aunque andáte a saber si no son como los del 4º, que él la soporta porque no sabe cómo sacársela de encima.

Más o menos, este es el planteamiento que nos hacemos a la hora de hablar de una relación de dependencia: aquella en la que uno de los dos miembros de una pareja se subyuga al otro sin ser capaz de abandonar una relación que lo tiene sometido o, en ocasiones, manifiestamente anulado. Como en la viñeta de Quino, tan dependiente puede ser el árbol como la hiedra.

Comencemos haciendo una distinción algo arbitraria entre dependientes emocionales y dependientes sentimentales. No es una diferencia muy precisa pero nos va a servir para centrar el tema. Digamos que la dependencia emocional es más general, hacia todo tipo de figuras (amigos, familiares), mientras que la dependencia sentimental está más focalizada en la pareja. En estos casos, el objeto de nuestra dependencia es nuestro novio o marido. Hablaré sobre esta última en exclusiva y trataré de explicar cómo reconocerla. En un libro que recomiendo a todo el mundo, *Amar o depender*, de Walter Riso (2008a), la dependencia sentimental se define como aquella relación en la que:

- Vives con un profundo temor irracional (sin motivos) a ser abandonado o rechazado.

- Siempre estás a la defensiva con tu pareja.
- Dependes continuamente de su opinión para sentirte bien.
- Antepones siempre sus necesidades a las tuyas.
- Todo esto te ocurre de forma recurrente.

Añadiré que un dependiente sentimental suele ir de un novio a otro. Apenas termina una relación, se obsesiona con encontrar otro hombre que supla el espacio que ha dejado el anterior. Suele tener problemas para soportar la soledad, se agobia mucho cuando no tiene un novio y el resto de relaciones (amigos o familiares) le parecen mucho menos valiosas. Aunque no sea algo exclusivo de los dependientes sentimentales, suelen tener problemas con el control emocional, que se traducen bien en tremendos altibajos de humor, bien en explosiones incontroladas de ira, tristeza o reacciones similares.

Otro elemento que suele acompañar a la dependencia sentimental es un autoconcepto bastante pobre, con ideas como «No valgo nada» o creencias relacionadas con que los demás son manifiestamente mejores («Apenas él conozca a otro, me dejará porque cualquiera es mejor que yo»).

Un rasgo común en muchos casos de dependencias sentimentales que he tratado es que quienes las sufren consideran su vida (profesional, familiar, social) muy poco satisfactoria. De alguna manera, el novio viene a resarcirle de una vida que considera deficitaria. Son los que, como acabamos de ver en el capítulo anterior, emplean el amor como suplemento de su autoestima.

Sin embargo, dos no son dependientes si uno no quiere…, o lo que es lo mismo: para que se establezca una relación de dependencia entre dos hombres es necesario que ambos tengan perfiles complementarios. Un hombre emocionalmente equilibrado difícilmente se implicará en una relación de dependencia: saldrá corriendo y no volverá a contestar tus mensajes.

En este tipo de relaciones suelen encontrarse dos perfiles complementarios: el dependiente y el codependiente. Un codependiente tampoco puede mantener una relación sana. El codependiente tiene unas características muy similares a las del dependiente en cuanto a baja autoestima, pero se diferencia en que él asume la función de ayudar al dependiente a salir de sus problemas. El codependiente tiene un perfil de rescatador porque, en el fondo, él también siente que no es apenas valioso y que solo un hombre problemático permanecería a su lado porque «¿Quién, si no, iba a querer estar conmigo?».

El dependiente dice: «Yo no sirvo para nada», y el codependiente le responde: «Yo te ayudaré a que veas lo valioso que eres». El dependiente prosigue: «Eres el único que sabe ver mi valor, yo ya no podría vivir sin ti», y el codependiente asiente: «Los dos nos necesitamos».

El codependiente quisiera tener a su lado a un hombre al que pudiera admirar en lugar de tener a un «chico con algunos problemillas» pero —a su vez— teme que un hombre admirable ni siquiera se fije en él. Como ves, es la típica dinámica de «pajarito herido y rescatador» de la que te hablé en *QMM* (pp. 341-342).

Así, establecen una relación basada en la necesidad de cubrirse sus carencias respectivas, lo cual hasta podría ser terapéutico si no fuera porque, cuando están a solas con sus respectivos corazones, ambos son conscientes de que no están enamorados: ni siquiera quieren estar juntos.

En el caso de los codependientes, algunos se enamoran de otros hombres. A veces se enamoran platónicamente y, a veces, con infidelidad. En este último caso, si no tienen pactada la apertura de la pareja, traicionan a sus novios llenos de remordimientos. Pero también de resentimiento hacia una relación que los tiene atrapados en una farsa de la que no pueden salir porque no quieren hacer daño a su chico. Como ves, todo en es-

contrariedades siempre pensando en el bien más alto del mantenimiento del matrimonio». Lo anterior, en efecto, consiste en una perversa manera de obligar a las mujeres a someterse a sus maridos.

Ese modelo, como era de esperar, se ha convertido en el espejo en que se miran otras relaciones, como las homosexuales. No son pocos los gais que, queriendo ser «el buen chico que lucha por hacer que la relación funcione», soporta las putadas de un cabrón con pintas. ¿Qué hacer ante una relación tóxica? Pues todo lo contrario a la sumisión: ¡REBELARNOS!

Todos los libros que hablan de relaciones dependientes ponen el acento en la autoestima como forma de prevenir el amor tóxico. La autoestima, ser capaces de valorarnos a nosotros mismos, de darnos a valer ante los demás, es lo que nos evita caer en relaciones tóxicas. Si tú no te valoras, si tienes IH,[18] si tienes una pobre autoestima, será difícil que te hagas respetar. Si te quieres tan poco como para pensar que ningún otro hombre se podrá fijar en alguien como tú, es lógico que te aferres al tóxico y no te desprendas de él por más que pueda hacerte daño. Quererse implica rebelarse contra cualquier situación que implique tu sometimiento. Quien se quiere a sí mismo no consiente que lo sometan, no consiente que lo despojen de la dignidad que le corresponde como ser humano. Quien se quiere a sí mismo es asertivo. Quien es asertivo no permite ser tratado inapropiadamente en ninguna relación. Quererse a uno mismo es tan importante y nos previene de tantos problemas psicológicos que supongo que ya no te extrañará que titulase mi primer libro *Quiérete mucho, maricón* ni que en él abordase todas las técnicas que necesitarás para mejorar el concepto de ti mismo y, con ello, tu asertividad y tu autoestima.

---

18. *QMM*, capítulo 9.

Maricones que conviene evitar como candidatos a novio

No puedo terminar este capítulo sin advertirte acerca de determinados perfiles que sería bueno que aprendieses a identificar. No podrás evitarlos pero, al menos, una vez que empiecen a dar muestras claras de lo que son, podrás tratar de hacer algo para escabullirte. Te los explico por separado con el objetivo de ser claro, pero recuerda que la realidad siempre es más compleja que las clasificaciones de los libros y estos perfiles suelen ser bastante mixtos.

Por otro lado, en algunas ocasiones podrás encontrarte con hombres que tengan dificultad para vincularse afectivamente a causa del trastorno de estrés postraumático (TEPT). En estos casos, de los que hablaba en *QMM* (cap. 10), ellos mismos suelen ser conscientes de su limitación y tratan de ponerle remedio.

Ahora hablaremos de hombres que no se sienten disfuncionales pero que, al no ser capaces de implicarse en una relación, solo ofrecen amores no correspondidos (o parcialmente o disfuncionalmente correspondidos):

- Falsos decentes
- Problemáticos
- Te quiero pero no te quiero
- Mochileros
- *Arrelaciones:* «Fulanito y sus juguetes»

FALSOS DECENTES

—Me he follado un *daddy,* un *bear,* un *twink*…[19]

---

19. En argot marica, *daddy* ('papá') es un hombre maduro; *bear* ('oso'), uno peludo y barrigudo, y *twink* se refiere a un jovencito o que tiene apariencia de efebo.

Así comienzan algunos a relatar su vida sexual: enumerando los tipos de hombres con los que se han acostado, como el que enumera las piezas de una colección.

Y puede que tú no seas más que otra pieza de esa colección, así que es mejor que no te hagas ilusiones con que ese chico tan majo te pedirá salir. Su vida afectiva va de polvo en polvo y de romance en romance. Por diversas razones, no quiere o no puede profundizar: y no en todos los casos es malo. De hecho, en muchas ocasiones, es fantástico porque ellos mismos te lo van a decir claramente: «No soy de pareja» o «En este momento de mi vida no quiero pareja sino disfrutar y punto», y te toca aprender a aceptar que no eres alguien de quien vayan a enamorarse.

Puede que otros no te lo digan así de claro en la primera ocasión pero lo podrás averiguar rápidamente si ves que no hacen ni el intento de pedirte una cita fuera de la cama (o de la sauna) o si se siguen conectando a Grindr semanas después de que os hayáis conocido.

Me toca recordarte que ellos están en su derecho a hacer de su vida lo que les apetezca y que no somos quién para pedirles que cambien por nosotros. Simplemente nos queda respetar que no les gustemos para algo más que para un polvo (o tres), y seguir nuestro camino. Todos tenemos derecho a pasar (y, de hecho, todos la pasamos) una etapa como coleccionistas de polvos, sobre todo cuando estamos recién salidos de una ruptura (ver cap. 9). Evidentemente, aquí no estamos hablando de hombres con problemas, sino de hombres con una decisión asertivamente tomada acerca de cómo quieren vivir su sexualidad en un momento concreto de sus vidas. Y hacen muy bien. Si tú mismo eres uno de estos hombres, bravo por ti, disfruta.

Lo complicado, desde el punto de vista de las relaciones, comienza cuando topamos con alguien que, además de coleccionista de polvos, es coleccionista de pajas mentales, y para que nadie piense que son unos pedazo de putas, se echan un novio (¿tú?) para guardar las apariencias. Así, podrán decir: «Yo estoy en pareja» mientras que sus apps de *cruising* no paran de consumir wi-fi. Churri: que no te enrede. Todo el mundo tiene derecho a follar cuanto quiera pero nadie tiene derecho a hacerte creer algo que no existe.

Cuando inicias una relación es normal que, como veremos más adelante, no pactéis la monogamia hasta que llevéis un cierto tiempo juntos, hasta que seáis «algo». Pero si ya ha pasado un tiempo y él no está respetando los pactos contigo y te está usando para crearse una fachada que proteja su reputación, entonces está demostrando su ausencia de empatía contigo y lo poco que le importan otras personas que no sea él mismo. Lo dicho: bájate de ese tren.

Problemáticos

Lo digo desde el cariño (¿ok?), pero algunos hombres tienen severos problemas y pueden complicar mucho las vidas de los demás porque, en lugar de pasar una temporadita buscando soluciones con un psicólogo (o psiquiatra), su ausencia de empatía les hace pagar sus problemas con los demás.

Hay que asumirlo: hay hombres malos. Algunos incluso son muy malos o se encuentran en situaciones muy complicadas como, por ejemplo, una adicción fuerte a las drogas. Cualquier psicólogo, comenzando por mí mismo, estaría dispuesto a ayudarlos en todo lo posible para que salieran de esa situación y, una vez libres de sus problemas, puedan relacionarse de forma constructiva con un hombre como tú.

Pero si se trata de alguien lleno de maldad (que los hay), quizá ni tú ni yo ni nadie pueda hacer nada, porque mientras él siga sacando beneficio de su maldad (consiguiendo que los demás lo teman e imponiendo sus santos cojones allá por donde vaya), será difícil que abandone su forma de ser. En estos casos, habitualmente, hasta que la vida no lo confronte con sus miserias por medio de una crisis profunda, suele ser raro que alguien así se plantee cambiar su actitud. Siento ser portador de tan malas noticias pero nunca cambia quien no quiere cambiar. Es así de simple.

Eso sí: no solo de malvados se nutre esta categoría, otros perfiles psicológicos pueden ser compañeros terribles y peores parejas. Walter Riso tiene otro libro (Riso, 2008b) donde analiza los perfiles psicológicos de los que no conviene enamorarse y que yo te recomiendo que leas. Dentro de nuestra comunidad, los perfiles más habituales entre los gais problemáticos son el histriónico, el paranoico, el narcisista y el obsesivo.

Muchos hombres gais están presos de los mitos del amor romántico porque no han tenido muchas oportunidades de darse cuenta de que las relaciones no funcionan como nos dicen esos mitos. La falta de experiencia sentimental les hace buscar referentes en nuestra cultura, y nuestra cultura, poblada de mitos y de demostraciones histriónicas de afecto, nos dice que el histrionismo es la forma adecuada de mostrar amor. Y ahí están ellos, los histriónicos, llenando tu vida de locura (pero no de la «locura guay»). Ellos no son solo histriónicos demostrando amor, también para sentirlo. Y esperan algo similar por tu parte para poder sentirse amados. Es como si su corazón tuviera un cierto grado de sordera y fuese necesario gritarles el amor para que lo oigan.

Los histriónicos no se limitan a las demostraciones de afecto sino también a la gestión emocional y de los conflictos. Recuerdo a una pareja en mi consulta en la que uno de los chicos me contaba que su novio tenía reacciones muy raras cuando discutían. Decía que, además de tomárselo todo en plan *dramaqueen*, hacía cosas como enredarse la cinta de la persiana al cuello y gritar: «¡A que me ahorco, a que me ahorco!». Si eres capaz de imaginar a ese chico con la cabeza metida entre la pared y la cinta de la persiana gritando que se iba a ahorcar, entonces eres capaz de imaginar a un histriónico: ¡son un maravilloso mundo de exageración! (y horribles para la convivencia). A veces, detrás de un comportamiento histriónico hay un trastorno de personalidad que necesita atención especializada, y tú eres su novio, no su psiquiatra (bueno, ibas a ser su novio…, igual ahora te lo piensas).

Los perfiles paranoico y obsesivo también suelen darse en hombres que no han superado las secuelas del TEPT por *bullying* homofóbico. Como recordarás de *QMM*, el *bullying* deja secuelas que se manifiestan, entre otras cosas, en niveles muy altos de ansiedad y ello genera todo tipo de problemas secundarios: fobias, estrés y distorsiones del pensamiento, como la magnificación. La obsesión y la paranoia tienen un punto de pensamiento alterado por la ansiedad.

El paranoico sigue creyendo que el mundo está en contra de él. Muchos chicos tienen un miedo enorme a que se repitan los eventos de su infancia: a ser atacados, insultados, menospreciados. Han aprendido a estar siempre en guardia. Han aprendido a ser paranoicos y a ver, en cualquier situación, una oportunidad que los demás podrían aprovechar para agredirlos. Es parte de lo que, en psicología del estrés postraumático, se conoce como «revivencia», que no solamente se produce en forma de pesadillas o pensamientos disruptivos, sino también mediante guiones mentales[20] que les hacen interpretar que las intenciones de los demás siempre son malas.

Como sabe cualquiera que haya convivido con alguien así, es terrible tener que pasarte la vida justificando cada uno de tus actos. Tu novio se enfada por todo: si haces, porque haces, pero si no haces, porque no haces. Él está enfadado con el mundo y ese enfado le hace, desde su rabia, malinterpretar todas las intenciones. Y es terrible sentirse siempre juzgado

---

20. Explicado extensamente en el epígrafe «A la rubia la matan, al maricón lo rechazan» de *QMM*, p. 125.

como lo peor. Como si tú fueses alguien que no tiene mejor cosa que hacer que planificar modos de joderle la vida a tu propio novio. Un paranoico te hace tener una muy mala imagen de ti mismo porque él tiene una muy mala imagen de los demás. Por eso, un paranoico necesita entenderse a sí mismo y hacerse consciente de sus problemas antes de seguir machacando a los demás con su desconfianza irracional.

Por su parte, el obsesivo busca la perfección de manera enfermiza, escudriña hasta el más mínimo detalle para poder satisfacer su necesidad de controlarlo todo. No es un hombre que se plantee retos y que quiera mejorarse a sí mismo como ser humano. No, es alguien que vive el mínimo error, la mínima discusión, como un fracaso absoluto porque, en su delirante ideación, la relación que mantenéis no se ajusta a sus estándares irreales de excelencia. Es alguien que cree que si las cosas no son perfectas, serán un desastre (sí, también sufre de pensamiento dicotomizado tipo «todo o nada»). Tenéis que vivir las vacaciones ideales, dar la imagen de pareja perfecta ideal, tener los aspectos físicos ideales, mantener la comunicación ideal. Todo tiene que ser ideal para evitar que él caiga en un profundo pozo depresivo desde donde grite que su vida es una mierda, su relación es una mierda, todo es una mierda... simplemente porque no es ideal. Un obsesivo no entiende que la vida no es perfecta ni es necesario que lo sea para ser feliz.

Por último, los narcisistas son hombres que se han convertido ellos mismos en su propio estándar de perfección. A su lado, los demás no somos más que planetitas oscuros que orbitamos alrededor de él, que es la estrella indiscutible. Nadie es tan guapo como él, ni tan emprendedor como él, nadie puede competir con su inteligencia, ni nadie tiene su poder sexual. Él es el mejor de todos en todo. Y, bueno, por alguna alocada razón, él se ha enamorado de ti, que ni eres tan guapo, ni tan emprendedor, ni tan inteligente ni tan buen follador... pero te quiere. Él no admite que los demás tenemos defectos, igual que los tiene él, porque cree que lo suyo no son defectos y que los demás somos los únicos imperfectos. El narcisista nunca se siente lo suficientemente oído ni adorado ni tenido en cuenta. El narcisista siempre quiere ser el centro de todo, tiene un grandioso egocentrismo y exagera sus logros y capacidades, por los que, por cierto, espera ser reconocido como un ser superior.

Lo peor de todo es que el narcisista carece de empatía y no se corta un pelo en hacerte una lista de tus defectos o los de tus amigos, aunque él los llamará «puntos a perfeccionar, cariño, para que te vaya mejor en la vida». Alguien con tan poca capacidad de ponerse en el lugar de los demás es alguien con quien resulta imposible construir una relación profunda porque nunca será capaz de amar a otro ser humano. Que sepas que no saldrá de ahí a no ser que haga terapia para desprenderse de sus mecanismos de defensa y de esta hipertrofia de su ego.

Por último, debo terminar este punto insistiendo en que hablo desde el respeto y que no estamos juzgando a las personas sino a sus problemas, unos problemas con los que resulta dificilísimo convivir.

Te quiero pero no te quiero (¡me da miedo el compromiso!)

¿Y qué me decís de esos hombres que quedan contigo para ir al cine, te llaman para tener sexo, te invitan a su casa a cenar (y a desayunar), que duermen contigo abrazados, que se pasan el día enviándote whatsapps, que llevan tres meses así pero que, cuando les preguntas qué sois, te contestan: «Nada, y creo que yo no estoy en el mismo punto de la relación que tú, me temo que te estás precipitando»? ¿Qué coño les sucede? Que necesitan intimidad pero les da pánico el fracaso, les puede el miedo al dolor de una hipotética ruptura. Se sienten bien contigo pero temen verse implicados en una relación por si terminan sufriendo. También están aquellos a los que, simplemente, les viene bien tener alguien alrededor que los distraiga.

¿Qué hacemos con los que actúan así? Dejarles un post-it de despedida en la nevera donde hayamos anotado una sugerencia: «Adopta un gato». Y no hay nada más que añadir.

Mochileros

En este libro, «mochilero» no es un barbudo que se recorre Europa a pie, sino un hombre gay con «mochilas psicológicas». Sin ser situaciones tan graves como las anteriores, algunos hombres deberían solucionar sus problemas antes de implicarse en una relación.

Como bien dice Alan Downs, «two wounded people cannot form a healthy relationship» (Downs, 2005, p. 129); dos personas profundamente dañadas no pueden formar una relación sana.

Y tampoco una persona dañada con alguien equilibrado (añado yo) porque, como te vengo insistiendo desde ya no sé cuándo (y lo que me queda), las relaciones se basan en la correspondencia. Es difícil que puedas iniciar una relación equilibrada con alguien que tiene problemas a no ser que ese hombre esté realmente comprometido en liberarse de ellos.

Así, salir con un chico que aún está «armarizado» y no ha hecho el proceso de asumirse como el homosexual que es no supone un problema siempre que se trate de un «aún» y que él esté dispuesto a soportar la ansiedad que le puede crear ir dando pasos acelerados para ponerse a tu nivel. Porque la cuestión no es que tú retrocedas y dejes de subir fotos con él a tu Instagram, sino que tu novio entienda que todos los novios suben fotos a sus redes y que tú no estás dispuesto a perder el derecho a la libre expresión de tu persona que ejerces a través de tus fotografías. Tu novio es quien tiene que entender que él debe superar la vergüenza que siente a que se sepa que es homosexual y liberarse de su IH. Es tu novio el que tiene que decir: «Sí, cariño, sube la foto que yo soy el que tiene que aprender a que eso no me ponga nervioso» (capítulos 4, 5, 9 y 17 de *QMM*).

Y lo mismo podemos decir de la nosofobia o de la serofobia: si tú eres VIH+,[21] es tu novio quien tiene que aprender a superarlas y darse cuenta de que su miedo a infectarse es irreal. Más adelante, en el capítulo 6, profundizaré sobre lo relativo a las parejas serodiferentes (uno VIH+ y el otro VIH-) pero vaya por delante que, de nuevo, es el VIH- el que debe librarse de los prejuicios que ha ido interiorizando a lo largo de su vida.

Tono, un amigo, me decía: «Yo pensaba que salir del armario era todo lo que tenía que hacer, que ahí terminaba el proceso, y ¡qué va!, al salir del armario es cuando comienza todo».

Hacía referencia a que asumirse y expresarse como homosexual no era más que el inicio de conocer en profundidad lo que significa pertenecer a una comunidad tan rica y diversa como la nuestra. Que toca aprender sobre el VIH porque afecta de manera especialmente intensa a nuestra comunidad,[22] y toca aprender sobre cómo las tecnologías han modificado el modo en que nos relacionamos (de ello hablaremos en el siguiente capítulo).

---

21. Emplearé «VIH+» y «VIH-» como formas de referirme a «personas con VIH» y «personas sin VIH». En ambos casos lo hago para evitar términos como «seropositivo», por su connotación (adhiriéndome a las directrices de CESIDA sobre el lenguaje correcto para hablar sobre VIH), y también la farragosa perífrasis «persona que convive con el VIH», que será muy políticamente correcta pero es un coñazo para escribir un texto largo. Sobre la aceptación del término para uso coloquial, un paciente VIH+ me decía: «Cada vez que leo eso de "personas que conviven con el VIH" me imagino que tengo un VIH del tamaño de un sambernardo sentado en el salón de mi casa. ¡Yo no convivo con ninguna mascota!».

22. En España, los datos publicados en 2015 (en «Vigilancia epide-

Tono, sobre todo, se refería a cómo, tras aceptarnos, se inicia un camino en el que, día a día, vamos comprobando si nos hemos liberado de nuestra IH, o si nos hemos liberado de los demás prejuicios que nos ha inculcado la sociedad en la que hemos crecido.

Liberarnos de todo lo que nuestro periplo nos ha ido metiendo en la mochila es fundamental para poder implicarnos en una relación. Es difícil construir una pareja si estás preso de la ansiedad o del miedo patológico a que te partan el corazón. Es difícil construir una pareja si no te sientes capaz de compartir tus intimidades con otra persona y no te dejas conocer. Es difícil construir una pareja si tienes vergüenza a expresar tu deseo sexual y ser guarro en la cama. Es difícil construir una pareja si tienes una IH que te hace desconfiar de tu novio sistemáticamente porque «todos los gais son unos promiscuos». Es difícil construir una pareja si cargas con mochilas, creo que ya entiendes por qué.

ARRELACIONES: «FULANITO Y SUS JUGUETES»

El nombre de este epígrafe me lo dio Alfredo durante una de nuestras sesiones. Alfredo me hablaba de su ex y de cómo no fue posible que la relación prosperase porque Fulanito estaba más ocupado de sí mismo que de cualquier otra cosa.

Si antes hemos repasado las relaciones dependientes y las relaciones tóxicas, ahora te voy a indicar otro tren que no de-

---

miológica del VIH/sida en España», actualización del 30 de junio de 2015, Ministerio de Sanidad, Servicios Sociales e Igualdad) nos indican que, aun siendo apenas el 7 por ciento de la población, en los gais (y otros HSH) se dan el 53,9 por ciento de las nuevas infecciones diagnosticadas, siendo además el único grupo en el que las infecciones no dejan de crecer. En *QMM* (pp. 268-271) explico ampliamente por qué estamos en esta situación.

bes coger nunca: el de las *arrelaciones*.[23] Si antes nos referíamos a dos personas que se relacionan de manera inadecuada, ahora estamos hablando de dos hombres que no se relacionan porque uno de ellos, simplemente, no está abierto a relacionarse. (¿He insistido lo suficiente sobre la importancia de la correspondencia para llamarlo «relación»?).

En realidad, es fácil encontrarte este tipo de *arrelación* porque no son pocos los que se enamoran de alguien que no les corresponde. No hablamos de que «uno de los miembros de la pareja sea más demostrativo o esté más pillado que el otro», que viene a ser una descompensación habitual, sino de que uno de ellos esté enamorado y el otro no lo esté en absoluto.

Con lo de «Fulanito y sus juguetes», Alfredo quería expresar el hecho de que su ex nunca había estado implicado en su relación:

> Él era un encanto: inteligente, educado, amable, sensato, dialogante…; en realidad, nunca tuvimos ningún problema porque era imposible tener problemas con un hombre como él. Pero el centro de su vida era él: él y su trabajo, él y sus aficiones, él y sus amigos, él y sus viajes, él y sus proyectos. Su vida era «él y sus juguetes». No había sitio para nadie más. No se interesaba por los juguetes de nadie ni compartía los suyos con los demás. Como los niños de guardería que aún no saben socializar y juegan solos compartiendo espacio pero sin interactuar. Claro, como te puedes

---

23. Para quienes no seáis una *mariculta* pedante como el autor de este libro, «arrelación» es un término inventado por mí, compuesto por la palabra «relación» y por el prefijo '-a', que significa 'no' o 'sin'. Así, «arrelación» equivale a «no-relación» o «sin relación», como «afonía» significa 'sin voz'. No es pregunta de examen pero sirve para subir la media cuando vayas a sacarte el carné de mariquita.

imaginar, me sentí solo, no amado, no tenido en cuenta, y con confianza cero en la posibilidad de crear un proyecto con él. No funcionó porque yo no cabía en su vida. Bueno, creo que nadie cabía en su vida.

Habíamos comenzado la terapia porque Alfredo se sentía inseguro para iniciar una relación ya que la historia con Fulanito le había marcado mucho. Una parte de su cabeza rumiaba ideas acerca de qué hizo él de malo para que la relación no funcionase, mientras que otro lugar de su mente trataba de convencerse de que él no había hecho nada mal y de que, simplemente, la no predisposición del otro fue la causa de que no fructificase la relación. No saber qué había hecho mal si es que había hecho algo mal… No se atrevía a iniciar otra relación y salía huyendo cada vez que un hombre se mostraba interesado pero, a la vez, se moría de ganas de poder tener algo más serio con alguien. Y allí seguía: hablando conmigo y sin saber cómo salir de aquel embrollo.

Debo añadir que Alfredo también tenía unos niveles de ansiedad bastante altos que lo paralizaban y que, por si no teníamos bastante, se sentía tan avergonzado de permanecer en esa situación que no se veía capaz de pedir ayuda a ningún amigo con tal de no tener que explicárselo. Ante semejante cuadro, solo quedaba una acción posible: la que llevé a cabo.

El procedimiento habitual implica que el psicólogo le pida al paciente que evalúe, por sus propios medios, si sus creencias y conclusiones son ciertas o si, por el contrario, no se ajustan a la realidad. Lo hacemos para que el paciente vaya aprendiendo que solo aquello que está confirmado por los hechos es cierto, y solo lo cierto debe ser tenido en cuenta para guiarse en la vida. De lo contrario, podría estar haciéndose una paja mental de la cual estaría pagando las consecuencias. Como Alfredo no se atrevía a hacerlo a solas por si le daba un ataque de ansiedad, lo hicimos juntos: *estalqueamos* a su ex (benditos Instagram y

Facebook). Como verás en el capítulo 8, eso de *estalquear* puede ser una buena estrategia para desmitificar a los ex, así que nos pusimos a ello.

Alfredo comprobó que Fulanito tenía una vida social muy intensa y con muchas aficiones. Por esas aficiones, comprobamos que era un tipo culto y viajero, con inquietudes intelectuales, que sabía vestir adecuadamente en cada ocasión, que tenía un trabajo de los de corbata, que siempre salía sonriente en cámara y que esa sonrisa era sincera, como confirmaba el gesto que la acompañaba. Tenía muchos amigos y una buena relación con ellos, algunos hasta lo acompañaban en sus viajes. Y también tenía amigos en los lugares a los que viajaba. Pero no había ni una sola foto, ni un solo «estado» ni presente ni pasado en el que se manifestara que mantenía una relación. Quizá nadie había sido capaz de enamorarlo lo suficiente como para plantearse cambios profundos en su vida. Quizá es que no estaba predispuesto y ni siquiera era consciente de ello. En cualquier caso, parecía verosímil la hipótesis de que Alfredo no tuvo la culpa de que no funcionase la relación sino que, simplemente, no podía funcionar. Alfredo necesitaba una constatación empírica e intensa porque él es así de intenso (y lo sabe porque yo mismo se lo digo).

A veces te encuentras con hombres maravillosos que no están predispuestos. No lo están quizás porque disfrutan de una soltería saludable (siguiente capítulo), dentro de la que se sienten cómodos y a la que no renunciarán a no ser que vean visos de que la relación contigo podría ser importante. Uno debe estar preparado para aceptar que no se puede hacer nada para forzar una relación y que eso de «conseguiré enamorarlo» es una creencia propia de telenovelas/películas ñoñas basada en uno de los mitos del amor romántico (la omnipotencia del amor), del que ya hemos hablado en el capítulo anterior.

El amor competitivo

Existe un tipo de enamoramiento al que llaman «amor competitivo». No puede ser amor porque la competitividad es su antónimo. Pero le dejaremos ese nombre porque se le ha llamado así tradicionalmente.

Este «enamoramiento» se produce de dos formas diferentes: (a) cuando dos novios compiten entre sí y (b) cuando sentimos deseo sexual por rivales o competidores. En el primer caso se trata de hombres que no han entendido qué significa formar una pareja, ni la complicidad, ni el sentido de trabajar sinérgicamente por un proyecto en común, y tienen varios capítulos para leer más adelante. En algunos extremos, puede parecerse mucho a tener una relación con un narcisista.

En el segundo caso, el mismo hombre con el que competimos porque somos rivales al optar al mismo puesto en la empresa es un tipo ante el que nos arrodillaríamos gustosamente para inspeccionar en su braguta... hasta el final. ¿Ves qué mezcla? Si una parte de ti se rinde a los encantos de ese tiarraco, a la otra parte (la que tiene que competir contra él) le resulta muy difícil tener argumentos acerca de por qué tú eres mejor que él para el puesto.

Tener las cosas claras ayuda, por supuesto, y a medida que tenemos más claro que somos gais y profundizamos en el conocimiento de nuestros deseos y emociones, este tipo de confusión desaparece aunque es fácil (sobre todo cuando se es más jovencito o más inexperto) sufrirlas. Al final (casi) todos aprendemos que una cosa son las cosas de comer y otras las de meter y que, incluso, te podrías dejar hacer de todo en la cama por un tipo al que no le consentirías ni media tontería en el terreno laboral. Esa es la clave: diferenciar muy bien entre el ámbito de lo sexual y el ámbito de lo laboral sabiendo separar ambas cosas en tu mente.

El bully *me pone burro*

Un caso verdaderamente extremo del anterior es cuando te has enamorado (simbólica o realmente) del tipo que te maltrata. Para muchos de nosotros puede resultar fuente de profundos conflictos darnos cuenta de que nos sentimos atraídos por hombres que son calcos de los que, en nuestras infancias o adolescencias, nos maltrataron.

Algunos pacientes llegan a consulta aterrados ante la idea de estar tan traumados que creen que «sienten deseo sexual por tíos como los que lo maltrataron». Afortunadamente, la cosa puede ser mucho más sencilla de lo que temen.

Si haces unas preguntas por ahí, otros gais que nunca fueron maltratados te dirán que también se sienten atraídos por hombres «grandotes y con pinta de leñador rudo». Y algunos otros (de los que tampoco fueron maltratados) te dirán que se ponen muy cachondos con los juegos de dominación/sumisión. Piensa si no puedes ser tú uno de esos muchos hombres que se sienten atraídos por ese tipo de *machoman* o que disfrutan de juegos BDSM pero que, en tu caso, tuviste la mala suerte de haber sido acosado de joven.

Los *bullies* acostumbran a ser los tipos con más envergadura del colegio por una simple razón: si fuesen unos tirillas que no aguantan ni media bofetada, no servirían para matones (bueno, siempre hay excepciones y hay matones canijos, vale). Así, forzosamente para ser un matón, debía ser un tipo «grande y fuerte». ¿Sí?

Vale, ahora vamos a repasar los conjuntos: está el conjunto de los hombres. De ese conjunto, algunos son grandes y fuertes y, dentro de estos, están los que podrían ser *bullies* si contaran con la mala leche necesaria. Pero ni todos los hombres son grandotes, ni todos los grandotes son *bullies*. Entonces, ¿te ponen los tiarrones o estás traumado? ¿Cómo saber cuál es tu caso?

Mi amigo Sergi tiene una regla de oro que resume en una frase grandiosa: «El orgasmo es la frontera». Eso significa que los juegos, los roles y las fantasías tienen que estar dirigidas a la excitación y al juego sexual pero que, una vez llegados al orgasmo, ahí se acaba todo: él deja de ser arrogante y dominador para volver a ser el hombre dialogante que te consulta las cosas que os atañen a los dos. Y tú dejas de ser el sumiso al que llevan hasta el límite de su excitación y vuelves a ser el hombre con iniciativa y decisiones propias. Si los roles sobre dominación sobrepasan la frontera del orgasmo y se dan en la vida cotidiana, son un problema y entran dentro de esta clasificación de amores tóxicos. Si los roles son parte del juego erótico y se acaban con el orgasmo, todo lo que dos adultos consensúan libremente y no perjudica a terceros es válido.

Así, si quieres un *machoman* que te dé vueltas en la cama como si fueses un molinillo pero, acabado el polvo, tomáis las decisiones en común y el trato es cariñoso, entonces todo está bien. Si te sientes un mierda que solo sirve para satisfacer a los demás y que no merece ser bien tratado, entonces necesitas un psicólogo que te ayude a superar los traumas del pasado. No hay mucho más que añadir.

4

Vive una soltería saludable
(«los chulos pasan, las hermanas quedan»)

*L*a frase sobre chulos y hermanas no es mía, sino de Sebas Martín,[24] el dibujante de cómics (bueno, de novela gráfica, que no quiero que se me enfade el primo Sebas) que tituló así uno de sus libros. La idea central de la novela es que un gay no puede estar seguro de si una relación le va a funcionar, por lo que siempre es preferible rodearse de buenos amigos que estén a su lado a pesar de las contrariedades.

Es una frase que resume muy bien la filosofía que quiero explicarte: dado que el éxito de una relación sentimental depende, en la actualidad, de tantos factores y todos resultan tan difíciles de controlar, es preferible apostar por una relación que nos pueda garantizar el apoyo emocional. O, lo que es lo mismo: si puede que tu vida amorosa sufra diversos avatares a lo largo de tu biografía, mejor que la estabilidad emocional te la proporcionen tus relaciones sociales y familiares. Así, aunque los chulos pasen por tu cama y por tu corazón, la amistad y el apoyo incondicional de tus hermanas siempre estarán ahí. Hablemos de ello.

---

24. Sebas dibuja cómics gais y cuenta historias que a todos nos han sucedido en algún momento de nuestras vidas.

Soltero y feliz

Repite conmigo: «Soltero y feliz no son antónimos». A lo largo de este capítulo te voy a explicar por qué.

La Encuesta Continua de Hogares de 2015 del Instituto Nacional de Estadística español nos daba el dato de que el diez por ciento de la población adulta de este país vive sola y que esta es una tendencia en aumento. El 40,6 por ciento de los hogares unipersonales los constituyen personas mayores de 65 años y son, en su mayoría, viudas. En el caso de los menores de 65 (el 59,4 por ciento restante) que no tienen compañía, la mayoría (el 59 por ciento) son hombres. Cuando no hablamos de mayores que han perdido a su cónyuge, nos encontramos con que los hombres solteros son mayoría.

Pero hay otro dato relevante y más claro aún: el del número de adultos en los hogares. Porque puede que, aun siendo soltero, no vivas solo y que, por tanto, no cuentes en las cifras de hogares unipersonales. Esta situación nos haría perder información relevante para nuestro planteamiento. El 34,1 por ciento de hogares está formado por parejas con hijos y el 21,1 por parejas sin hijos. Eso suma el 55,2 por ciento de los hogares españoles. ¿Qué ocurre con el 44,8 por ciento restante?

Dentro de este grupo tenemos tres categorías: el veinticinco por ciento son adultos que viven completamente solos, el 10,3 son adultos que viven solteros pero en compañía de sus hijos y el 9,5 restante se encuentra en otras situaciones como la de vivir con compañeros de piso u otras. Fíjate: el resumen de todo esto es que el 44,8 por ciento de los hogares españoles incluyen un adulto soltero, ¡casi la mitad!

Las estadísticas sobre divorcios nos ofrecen otro tipo de datos que nos interesan para el contenido de este libro: los matrimonios no duran para siempre (al menos, no la mayoría). Presta atención a los siguientes datos:

Tabla 1[25]

PAÍS	DURACIÓN MEDIA DEL MATRIMONIO (AÑOS)	TASA DE DIVORCIO (%)
Italia	18	30,7
Canadá	14	48
Francia	13	55
EE.UU.	8	41
Australia	12	43
México	12	15
Japón	11	36
Reino Unido	11	42
Sudáfrica	11	31,2
Qatar	5,5	38
España	15,2	61[26]

En la Tabla 1 se puede apreciar con total claridad que los matrimonios se rompen en una tasa que varía entre el treinta y el sesenta por ciento y que su duración varía entre los ocho y los dieciocho años. Eso significa que entre uno y

---

25. Fuente: http://www.hopesandfears.com/hopes/city/city_index/214133-city-index-marriage-lengths.
26. Datos publicados en 2014 por la revista *online* estadounidense *Business Insider,* basados en cifras de Eurostat (Oficina Europea de Estadística). Durante la crisis económica bajó el número de divorcios ya que las parejas no podían permitirse un proceso de separación de sus bienes. A medida que mejora la situación económica del país, la tasa de divorcio vuelve a subir.

dos tercios de los enlaces celebrados terminarán en divorcio y que durarán en torno a una década o década y media.

Digan lo que digan los representantes del catolicismo,[27] el divorcio es algo natural y relacionado con el hecho de que las personas nos enamoramos y desenamoramos como parte del curso de nuestra vida afectiva normal. No hay nada patológico en desenamorarse, simplemente sucede porque el enamoramiento es algo que puede desvanecerse con el paso del tiempo.

Además, es muy interesante observar que la mayoría de personas que se divorcian vuelven a casarse más adelante y que, en esa segunda ocasión, el matrimonio es mucho más sólido y duradero. Algunos estudios sobre este asunto (Epstein, 2010) señalan que las primeras relaciones suelen comenzar con tantas expectativas y tan poca experiencia que tienden a fracasar, mientras que, una vez acumulada la experiencia sobre lo que realmente es el amor y cómo hacer que funcione, nuestras segundas relaciones son más exitosas.

En cualquier caso y a modo de resumen, el hecho evidente de que se producen divorcios nos dice que, tanto antes de encontrar pareja como después de habernos divorciado, estaremos solteros durante algunos años de nuestra vida. Sin embargo, resulta paradójico que, a pesar de lo certera que es la constatación de que —tarde o temprano— pasaremos unos años de soltería, pocos estemos preparados para vivirla con felicidad.

Entre los que viven solos, los que viven con sus hijos pero están solteros o divorciados y los que comparten piso, hay un amplio porcentaje de la población que no vive en pareja. ¿Ves? La peña dale que dale con lo de «encontrar un amor» y

---

27. Solo me refiero al catolicismo porque el divorcio está admitido por el judaísmo, el islam, el luteranismo y la Iglesia anglicana.

resulta que, estadísticas en mano, la probabilidad de vivir solo permanente o temporalmente se acerca al cincuenta por ciento. Por tanto, ya que esto puede ser cuestión de cara o cruz, lo mejor es que también te prepares para la posibilidad de que estés soltero.

Supongo que ahora podrás entender que quiera dedicar un espacio para explicar cómo estar soltero y feliz en un libro en el que se habla de las relaciones afectivas. Porque este no es solamente un libro sobre las relaciones de pareja sino también sobre las diferentes situaciones sentimentales que puedes vivir a lo largo de tu vida, incluyendo la soltería.

En *QMM* te hablé de la obra sobre los solteros gais escrita por Steven Bereznai (2006) y de cómo muchos gais solteros se sienten especialmente mal dentro de la comunidad por no tener pareja. Este autor explica una serie de mitos que hacen creer a muchos gais que tener novio es mejor que no tenerlo. Pero no un «mejor que» en el sentido de «más ventajoso», sino en el sentido de que «el gay en pareja está psicológicamente más adaptado que el soltero» o, aún peor, en el sentido de que «el gay emparejado es moralmente superior al soltero».

Y esto es algo que he observado con demasiada frecuencia: hay quienes consideran que la soltería siempre se debe a algún defecto de quien la «padece». De ahí la frase: «¿Cómo es posible que un hombre como tú esté soltero?», que viene a querer decir algo así como: «Puesto que, a mi entender, estar soltero es fruto de un defecto, todo lo bueno que tú aparentas tener debe tratarse de una fachada porque si no tienes pareja solo puede deberse a que tengas algún tipo de fallo».

Quien piensa así cree que solo existen dos tipos de solteros: los egoístas que no quieren comprometerse o los insoportables a los que nadie quiere. Esta no es más que una creencia supersticiosa. Una superstición (y los mitos sobre el amor romántico lo son) es una creencia que establece sin ningún tipo de prueba una relación entre dos eventos. Creer que alguien, por el mero hecho de ser un buen tipo, automáticamente tendrá novio es una superstición porque establece una causalidad mágica entre el suceso A («ser buen tipo») y el suceso B («tener novio») saltándose un montón de pasos intermedios que incluyen, entre otros, que el aludido esté predispuesto, que tenga tiempo para salir a conocer hombres, que haya conocido a alguno con el que pueda ser compatible y que este también esté interesado en iniciar una relación con él.

De verdad, ¿solo porque tú seas buen chico, el cosmos debe encargarse de hacerte llegar recompensas? ¿No te parece una creencia un poco infantil? Por si no es bastante ridícula, recuerda que no existe relación entre tener novio y gozar de buena salud psicológica, ya que, como te decía en *QMM* (p. 327): «Estar en pareja también puede significar que tengas una dependencia emocional que no te permita salir de una relación tóxica. En ese caso, tener pareja no indica buena salud psicológica, pues se sigue en esa relación no porque los novios se amen sino porque no quieren quedarse de maricas solteronas con gatos». Además, si solo con tener novio, la felicidad estuviese garantizada ¡nadie se divorciaría porque todas las parejas serían felices! ¿Te das cuenta?

Quizá, antes de seguir hablando de solteros felices, debería explicar qué entiendo por «felicidad». Desde mi punto de vista, la felicidad consiste en vivir sin conflictos con uno mismo. Por tanto, un soltero feliz es aquel que vive su estado sin que ello le suponga ningún conflicto consigo mismo. Recuerda la importancia de estar bien contigo mismo antes de iniciar una relación.

Como bien señala Chernin (2006, p. 21) en su libro sobre las relaciones afectivas entre hombres gais:

> Una cosa es que te sientas ocasionalmente solo y creas que mejoraría tu calidad de vida si estuvieses en una relación; otro asunto es que creas que debes estar en una relación para ser feliz. La ironía

está en que, si estás en desacuerdo con lo anterior, no estás preparado. Cuando estás necesitado, buscas fuera de ti algo que te haga sentir completo, incluso puede que rescatado. Cuando te sientes incompleto, no hay cantidad de amor y atención que pueda sustituir a lo que debe venir de tu interior.

En eso nunca se insiste lo suficiente: la relación más importante es la que mantienes contigo mismo. Por eso sería muy bueno que dedicases un tiempo de tu vida a sentirte bien contigo mismo (¿qué tal un año sabático de autocuidados?). Haz que, para ti, estar solo equivalga a «estar mejor acompañado». Si lo consigues, estarás en mejores condiciones para tener relaciones sentimentales gratificantes.

Por todo lo anterior, es decir:

- porque es muy probable que vivas soltero en algún momento,
- porque estar en pareja no es garantía de bienestar y
- porque es bueno saber estar solo antes de iniciar una relación…

… es importante que interiorices el concepto «soltería saludable» y la promuevas para darte a ti mismo el tiempo necesario antes de permitir que aparezca, sin prisas ni presiones, el hombre con el que iniciar una relación satisfactoria (si eso entra en tus planes).

¿Qué es la «soltería saludable»?

El de «soltería saludable» es uno de los conceptos que más manejo en consulta, charlas y talleres. Es un concepto que va mucho más allá de lo que significaría una soltería feliz puesto que, además, incluye un matiz preventivo. Alguien que vive en «soltería saludable» no solo es feliz estando soltero sino que, además, (¡y esto es lo más importante!) lleva unas pautas en sus relaciones que le previenen de caer en relaciones tóxicas.

> **La relación más importante que tendrás en toda tu vida es la relación contigo mismo: cuídala.**

¿Cómo sería una soltería saludable? Es una soltería que no vives como premio de consolación sino como la afirmación de que la relación más importante y respetuosa de tu vida es la que mantienes contigo mismo. Una soltería construida sobre los amigos, los proyectos, la familia, el sexo, una buena autoestima y, por encima de todo, sobre tu equilibrio emocional. Te lo explico por puntos y te resalto el modo en que cada una de estas áreas puede favorecer tu bienestar.

Amigos

Suelo decir a mis pacientes que, en lugar de preocuparse tanto por buscar pareja, deberían preocuparse más por tener una buena red de amigos. Los amigos, además de ser las personas con las que compartes tus intimidades y de quienes siempre recibes apoyo incondicional, tienen otra buena serie de ventajas por las que resulta conveniente invertir un tiempo y esfuerzo en socializar. Aunque, sin duda alguna, la principal ventaja es que los amigos te previenen del amor tóxico.

a. Los amigos son con quienes entrenas tus habilidades sociales. Si no eres capaz de mantener una red de amigos porque eres un pelma insoportable o un cabronazo al que nadie quiere tener cerca, lo más probable, en caso de que te eches novio, es que se trate de una relación tóxica. Porque iniciar una relación con un cabronazo inaguantable a sabiendas es iniciar la relación desde cualquier sitio excepto desde el amor. Di que ese hombre está contigo por tu cuerpo, o por tu dinero, o por tu influencia política, o por tu prestigio. Pero, desde luego, no estará contigo por amor. Y lo sabes (o deberías).

Si no haces el esfuerzo de ser sociable, aprender a empatizar y comunicarte correctamente con los amigos, difícilmente lo harás con los demás. Y si no eres sociable ni empático con nadie, ¿de verdad crees que puedes enamorar a alguien? No hace falta ser la alegría de la huerta ni el chico más popular del instituto, es suficiente con que tengas unos amigos que te quieran y que, de algún modo, sean indicativos de que sabes intimar y de que eres alguien *querible*.

Los amigos son con quienes aprendemos a socializar; son con quienes entrenamos nuestra capacidad para demostrar afecto. Por esa razón, si quieres elegir a un hombre que pueda ser un buen novio, busca entre los que tienen (y son) buenos amigos. Y recuerda que lo mismo se te podrá aplicar a ti.

¿En qué resulta preventivo? Cuanto más entrenada tengamos la comunicación con nuestros amigos, más fácil nos resultará reconocer (y descartar) aquellos candidatos a novios que no saben relacionarse.

b. Los amigos sirven para confortarte emocionalmente y que no andes desesperado buscando un novio que te escuche y comprenda.

En consulta, cuando algún hombre se queja de que necesita encontrar novio porque se siente muy solo, le pregunto: «¿Qué tal tu red de amigos?». Es asombroso cómo la mayoría me responde algo parecido a: «No, si yo tengo amigos…, bueno, últimamente no los veo mucho…, es que están muy liados y cada uno ya tiene su vida, con sus parejas, o se han ido fuera…, pero hablamos por Skype». Y termina admitiendo que apenas tiene amigos o están lejos y los echa mucho de menos. Para cualquier psicólogo, la red social[28] de alguien es un elemento fundamental a la hora de predecir su salud psicoemocional.

¿En qué resulta preventivo? Quienes tienen una buena red de amigos suelen gozar de mejor salud emocional porque tienen con quien hablar de sus problemas y pedir ayuda y consejo. Esa buena salud emocional nos ayuda a no caer en relaciones tóxicas.

c. Los amigos son las personas con quienes realizas actividades de ocio, con quienes llenas tu agenda y por quienes te sientes acompañado. Dedicas un tercio de tu día a dormir, un tercio de tu día a trabajar y un tercio de tu vida a actividades de ocio. Aunque tengas los días laborables muy ocupados con tu trabajo, siempre te quedarán los fines de semana. ¿Qué haces en tu tiempo libre? ¿Con quién compartes tu ocio?

Si no tienes a nadie, tu sensación de soledad será evidente y te hará pensar que necesitas a alguien con quien compartir tu vida. Y tendrás razón, pero no porque esa soledad te la vaya a quitar un novio, sino unos amigos. Bueno, sí, un novio también. Pero si solo te quedas acompañado por un novio (¡o un solo amigo!), la probabilidad de veros encerrados en una relación dependiente es grande. Tú solo lo tendrás a él y él solo te tendrá a ti. Para contaros cómo os han ido las cosas, para hablar de vuestros problemas por separado y de los problemas de vuestra relación.

---

28. Me referiré más veces a la red social de una persona en el sentido clásico de «conjunto de personas que conforman el entorno familiar, laboral y amistoso de alguien y con quienes mantiene relaciones de relevancia». A no ser que especifique lo contrario, no me estaré refiriendo ni a su Twitter, ni a su Facebook ni a nada similar.

¿En qué resulta preventivo? Los amigos están ahí para apoyaros, para quereros, para las confidencias... ¡para todo! Evitan que tu vida esté vacía y, además, aportan diversidad: no es saludable que la vida de un ser humano se circunscriba a solamente otro ser humano.

d. Los amigos son fuente de nuevos contactos. Cuantos más amigos tengas, más fácil será que alguno de ellos te presente a algún hombre interesante.

Como ves, al hablar de soltería, en ningún momento estoy hablando de no tener pareja, sino de no lanzarse desesperadamente a forzar una relación con el primero que pase. Cuantos más amigos tengas, mayor será la probabilidad de que en cualquier momento pueda aparecer entre sus otros amigos alguien con quien iniciar tu propia relación de pareja, ya que siempre habrá la posibilidad de encontrar a alguien compatible contigo entre los amigos con los que tu compatibilidad está ya comprobada y demostrada. A más «red» social, más probabilidad de «pescar».

¿En qué resulta preventivo? Cuantos más amigos, más claro tendrás que, tarde o temprano, te presentarán a alguien compatible contigo y sabrás darte tu tiempo sin engancharte con el primero que te pida salir.

Proyectos

Dice Martin Seligman (2011) que una de las cinco cosas que nos hace felices es tener proyectos. Alguien que no tenga un aliciente por el que levantarse cada mañana ni nada que lo motive a seguir adelante es alguien que lo va a tener más difícil para ilusionarse por la vida.

A menudo tratamos de llenar esa ausencia de proyecto vital con el hecho de tener novio, de forma que no son pocos los hombres gais que, consciente o inconscientemente, buscan llenar su vacío con la compañía de otro hombre (o con el sexo) y se esfuerzan en comprometerse. Por esta razón, es bueno que sepas que, para disfrutar de una soltería saludable, es mejor que tengas proyectos. No hace falta que esos proyectos sean grandes planes para transformar la humanidad. A veces es más que suficiente con implicarse en alguna ONG o aprender idiomas y conocer nuevas culturas (hablar noruego y adentrarse en la cultura vikinga, por ejemplo). Un pequeño huerto en el balcón, aprender cocina, aficionarse al senderismo y recorrer el país ruta a ruta, implicarse en política, en la asociación de vecinos o en la vida cultural del barrio. Hay cientos de posibilidades. Elige la que quieras y ten una vida que compartir con tu novio futuro, no una vida que tu novio deba llenar.

Los mitos del amor romántico nos hacían creer que el amor era el proyecto de vida. En realidad, el proyecto no era el amor sino la creación de una familia (¡reproducirse!) y eso no es (tan) viable en nuestros casos. Si eres un tío de más de cuarenta tacos que sigue esperando a crear un proyecto familiar con otro hombre, ¿no vas ya un poco tarde? Igual lo tenías que haber creado por ti mismo hace unos años. En realidad, esto es muy sencillo: tú eres el centro de tu vida. No hablo desde el egoísmo sino desde la realidad desnuda: solo tú estarás a tu lado hasta el último momento de tu vida, ¿se te ha ocurrido pensarlo? Por coherencia con la realidad, por autocuidado, ten proyectos personales.

¿En qué resulta preventivo? Te ayuda a evitar caer en la falsa creencia de considerar una relación como el único proyecto que podría dar sentido a tu vida.

Familia

Todos necesitamos sentir que formamos parte de algo. Esto no debe sorprendernos, al fin y al cabo, somos una especie social. Pero la familia, además, tiene un componente de pertenencia añadido. Formamos parte de un linaje, de una historia, de unos antepasados que trataron de hacer su vida lo mejor posible, que buscaron lo mejor para los suyos. Nuestros antepasados cocinaban determinados platos, tenían determinadas costumbres. Al entroncar con sus tradiciones, nos sentimos parte de esa herencia. Incluso si la relación con la familia de origen es mala porque no han aceptado nuestra homosexualidad (o por cualquier otra razón), solemos construir nuestra propia familia, la elegida: esa familia con la que no tenemos lazos de sangre pero sí un cariño y una incondicionalidad incuestionables.

La familia es ese grupo de personas con las que mantienes el compromiso de disponibilidad absoluta. Tú siempre estarás para ellos y ellos siempre estarán para ti, especialmente en los malos momentos, que son los que más vulnerables nos hacen sentir. Tener tus amigos y tu familia a tu lado incondicionalmente te hace sentir seguro y evita que te enganches a alguien solo por si, en algún momento, necesitas ser socorrido o pasar juntos unas fechas especialmente señaladas (como la Navidad o el cumpleaños).

¿En qué resulta preventivo? Todos necesitamos saber que tenemos personas a nuestro alrededor con las que contar. No centrar esta necesidad en la figura de un novio elimina presión.

Sexo

Como recordarás de *QMM*, defiendo la idea de que el sexo puede tener muchas maneras de manifestarse y una de ellas es el sexo lúdico. Definíamos el sexo lúdico como aquel que no llevaba incorporada ningún tipo de vinculación sentimental al hombre con el que lo manteníamos. Puede ser el polvo de la noche, un *follamigo*, alguien a quien conoces en las apps de *cruising* o similares, pero siempre con la característica de que no hay más relación que la sexual.

La definición de la OMS (2006) sobre la sexualidad humana deja claro que el sexo es «un aspecto central del ser humano, presente a lo largo de su vida. Abarca el sexo, las identidades y los roles de género, el erotismo, el placer, la intimidad, la reproducción y la orientación sexual». Aquí como allí continuaremos remarcando la centralidad del sexo en la vida de cualquier persona. De momento, y solo con algunas excepciones, sigo sosteniendo esta hipótesis. A pesar de ser un elemento fundamental de la persona, vivimos en una cultura que ha sido tremendamente represora con la sexualidad y, para muchos, lo sigue siendo.

Como podrás imaginar, para una soltería saludable es un elemento de gran importancia tener una buena sexualidad. Sin embargo, y debido a esa represión, muchos hombres tienen problemas para asumir su propia sexualidad. Y no me refiero a ser gais, sino al hecho de tener impulsos y deseos sexuales. Les cuesta muchísimo trabajo asumirlo porque tienen interiorizada la sexofobia del entorno en el que han crecido. Les resulta muy conflictivo aceptar que necesitan sexo y, en muchas ocasiones, utilizan el subterfugio de «buscar pareja» porque les parece más aceptable admitir que necesitan follar si lo hacen con su «novio». Y, claro, si te echas un novio porque necesitas tener con quien permitirte a ti mismo follar, en lugar de emparejarte porque quieres compartir tu vida en un proyecto común con él, las consecuencias desastrosas se aproximan en tres... dos...

¿Lo ves? Deja de engañarte y libérate de la represión y de las demás mandangas. Te lo voy a decir muy claro: es bueno tener deseo sexual ¡aunque no estés enamorado! Y se acabaron las tonterías. No enredes a nadie en una relación de la que tú solo esperas follar. Ni te engañes ni engañes a nadie. Así todos salimos ganando.

¿En qué resulta preventivo? Permitirte tener sexo de forma asertiva y sin necesidad de estar en una relación sentimental, te ayuda a no confundir tu necesidad sexual con enamoramiento y evita que te enredes en relaciones que no deseas, y con las que podrías hacer daño a alguien que sí podría estar sintiendo algo sincero por ti.

Autoestima

Explicado de una forma muy sencilla, la autoestima es el resultado de la evaluación que tú realizas de las características que componen tu persona. En el capítulo 9 de QMM expliqué cómo, al interiorizar mensajes negativos o al aceptar las connotaciones negativas asociadas a algunas de nuestras características, terminamos realizando una valoración negativa de nosotros mismos.

Si te describes con características negativas o si todas las características que te componen están valoradas negativamente por tu entorno, es lógico que cuando hagas la suma de sus valores te salga un resultado negativo. Eso sería, en resumen, tener una baja autoestima. ¿Qué sucede cuando la tenemos? Que somos vulnerables a las relaciones tóxicas. ¿Por qué? Porque, como ya hemos visto, cuando alguien realiza una mala valoración de sí mismo, en el fondo cree que nunca va a encontrar a nadie que lo quiera de verdad. Así, cuando aparece cualquier persona que le hace caso (y cuando digo cualquier persona te aseguro que me refiero a cualquiera), se engancha en la relación de una manera casi desesperada. Por miedo a no volver a encontrar jamás a alguien que lo quiera, aguanta situaciones que, en realidad, no desea en absoluto. Saber todo lo bueno que hay en ti, quererte, valorarte y, en definitiva, darte a valer es lo que hará que si estás en una relación, sea con alguien adecuado y porque verdaderamente lo desees.

¿En qué resulta preventivo? Cuando te valoras adecuadamente a ti mismo, eres capaz de ser todo lo selectivo que se necesita para estar solo con ese tipo de hombres con quienes puedes establecer relaciones realmente fructíferas, funcionales y felices.

Equilibrio emocional

En el capítulo anterior te expliqué qué es eso de «el amor como manía», así que no me voy a extender de nuevo ahora. Pero sí te diré que tanto para tener relaciones sentimentales que funcionen como para tener una soltería saludable es necesario aprender a gestionar bien nuestras emociones para que no nos hagan perder la funcionalidad de nuestras vidas. En el capítulo 19 de QMM desarrollé las razones por las que es tan importante gestionar nuestras emociones para que no interfieran con nuestra vida cotidiana y para que no distorsionen nuestros pensamientos por ser demasiado intensas.

¿En qué resulta preventivo? Un buen equilibrio emocional ayuda a continuar con nuestra vida cotidiana sin bloqueos y nos permite observar nuestra realidad desde la objetividad y la lucidez.

Y ahora es el momento en el que tienes que hacerte la pregunta: «¿Tengo todo lo que necesito para una soltería saludable?». Si crees que no tienes suficientes amigos, si tus relaciones familiares son defectuosas o no tienes con quien poder contar en momentos difíciles, si te faltan proyectos, si no tienes un sexo saludable, si no andas bien de autoestima o te falla el equilibrio emocional, quizá sería bueno que te propusieras solucionar estos problemas antes de plantearte la idea de tener una relación sentimental. Y si no solucionarlos, al menos que te comprometas seriamente a intentar ponerles solución antes de que te abras a una relación con otro hombre. Si lo haces, todos os beneficiaréis. Mientras estés soltero, tú estarás feliz. Cuando inicies una relación, todo será mejor porque, desde el principio, tendrás una calma y un disfrute de la relación que sería imposible si no hubieras hecho todo ese trabajo interior previo. Y él podrá vivir la experiencia de construir una relación sentimental con alguien que se ha trabajado todas sus mochilas pendientes. Por tu parte, seguro que desearías encontrar a un hombre que, o bien hubiera hecho su trabajo interior, o bien estuviera comprometido con solucionar sus problemas. Si entiendes que para ti sería mucho mejor conocer a un soltero feliz, te será fácil entender que para él también lo será.[29]

> ¿CÓMO QUIERES COMPARTIR TU VIDA CON ALGUIEN SI NO TIENES UNA VIDA PROPIA QUE COMPARTIR?

Pues eso, mari, pues eso. Primero ten una vida y solo entonces la podrás compartir con otro hombre. La soltería saludable es, ante todo, una vida propia que te resulte tan gratificante que solo la cambiarías por alguien que de verdad mereciese la pena. Si no la tienes…, ¿empiezas a ver dónde está el problema?

Homofobia interiorizada (IH) y pánico a la soledad

Son muchos los hombres gais que viven con terror el hecho de

---

29. No hace falta que te recomiende que te leas *QMM* porque ya podrás imaginar que todas estas problemáticas de las que hablo y que dificultan el establecimiento de una relación sentimental están explicadas allí.

estar solteros debido a su IH. Uno de los estereotipos sobre la homosexualidad los representa como esos «hombres a los que nadie quiere y que terminan muriendo solos». Durante décadas sucedió así porque éramos rechazados por una sociedad que nos consideraba enfermos o pervertidos. Muchas de nuestras madres, al enterarse de que éramos gais, expresaron su temor a que nos quedásemos solos en la vejez.

Por todo ello, muchos hombres gais buscan novio no por el motivo correcto sino por evitar dar la razón al prejuicio. Intentan tener pareja para «no ser de esos que se quedan solos» y, por el empeño de no quedarse solos, cometen todos los errores expuestos en el anterior capítulo. Son hombres que han interiorizado el rechazo de los homófobos pero que no se han parado a pensar que las circunstancias son diferentes ahora. Ni siquiera se han parado a pensar que si tú permaneces soltero puede deberse a que disfrutes de ese estado. Son personas que no dirigen sus propias vidas sino que tratan de vivirlas para no dar la razón a los demás.

No te dejes influir por los prejuicios; las expectativas de los demás no deben guiar nuestras vidas ni para decirnos lo que debemos hacer ni para que nos dediquemos a demostrarles que se equivocan. Los maricones sensatos tenemos mejores cosas que hacer. Ahí te lo dejo. Si quieres empezar a hacer aquello que de verdad te hace feliz en lugar de evitar que los demás «piensen que…», continúa leyendo hasta el final de este libro.

La mayoría de libros sobre psicología incluyen ejemplos reales que ayudan a entender los casos planteados. Yo he preferido construir un relato con unos protagonistas que ejemplifican las vivencias de miles de vosotros. En *QMM* lo hice con el «Diario de un maricón enamorado» (pp. 314-317) y, en esta ocasión, os presento a Loren.

Lorenzo (Loren) se había dejado caer en el sofá después de volver de la guardia de aquella noche. Lo que iba a ser una cabezadita se había transformado en una siesta de dos horas de la que lo sacó el tono de su móvil. ¡Mierda! Se había olvidado de quitarle el sonido. Se lo acercó a la oreja musitando un «¿Sí?».

—Loren…

—¿Rubén? ¿Cómo es que me llamas en vez de enviarme un whatsapp?

—¿Cuándo vas a echarte novio?

—¡Qué pesado estás con lo del novio, nene!

—Es que no me gusta verte solo.

—No estoy solo y lo sabes perfectamente. (La pesadez de su amigo había acabado de espabilarlo).

—Vale, sí, tienes un montón de amigos, todos te queremos y follas cuando te apetece. No estás solo, ok. Pero ¿de verdad no quieres tener pareja?

—Sí y no. No me cierro pero no la busco.

—Pues para no cerrarte, nunca le entras a ningún tío. Y tus polvos son de «Hola, sácate el rabo, vale, ya puedes ducharte, adiós».

—¡Qué ataque tan gratuito!

—Jajaja…, si fueras Estela Reynolds dirías que estás muy sola.

—Ok, no le entro a muchos tíos. Pero es que ninguno me llama la atención.

—Cari, ni que te fueras a cruzar con Chris Hemsworth en los Chocochurros. Ningún hombre te hace saltar las tapaderas del *sentío* nada más verlo, tienes que conocerlo para eso.

—Ya…, uf, es que eso me da una perezaaaa.

—¿Lo ves? ¿Lo ves? ¿Lo ves?

—Ay, por Dios, ¡qué dolor de cabeza!

—Andaaaa…

---

30. Fiesta que se celebra en Barcelona, Madrid y Valencia (estos chicos se están expandiendo que da gusto).

—Vaaaale. Esta noche vamos al Caramba Party[30] y le entro al que me parezca más mono.

—¡Ese es mi niño, bien!

—¿Vamos los dos solos o también viene tu marido?

—Mi marido también viene pero tranquilo, que no estarás de carabina.

—Ya ya. Con la de años que lleváis juntos, poca carabina haría yo.

—Porque también vienen las Willy Fog[31] y un primo de Rafa.

—¿El primo maricón? A mí no me lo encasquetáis.

—Que no, coño, que tiene novio.

—¿En serio? ¿Que ese ha ligado?

—Para que veas. Y tú tan sola, Estela.

—Qué *hartible* eres, maricón. Seguro que el novio es otro cromo.

—Yo soy *hartible* y tú mala. Pobre chico, llamarlo cromo.

—Rubeeeeén…

—Un álbum de cromos es el cabrón: sigue en el armario, es un pedazo arisco, no nos deja hacernos fotos por si las subimos a Facebook, es carca. ¡Lo tiene todo!

—¿Ves? No soy mala, soy intuitivo.

—Ya. Te voy a poner un 806 para que adivines el futuro a los que te llamen.

—No, en serio. No quiero eso para mí, no quiero quedarme con el primero que pase solo para poder decir: ¡Tengo novio!

—Nadie quiere eso para ti. Con lo que tú vales, puedes tener al mejor hombre del mundo, no seas gili.

—¿Ves? Ahora sí te quiero.

—Y yo a ti, perra.

—Jajaja…

—¡Y ponte la camisa azul que te regalé por tu cumple!

---

31. *QMM*, p. 317.

BLOQUE III

El amor nace, crece, a veces se reproduce…
y a veces se muere

5

Salir a conocer (y ligar) hombres

Ya. Ya estás preparado. Ya sabes qué es el amor y qué no lo es, qué son los mitos del amor romántico, qué relaciones pueden ser tóxicas, qué perfiles de hombre conviene evitar y lo a gustito que se puede estar en una soltería saludable. Y, en tu caso, también sabes que a ti sí que te gustaría tener pareja. Que te gusta eso de amanecer junto a otro hombre, tener un cómplice para tu sexo, un compañero de viaje, alguien que te apoye en tus proyectos…, alguien a quien dar tu amor. Al menos, estás abierto a que la experiencia se produzca. En este capítulo hablaremos del primer paso fuera de la soltería y dentro de la pareja: conocer a otros hombres con los que podrías iniciar una relación sentimental.

Aunque a lo largo de las siguientes páginas dibujaré un recorrido por las diferentes etapas y situaciones, doy por entendido que tú eres consciente de que no es obligatorio pasar por todas y cada una de ellas. Simplemente intentaré ser lo más exhaustivo posible en la descripción de las diferentes situaciones posibles y, guiado únicamente por un afán de ser claro y estructurado, lo presentaré como si fueran una sucesión de etapas. Pero, insisto, lo hago solo por dar al libro una estructura que lo haga inteligible.

Lo de bars, baths, bookstores and bushes *se ha vuelto un poquito más complejo*

En los libros sobre parejas gais escritos en inglés, cada vez que se habla de salir a conocer hombres se mencionan los *bars, baths, bookstores and bushes* como las 4 'bes' del ligue gay, haciendo alusión a los típicos sitios donde conocer hombres gais: bares, saunas (o lavabos), librerías gais y arbustos.[32]

Por si no era evidente, te lo explico yo: tres de esos cuatro espacios estaban fuertemente sexualizados y el otro podía servir como la antesala de la follada de esa noche (especialmente si os tropezáis en la sección de cómic erótico de la librería). Antes de que alguien empiece a llevarse las manos a la cabeza, su sirena interior comience a dar alaridos y empiece a quejarse en redes de por qué cada vez que se habla de algo gay tenemos que meter el sexo, le pido que nos haga a los demás el favor de tener un poquito de memoria histórica. Me explico: cuando tú no tenías aún conciencia de tu propia existencia, resulta que los maricones vivíamos en un mundo donde había unos señores muy malos que nos metían en la cárcel solo por el hecho de ser maricones. Esto sucedía en todo el mundo y aún sigue sucediendo, lamentablemente, en demasiados países del planeta. Como ocurre hoy todavía, en esos países donde siguen mandando esos señores tan malos, en nuestro mundo occidental y para evitar ser encarcelados, muchos hombres homosexuales debían reprimir su afectividad. Muchos, incluso, llevaban una doble vida que les permitiera disimular lo necesario como para evitar las cárceles, donde eran torturados y vejados solo por ser maricones. La

---

32. No, cari, lo de los arbustos no se refiere a que seamos aficionados a la jardinería (qué inocente eres, maricón), sino a que se folla detrás de los arbustos en las zonas de *cruising*.

mayoría de los hombres gais no se planteaban la posibilidad de tener una relación estable, así que se conformaban con ir a un lugar de sexo gay, echar un polvo con algún desconocido y volver al armario donde lo esperaban su esposa y sus preciosos hijos. No ha sido hasta muy recientemente, y después de décadas de lucha contra la discriminación y la violencia homófoba, cuando los gais nos hemos planteado en serio que podemos tener una vida afectiva como la de nuestros hermanos heterosexuales, y que si ellos podían flirtear, ennoviarse, casarse y divorciarse, ¡nosotros también! Y empezamos a relacionarnos entre nosotros con la intención de ir mucho más allá del sexo puro y duro. Esa es la razón, amigo de la sirena dentro de su cabeza, por la que el origen de los lugares de encuentro entre gais estaba ligado a las relaciones sexuales (venga, relájate) y por la que solo hace tan poco tiempo que hemos ido creando espacios de socialización no ligados al sexo.

Solo recientemente los gais hemos podido crear otros espacios donde reunirnos en contextos no sexualizados. Hemos creado clubes deportivos gais, asociaciones gais, grupos de senderismo gay, grupos de idiomas gais, grupos culturales gais y un número importante de colectivos y asociaciones donde los participantes son gais. Antes de que alguno empiece a llevarse las manos a la cabeza, su sirena interior comience a dar alaridos y empiece a quejarse en redes de por qué cada vez que se habla de algo gay tenemos que meter el gueto, le pido que me siga en el siguiente razonamiento:

• Entendemos que es natural que un ser humano tenga el impulso de implicarse en un proyecto de vida compartido con otro ser humano (formar una pareja).

• Entendemos que, en el caso de un hombre gay, ese proyecto se establecerá con otro hombre gay (las mujeres no nos ponen y los tíos hetero no «se dejan»).

• Entendemos, como conclusión de las dos aseveraciones anteriores, que nos parece natural que un hombre gay quiera implicarse en una relación afectiva con otro hombre gay.

• Para que un hombre gay conozca a otro hombre gay, ambos deben hacerse mutuamente visibles de forma que puedan decir interiormente algo así como: «Anda, mira, otro maricón como yo. A lo mejor con este puedo formar una pareja».

• Como nadie lleva una pancarta ni se pinta en la frente que es gay, la única forma de visibilizarse es ir diciendo que uno es gay o asistiendo a grupos y lugares donde se sobreentienda que los participantes son homosexuales.

• Por tanto, y como conclusión de las dos aseveraciones anteriores, las únicas formas de conocer a otro gay con el que podrías formar una pareja son:

a) la de tener la suerte de tropezarte con uno de esos que van diciendo «Hola, me llamo Pedro y soy marica» o...

b) ... ir a un lugar de encuentro gay.

• Dado que la alternativa «a» es altamente improbable (por suerte, la gente no está tan pirada), la alternativa «b» queda como la única que podemos considerar realista sobre dónde conocer otros hombres gais con los que iniciar un proyecto de vida compartido.

• Por eso los gais que están abiertos a iniciar un proyecto de vida compartido con otro gay van a lugares donde los gais se visibilizan.

Ea, maricón, pues todo lo anterior es el razonamiento que lleva a cabo de manera implícita cualquiera de nosotros cuando decide salir por el ambiente. Lo de crear «grupos gais» no es algo que tenga como objetivo la normalización y la integración, sino permitir el reconocimiento mutuo y el contacto. La normalización la hacemos cada uno de nosotros saliendo del armario en nuestra familia, en nuestro barrio, en nuestro grupo de amigos, en nuestros trabajos y hasta en nuestros viajes (*QMM*, cap. 17), así que espero, querido-amigo-de-la-sirena-interior-y-que-no-para-de-quejarse-en-redes, que antes de seguir quejándote sobre los «guetos», tú mismo hayas hecho el trabajo de ser visible y librarte de la IH. El ambiente no es un gueto sino el lugar donde la gente gay se reúne por afinidad. Por el mismo motivo que los madridistas se reúnen en la peña madridista, los vascos de la misma cuadrilla se reúnen en las sociedades gastronómicas o los «pelicanólogos» se reunirían en el club de los amigos del pelícano... si existiera.

Por tanto, si quieres conocer a otros gais, tienes que dejarte ver por los sitios en los que nos reunimos los hombres gais. Como acabo de explicar, en la actualidad hallamos una oferta muy amplia tanto de medios virtuales como presenciales para tal fin: bares y discotecas, apps de ligue, clubes, asociaciones y grupos, saunas, orgías, cuartos oscuros, zonas de *cruising*. Conozco gente que ha encontrado novio en una sauna, en Grindr y hasta en mitad de una orgía, así como gais que por más que se mueven en asociaciones y grupos de idiomas, nunca han encontrado más que ligues de una noche. No podemos presuponer nada acerca del resultado que obtendremos según el espacio de encuentro al que acudamos, aunque sí que será más probable que encuentres gais focalizados en tener sexo en lugares como la sauna o las apps, y más probable que encuentres a gais focalizados en conocerte para algo más que sexo si te mueves por asociaciones. Lo importante es que no te generes expectativas no realistas de lo que sucederá y, así, no te frustrarás si ves que estas no se cumplen.

En resumen: si quieres conocer a un hombre, te aconsejo visitar los espacios habituales de ligoteo gay y sopesar todos sus pros y sus contras. Aquí hablaremos de los cuatro más habituales en la actualidad: las apps, los bares (y similares), las asociaciones o grupos de quedadas y ligar en mitad de la calle.

Las apps de *cruising*

Como bien sabes, este es uno de los temas que traté con extensión en *QMM* (pp. 212-226), así que de nuevo te remito allí para que amplíes la información sobre este punto. Aquí te voy a enumerar las principales características de estas herramientas.

Una app de *cruising* es una aplicación en la que creas un perfil con fotos tuyas (explícitas o no) y una descripción personal que puede ser más o menos extensa. A partir de aquí, tu *smartphone* utiliza el GPS y te ofrece una cuadrícula con las fotos y perfiles de los hombres gais que están alrededor y la distancia en metros que os separa. Evidentemente, estos hombres están allí porque también se han registrado en la app y desean ser localizables para el resto de hombres gais. Como puedes imaginar, una app que se basa en la distancia que os separa y en una foto no es una app pensada para encontrar marido sino polvos rápidos. Te resumo sus cualidades en esta tabla.

Tabla 2

DESVENTAJAS PRINCIPALES DE ESTAS APLICACIONES
Repetición. Siempre están los mismos hombres en todas ellas, con lo que no son muy buenas herramientas para conocer a gente nueva una vez que llevas un mes empleándolas.
Ausencia absoluta de intimidad. Una vez que cuelgas un contenido allí, podría llegar a cualquier mano. Si eres precavido, quedas como un soso, pero si explicas cosas verdaderamente personales, estas informaciones podrían llegar más lejos de lo que tú habías previsto.

Las «**mochilas**» se elevan al cubo en el caso de las apps, o lo que es lo mismo: las apps, con su anonimato, les facilitan las cosas a algunos hombres con personalidad disfuncional.

La **sobreoferta**. Es el mismo efecto que se produce cuando las empresas ofrecen tantos productos que el consumidor no sabe por cuál decidirse. En el mundo de las apps gais eso significaría que, al haber tanta oferta (aparentemente toda esa cuadrícula está llena de polvetes potenciales), no te focalizas nunca en un hombre concreto para profundizar. Simplemente piensas que hay muchos y que si este no sale bien, no hace falta esforzarse, sino seguir eligiendo de entre los cientos que hay disponibles.

PRINCIPALES VENTAJAS DE LAS APPS DE LIGUE

Conectividad. Puedes conectar en cualquier momento (24 horas al día, 7 días a la semana, 365 días al año) y en cualquier lugar con otros gais, tanto si estamos en un entorno *gayfriendly* como homófobo.

Inmediatez. El diálogo se puede llevar a cabo en tiempo real. No tenemos que esperar a que vea nuestro email ni nada por el estilo.

Ubicuidad. Podemos hacer uso de la app en cualquier lugar en el que nos encontremos sin necesidad de más hardware que nuestro teléfono móvil.

Explicitud. Nos permite conocer inmediatamente las características relevantes del otro que nos hacen decidirnos por él de entre todas las opciones. En un vistazo sé si me gusta, si no me atrae, si tiene morbo en lo que escribe…

Agilización. Aprovechan el interés por el sexo tan presente en nuestra comunidad. Las apps no han sexualizado nuestro comportamiento, ya lo estaba (chats, cuartos oscuros, zonas de *cruising*, contactos vía correo). Las apps lo han agilizado todo, pero nada más.

Localizabilidad. Nos permiten saber quiénes están más cerca de nosotros pero, además, en entornos homófobos donde la mayoría de los gais están armarizados, nos es posible localizar a otros gais y ser localizados por ellos. La app se aprovecha de que queremos ser localizados como posibles parejas sexuales.

PARA SACARLES EL MÁXIMO RENDIMIENTO

Analiza el contexto. ¿Qué busca la mayoría en esa app? ¿Sexo o amistades? En este sentido, es muy importante que sepas qué tipo de citas busca la mayoría de hombres que están a tu alrededor.

Crea un perfil que sea una buena descripción de ti mismo.

Sé asertivo y honesto. La honestidad se entiende en muchos niveles, comenzando por el más básico, que es decir la verdad. En último lugar, la honestidad personal tiene que ver con decir lo que uno quiere sin avergonzarse.

No te dejes enredar. En el mundo de las apps no es difícil encontrarte con situaciones o troles que saquen lo peor de ti, así que te pido, en beneficio de todos, que seas constructivo y mantengas tus buenos modales. A los troles bloquéalos sin discutir con ellos.

Υ

Por tanto y en resumen, una app de *cruising* gay es un aplicativo para *smartphone* que te ayudará a localizar y ser localizado por hombres gais con ganas de tener sexo. Las principales ventajas son la inmediatez y lo directo que puede ser el trámite para llegar a follar, pero nos enfrenta a desventajas importantes, como la de tener un radio de alcance limitado (siempre follarás con los del barrio) y la de encontrarnos con troles necesitados de volcar su agresividad hacia el mundo.

¿Las apps son buenas o malas? ¿Ayudan a comunicarnos o están destrozando el flirteo? Pues la ciencia tiene algo que decir al respecto. Para muchos, simplemente, es un modo de pasar el rato y distraerse mirando perfiles como el que mira tuits (Wiele y Tong, 2014; Goedel y Duncan, 2015). En relación a la salud sexual, hay quienes las han considerado un factor de riesgo para incrementar la propagación de ITS —infecciones de transmisión sexual— (Rudy, Beymer, Aynalem, Rodriguez, Plant, Bolan y Kerndt, 2012), aunque estas apps pueden ofrecer muchas posibilidades para la prevención del VIH (Rendina, Jiménez, Grov, Ventuneac y Parsons, 2014) y de otras ITS como la sífilis (Su, Holt, Payne, Gates, Ewing y Ryder, 2015) o, incluso, para reclutar voluntarios para la investigación en microbicidas rectales (Burrell, Pines, Robbie, Coleman, Murphy, Hess, Anton y Gorbach, 2012).

En resumen: este tipo de herramienta se ha popularizado hasta el punto de que la mayoría de nosotros las usamos y ya no solo para buscar sexo sino también por razones como la inclusión social, la búsqueda de amistades, de relaciones sentimentales o por la simple curiosidad de saber quién hay en nuestra zona.

En relación al contenido de este capítulo, la pregunta importante es: ¿Pero las apps sirven para conocer candidatos a novio? Y la respuesta es: «Puede, pero no es lo más probable». Es altamente probable que te sirvan para echar un polvo con alguien del barrio, es medianamente probable que te sirvan para encontrar *follamigos*, podría darse el caso de que te sirviera para encontrar un ligue (que hasta podría convertirse en novio) y es muy poco probable que te sirva para hacer amigos. Las apps pueden ser tan positivas o tan negativas como los usuarios que las empleen porque, y este es el mensaje final, las apps no son más que herramientas comunicativas a las que no podemos responsabilizar del mal uso que los usuarios puedan hacer de ellas. No es Gridr, eres tú (bueno, él).

Los bares (y similares)

A partir de la Segunda Guerra Mundial, los gais comenzamos el camino hacia la liberación. Anteriormente se habían producido cambios legales en diferentes países y si bien es cierto que la homosexualidad había ido despenalizándose en Occidente desde la Revolución Francesa (lenta, muy lentamente), el hecho de que no fuese ilegal no la convirtió en algo socialmente aceptado. Así, los gais (sí, y las lesbianas, bisexuales y transexuales pero este es un libro escrito para maricas) teníamos que reunirnos en lugares discretos y algo apartados de los demás para que nos permitieran socializar sin ser agredidos. La discreción era una necesidad en aquellos años.[33] Así, desde el siglo XVII, son conocidos algunos bares (tabernas, mesones) en los que se «toleraba» la presencia de hombres abiertamente gais (Blanning, 2008), aunque no

---

33. Hablo del mundo occidental en general. En España la homosexualidad siguió siendo delito hasta después de la muerte del dictador Franco.

fue hasta 1885 cuando se inauguró el primer bar explícitamente gay de la historia. Se trataba del Zanzíbar, en Cannes, que estuvo abierto hasta 2010 después de haber funcionado ininterrumpidamente durante ciento veinticinco años. Los bares gais eran el primer lugar a donde un gay acudía si quería encontrarse con otros gais ya fuera para charlar o para buscar pareja o un polvete para esa noche. Sobre los bares gais ya hace treinta años que decía Eric Marcus: «No están mal para encontrar a alguien con quien bailar, charlar sobre asuntos superficiales o tener sexo. Pero no tan buenos para encontrar a un potencial compañero a largo plazo, aunque muchas de las parejas estables que he tratado en estos años, se conocieron en ese tipo de lugares» (Marcus, 1988, p. 6). Desde siempre se ha sabido que, en un bar, la probabilidad de que encuentres a alguien para pasar solo un buen rato es mucho mayor que la probabilidad de encontrar novio, pero ¡nunca se sabe!

En los bares se hace necesario tener cierta desenvoltura para ligar y no todo el mundo está preparado para ello. Si de algo sufrimos los gais es de miedo al rechazo y eso nos acojona ante la idea de flirtear con alguien y que nos diga: «Quita, bicho» (o algo peor), lo cual tiene más que ver con nuestro miedo y nuestra catastrofización[34] que con la realidad (¿quién sería tan maleducado?). Suelo aconsejar a mis pacientes una técnica para romper el hielo e iniciar una conversación con otro hombre en un bar:

> Cuando estás en un bar lleno de gente, es frecuente comenzar el flirteo con el juego de las miraditas. De repente, otro hombre y tú comenzáis a miraros. Tú miras a otro lado y, al rato, vuelves a mirarlo y te das cuenta de que él te sigue mirando a ti. A veces eres tú

---

34. *QMM*, pp. 167-169.

el que lo está observando («¡Qué guapo es el cabrón!», piensas) y, cuando él te mira a ti, te azoras y bajas la mirada. Empezáis una especie de intercambio de señales basado en el contacto visual.[35] Ese es el primer paso.

Cuando eso se produce ya sabéis que tenéis el uno por el otro un cierto interés. Sin embargo, hay que disponerse a iniciar la conversación y alguien tiene que dar el paso. Si el otro es más lanzado, igual tienes suerte, pero si os tropezáis dos tímidos, ¡estamos apañados!

Por eso, lo mejor que puedes hacer es lo siguiente: te acercas a él camino de la barra o del baño y le dices: «Hola, me llamo X (Le das dos besos o la mano). Si quieres tomarte una cerveza, estoy por ahí», le señalas hacia donde estás con tus amigos ¡y te vas! Ya está, no tienes que hacer nada más, solo presentarte e irte. Dejas la pelota en su tejado.

—¿Y si no viene?

—Pues, hijo, él sabrá. Y tú también sabrás que no tenía interés (o que tenía novio) y solo te estaba calentando la bragueta.

—¿Y si me dice que no?

—Entonces, ¿a qué coño venía tanta miradita?

—Es verdad, que es para hacerlo con los que has estado mirándote un rato. Vale…, pero ¿y si me contesta con un insulto tipo «Contigo no, bicho»?

---

35. Una salvedad al juego de las miradas se da en hombres que han sufrido agresiones homofóbicas. En sus infancias y adolescencias, que un tipo te mantuviera la mirada no era el prólogo de un flirteo sino de una agresión. A menudo los matones empleaban preguntas como: «¿Qué miras, maricón?, ¿qué pasa, que te gusto?», para iniciar su maltrato. Así, muchos hombres tienen miedo a mantener la mirada de otro porque, en los estratos más profundos de sus memorias, queda el recuerdo de que la mirada antecede a la bofetada. Superar esta asociación es un trabajo importante a realizar antes de salir a conocer hombres y flirtear con ellos.

—De nuevo, ¿a qué viene tanta miradita? Y, sobre todo, ¿qué clase de gilipollas / diva responde de una forma tan desagradable a alguien que solo se le ha presentado? O está drogado o está zumbado, pero el cerebro no lo tiene bien calibrado, eso te lo aseguro.

—Ya, vale, sí..., lo que tú dices siempre, que no les dé el poder de afectarme a los desconocidos. Vale, pero es que no me gusta que me digan esas cosas.

—Cariño, vamos por partes. Uno: no ha sucedido, todo esto son imaginaciones tuyas sobre cómo terminará la escena titulada «Mi presentación a un tío que lleva media hora mirándome en un bar de ambiente». Dos: ni sueñes con que todo el mundo es amable, algún maricón borde te vas a encontrar a lo largo de tu vida. Sí o sí: ¡va a pasar! Y lo mejor es que tengas alguna respuesta preparada para cuando eso suceda.

—¿Del tipo de...?

—Del tipo de: «Hace falta un plus de gilipollez para llegar a ser tan desagradable, maricón, anda y vete a la sauna a ver si te quitan la *malafollá*».[36]

—Qué directo, ¿no?

---

36. Nota de mariculta (ya te avisé). Se pronuncia «malafollá», con acento en la última 'a' y no «malafolla» con acento en la 'o' porque es una palabra de origen andaluz (de Granada), donde se produce la elisión de la 'd' intervocálica. La palabra original era «malafollada» y, como todos los participios terminados en '-ada', en los que se produce elisión de la 'd', se convierte en una palabra aguda (comprada / *comprá*, pesada / *pesá*, terminada / *terminá*). La palabra viene de «follar mal» pero no tiene que ver con sexo sino con el verbo «follar», de accionar el fuelle. En las herrerías antiguas había que accionar el fuelle con fuerza para avivar el fuego y alcanzar la temperatura de fusión del metal. A los folladores que apenas tenían fuerzas y no lograban avivar las llamas se les decía que tenían «mala follada». Posteriormente se convirtió en sinónimo de desganado, apático, y luego de falto de gracia. Actualmente alguien con *malafollá* es alguien antipático.

—Pues sí, pero ¿no dices que te va a contestar «Contigo no, bicho»? Igual es lo que se merece.

—Pero, entonces, me pongo a su altura.

—¿No ves que te estoy parodiando para que te des cuenta de que todo esto de vivir esa escena como si fuese una pelea en la verdulería no está más que en tu imaginación?

—Es verdad, soy yo, que siempre estoy con el miedo.

—Eso. ¿Y cómo se supera el miedo fóbico?

—Con exposición y relajación.

—Ea, guapo, en la próxima sesión quiero que me cuentes que te presentaste a un tío en El Cangrejo.[37]

Como ves, tus habilidades sociales y comunicativas son imprescindibles para poder considerar los bares como posibles lugares donde conocer gente. Si estas habilidades tuyas no están bien calibradas, te costará ligar en entornos de este tipo (y, ahora, es cuando te acuerdas de la importancia de tener amigos para entrenar tus habilidades sociales). En realidad, si tus habilidades comunicativas están mal calibradas, te va a costar ligar en cualquier sitio, churri, pero en bares en los que te acercas a desconocidos digamos que son un poco más necesarias esas habilidades que en la casa de un amigo cuando te presenta a su vecino y con quien muchas de las barreras ya están bajadas (comenzando por la barrera de no saber ni su nombre).

Otra de las áreas comunicativas de la que no solemos ser conscientes pero que también importa mucho es la del lenguaje no verbal. No te imaginas la cantidad de información que transmite tu postura. Tenía un paciente guapísimo (para reventar de guapo), alto, musculado, tierno, cariñoso, que hablaba cuatro idiomas, culto, con su propio negocio… y encima

---

37. Bar del Gaixample (Barcelona).

era pollón.[38] Era el típico gay del que los demás piensan que la vida se lo ha regalado todo... y con la autoestima destrozada porque su madre, además de ser ultrarreligiosa, tenía un trastorno psiquiátrico antisocial tal que agredía verbal y físicamente a cualquiera que la contradecía. A su hijo homosexual (de pequeño tenía pluma) le había dicho de todo a lo largo de su vida y se había pasado años advirtiéndole que «Si no dejaba de ser maricón, tendría el sida que se merecía».[39]

Mi paciente, de pequeño, no podía llegar a la conclusión de que su madre estaba loca y que por eso lo agredía con semejante cantidad de barbaridades (era un niño, los niños difícilmente llegan a semejante tipo de conclusiones sobre sus progenitores). Mi paciente, desde muy pequeño, lo que había entendido en su cerebro inmaduro era que, por el hecho de ser gay, era lógico que lo agrediesen[40] y actuaba conforme a esa creencia implícita. Mi paciente era un caso paradigmático, he visto muchos como él en mi consulta; puede que a ti mismo también te suceda algo parecido.

A mi paciente, quizá como a ti, se le notaba esa creencia de que sería agredido a través de, entre otras cosas, su postura. Su lenguaje corporal era el de alguien con miedo, que se protege, alguien que adopta una postura defensiva, un gesto retraído. El problema era que los demás malinterpretaban esa actitud como altivez. Donde Gregorio ponía distancia para no ser herido, los demás veían soberbia:

---

38. Un día, hablando sobre salud sexual, le pregunté por sus prácticas habituales y me dijo que no penetraba a muchos en la primera cita porque solían asustarse un poco al vérsela. Claro, imagínate el cachondeo que le monté: «Maricón, ¿cómo puedes tener mal la autoestima, si lo tienes todo?». Se rio un buen rato. Colorado como un tomate, pero se rio.

39. Esto es lo que resulta si mezclas integrismo con locura.

40. Ver «indefensión aprendida» en *QMM*, pp. 176-178.

—Es que me siento feo.

—¿Cómo que feo? ¿Feo? ¿Tú? ¿De dónde sacas eso?

—A ver, si yo fuera guapo me entraría alguno, ¿no? Pero voy a las discotecas y no se me acerca nadie.

—Acércate tú.

—No puedo, soy tímido, me da pánico el rechazo, por eso vengo aquí.

—Nene…, yo te veo en una discoteca y pienso: «Este tío no se me acerca ni para escupirme». ¿No ves que un pedazo de tío como tú da miedo? Quizá los demás sienten miedo a que tú los rechaces, especialmente si marcas tanto las distancias.

—¿Miedo? (Se quedó pensativo).

—Claro (Profundicé en su *insight*). Estáis todos traduciendo mal. Los tíos de la discoteca traducen mal tu postura. Tú tienes miedo al rechazo y pones gesto de «Por favor, no te me acerques si me vas a decir algo feo», y los chicos entienden: «Eh, tú, bicho, ni se te ocurra acercarte a alguien tan divino como yo y tan lejos de tus posibilidades». ¿Has probado a ponerte en su lugar? ¿Qué pensarías de un tipo con tu cuerpo que va por la discoteca marcando las distancias como tú?

—¡Oh! (Y siguió pensando, encontrándole la lógica a lo que yo le explicaba).

—Eres tú quien puede cambiar eso.

—¿Yo? ¿Cómo?

—Sonríe. Rompe la barrera, demuestra que eres accesible, sé cálido, dales la bienvenida a tu espacio personal.

Le pedí que al sábado siguiente fuese por la discoteca sonriendo y saludando a todo el que se cruzaba. Simplemente debía esbozar una sonrisa, pronunciar un «Hola» ligerito y seguir bailando. No tenía que hacer nada más. Cuando nos vimos el lunes siguiente le pregunté:

—¿Qué tal te fue con las sonrisas?

—Follé.

—¿Sí? Jajaja, ¡me lo imaginaba!

—¡Y con un chico guapísimo!
—¿Has visto?

Nuestra postura, nuestra expresión, nuestro lenguaje corporal son el primer mensaje que enviamos a los que nos rodean y puede ser determinante. En 2014 la artista Gracie Hagen presentó su trabajo «Illusions of the body. A nude photo series on how we see attractiveness», donde presentaba varios pares de fotos de los mismos modelos con cinco minutos de diferencia. Cada par presentaba dos lenguajes corporales diferentes. En una de las fotos, los modelos llevaban la frente baja, el ceño fruncido, los brazos caídos con los hombros hacia delante, la espalda encorvada y la sonrisa ausente. Los ojos estaban asustados o enfadados. Eran fotos donde el/la modelo era visiblemente feo/a. Pero hete aquí que al lado, en la otra foto del par, aparecía el/la mismo/a modelo con la postura erguida, los hombros hacia atrás, el pelo colocado mostrando el cuello, sonriente, el ceño relajado, los ojos mirando a cámara o al infinito. Todo el cuerpo mostraba confianza. Eran modelos verdaderamente atractivos/as ¡y eran los mismos!

El lenguaje corporal es el primer emisario de nuestro atractivo y no nos damos cuenta de cómo a lo largo de nuestras vidas hemos ido generando uno de tipo defensivo que nos hace muy poco atractivos a los demás. Por eso, suelo daros una técnica:

Estás en un bar o en una discoteca. Cada vez que alguien pase por tu lado con un botellín de cerveza (ni un vaso de cubata, ni una jarra, sino un botellín),[41] debes prestar atención a tu postura y a qué mensajes estás trasladando con ella: ¿estoy relajado o aparento tensión? ¿Mi postura invita a acercarse o a

---

41. Para que pueda ocurrir en cualquier momento y te pille siempre desprevenido de forma que tu postura no esté siendo forzada justo en ese instante.

alejarse? ¿Tengo el ceño fruncido o tengo buena cara? Corrige cada gesto que te cierre a la interacción con los demás y sigue bailando. Verás los resultados en menos de un mes.

Habilidades comunicativas, habilidades comunicativas y habilidades comunicativas: no hay más. Tanto verbales como no verbales. El éxito en tu propósito de conocer hombres en un bar (o discoteca o fiesta o cualquier sarao) dependerá de lo bien entrenadas que tengas tus habilidades comunicativas tanto para romper el hielo y presentarte como para iniciar y mantener una conversación. No-lo-ol-vi-des.

Ahora, todos los que os sentís poco atractivos y que os disgustáis cuando leéis algo sobre «chicos guapos», debéis leer lo siguiente: no hay nadie feo. Todos somos guapos o, como mínimo, normales. No conozco a nadie que no tenga un puntito que lo haga interesante a los ojos de otro hombre. Sí, están los modelos. Pero son el 1 por ciento. ¿El otro 99 por ciento somos todos feos porque no somos bellezones? ¿El otro 99 por ciento no follamos porque no somos modelazos? Pero ¿no dicen que los gais follamos tanto? ¿Y ese «tanto» solo lo follan el 1 por ciento de guapazos?

Probablemente tu inseguridad tenga raíces en momentos de tu pasado. Quizá tuviste la mala suerte de sufrir *bullying* o de que alguien te humillara llamándote feo o que fueras acosado por los guaperas heterones del instituto. Quizá eso fue lo que te convenció de que eras feo y convirtió a los guapos en tus archienemigos. Pero eso es algo que solo está en tu cabeza. Si conoces a algún marica mala que nos anda clasificando en «guapos» y «feos», ¿por qué le das poder a semejante gilipollas?

No hay feos, todos tenemos nuestro público, todos tenemos a quien gustar, comenzando por gustarnos a nosotros mismos. Y aquí está la clave: ¿te gustas a ti mismo? Ahí te lo dejo para que lo reflexiones aunque sé que esta seguridad en el propio atractivo necesita bastante trabajo interior.

No puedo cerrar este tema sin hablar de la decadencia de los locales de ambiente, de la que muchos hablan en estos momentos, y de cómo estamos presenciando el cierre de muchísimos de ellos. La crisis económica ha acabado con muchos bares (tanto gais como heteros), si bien es cierto que esta tendencia se observaba ya desde antes de la crisis y también se produce en países en los que la repercusión de la crisis ha sido menor. Parece que nos encontramos ante una tendencia histórica que puede tener como explicación algo tan sencillo como el hecho de que, a mayor visibilidad e integración de los homosexuales con el resto de la población, menos necesario se hace que nos reunamos en lugares específicos para visibilizarnos. Al no necesitar tener que ir al ambiente para conocer a otros gais, muchos se ahorran este paso.

Sin embargo, y a pesar de lo evidente que parece lo anterior, yo anticipo otra razón que quedará, de momento, como hipótesis y que solo dentro de unos quince años podremos saber si es cierta. Esta generación que está cerrando los bares de ambiente es una generación de hombres gais, todavía, con IH. Esta IH hace que esta generación no tenga el sentido de comunidad que tendrían los componentes de cualquier otro grupo social que se sintieran verdaderamente orgullosos de ser quienes son y, por tanto, no buscan identificarse colectivamente como miembros de esa comunidad.

Hay demasiado maricón que, a estas alturas, sigue diciendo que «él es una persona» y que puede relacionarse con cualquier otra persona por lo que «no está obligado a relacionarse con otros gais».[42] Lo que yo me atrevo a predecir es que esta generación que está creciendo libre de IH, una vez llegue a la treintena y se dé cuenta de que sus vidas como

---

42. La igualdad no equivale a la homogeneidad. Igualdad significa diversidad, visibilidad y respeto.

hombres gais difieren notablemente de las vidas de sus amigos heterosexuales, buscará activamente el modo de conectar con esos otros gais con los que, de verdad, siente afinidad para crear una red de amistad, apoyo, comprensión, empatía y —repito— afinidad. Probablemente no lo harán en bares o, si lo hacen, se reunirán sin necesidad de que el bar sea específicamente gay. Tampoco creo que se revitalice el modo grupal de actuar que fue prototípico del siglo XX. El XXI es un siglo menos gregario y más intimista. Lo que veo más probable es que se reúnan a través de grupos de quedada en redes sociales, de los que hablaré en el siguiente apartado. Los chavales de hoy, que serán los hombres del 2030, revitalizarán el ambiente pero en formato digital.

DE LAS ASOCIACIONES A LOS *MEETUPS*

En efecto, los gais necesitaremos encontrarnos con nuestros iguales siempre. Porque compartimos biografías, atracciones, luchas, preferencias, y porque queremos relacionarnos primero social y luego sentimentalmente con otros gais, como he explicado en páginas anteriores mediante esa especie de diálogo socrático sobre el «proyecto de vida con otro hombre». Por eso nos seguiremos buscando unos a otros y, por eso, los instrumentos que nos permitan encontrarnos serán instrumentos que gozarán de éxito entre nuestra comunidad. Las asociaciones y los grupos de quedadas son otra de esas herramientas.

El movimiento LGTB contemporáneo tiene una historia de apenas unas décadas, con un comienzo que solemos situar en las revueltas de Stonewall.[43] A partir de ahí fue-

---

43. Aunque la prehistoria del movimiento se mide en siglos (ver apéndice 3 de *QMM*).

ron surgiendo grupos y asociaciones de liberación homosexual en muchos otros países occidentales. Las demandas originarias de estos movimientos asociativos tenían como objetivo fundamental la eliminación de cualquier tipo de discriminación por causa de la orientación sexual. A medida que los años fueron pasando y, gracias al trabajo de tantos activistas, ese gran objetivo se fue consiguiendo mientras que, paralelamente, se fue produciendo una desmovilización de la comunidad. Es un fenómeno que se repite en todos los países donde la igualdad legal (incluyendo el matrimonio) se convierte en un hecho.[44] Algunos sociólogos me comentan que se trata de una «muerte por éxito» de nuestro movimiento y que la mayoría de los gais españoles ya no percibe la necesidad de un asociacionismo político aunque no me han podido proporcionar ningún estudio científico al respecto (si alguien dispone de él, por favor que me lo haga llegar).

Otra de las cuestiones que se comentan actualmente y ya no solo del asociacionismo LGTB español sino de todo el europeo es que se ha ONGizado[45] (Paternotte, 2016), de forma que las organizaciones LGTB, para mantener su presencia, han tenido que reconvertirse y, ya que no cuentan con el apoyo económico suficiente de socios ni simpatizantes, necesitan desarrollar programas subvencionados por diferentes administraciones para mantener su actividad. Esto ha sido (y sigue siendo) muy evidente en el caso del VIH, donde muchas

---

44. En 2010 participé en la Conferencia Anual de ILGA-Europa en La Haya y me sorprendió la situación de desmovilización del activismo en Holanda. Con los años he ido apreciando una situación similar en España.

45. Concepto que significa que los movimientos se han convertido en organizaciones similares a las ONG, despolitizando su discurso y sus prácticas.

organizaciones LGTB son totalmente dependientes de las subvenciones que reciben para realizar campañas de prevención.[46]

En sentido inverso, también se está produciendo una repolitización de las asociaciones, aunque no entendida como la búsqueda del cambio social, sino como una vinculación a partidos políticos. En la actualidad muchas asociaciones LGTB están muy próximas a partidos políticos concretos debido a que miembros de sus juntas directivas son militantes de esos partidos y, dentro del debate LGTB, actúan como portavoces partidistas (originando algunas luchas fratricidas entre diferentes asociaciones, debidas a esa vinculación).[47]

Paralelamente, muchos partidos políticos tienen sectoriales LGTB que también participan en el mundo asociativo, de forma que en las reuniones de asociaciones LGTB es muy fácil encontrarte con representantes directos de partidos políticos y sindicatos. No son pocos los que encuentran en esta politización de las asociaciones la causa principal de la desvinculación de la comunidad «de calle». Sobre todo ello, puedes leer un informe independiente titulado «Post-marriage LGBT politics in Spain», de Kerman Calvo Borobia publicado por el Council of European Studies.

¿Qué está sucediendo? Que el movimiento asociativo LGTB

---

46. Como ejemplo claro, la retirada de fondos del Plan Nacional contra el Sida de España supuso la debacle económica y desaparición de numerosas asociaciones LGTB a partir de 2012.

47. Maricones del PSOE contra maricones de Podemos, contra maricones del PP, contra maricones de Ciudadanos… Una de las peores características de nuestra política contemporánea es la convicción de muchos partidos de que están en posesión de «La Verdad» y no admiten ningún tipo de disensión ni debate sobre cómo plasmar las ideas en iniciativas prácticas y viables. Los grupos LGTB politizados se defenestran unos a otros y son incapaces de debatir ni pactar. Que eso intoxique a una comunidad que necesita permanecer unida frente a la homofobia es algo que, personalmente, nunca entenderé.

está mutando. La comunidad está comenzando a organizarse de forma diferente y, mientras mueren las asociaciones clásicas o se quedan en un número mínimo de socios,[48] están surgiendo nuevas asociaciones que dinamizan el tejido social LGTB. Están naciendo asociaciones que continúan trabajando, ya no por un objetivo general, sino por unos objetivos específicos. Así, están creciendo exponencialmente el número de asociados en organizaciones dedicadas a los menores trans o a las familias homoparentales, y también los clubes deportivos LGTB. Entidades que, en muchos casos, dejan claro en sus estatutos que son políticamente neutras y sin afinidad por ningún partido.

A la vista de estos datos pareciera que la comunidad gay actual entiende que el asociacionismo sigue siendo un modo válido de defensa de los derechos pero que este trabajo debe orientarse hacia la consecución de objetivos muy específicos y, sobre todo, quedar libre de partidismos.

Mi consejo es que te acerques al asociacionismo LGTB y que tengas claro qué quieres. Si consideras que la lucha política es necesaria o te sientes próximo a un partido, tendrás una posibilidad de desarrollar esa necesidad. Si sientes que lo que quieres es poder trabajar un área muy concreta de la vida pública o, simplemente, relacionarte con otros gais, algunas asociaciones pueden ofrecerte eso que buscas. En cualquier caso, el contacto con personas que consideran que es necesario agruparse para mejorar las condiciones de vida de los otros siempre será un buen modo de sentirte acompañado, de enriquecerte como ser humano y de poder socializar en un entorno bastante menos sexualizado.[49]

Otra opción que está teniendo éxito en estos momentos

---

48. A excepción de las asociaciones de grandes capitales, como pueden ser Valencia, Madrid, Donostia, Barcelona, Sevilla y otras.
49. Bueno, con excepciones. ¡Si yo contara todo lo que he visto...!

son los grupos de quedadas. Antes eran grupos de *singles*, ahora son *meetups* y puede que dentro de tres años se llamen de otra forma. Pero el objetivo es el mismo: socializar con iguales. Mi experiencia (y la de muchos de mis amigos y pacientes) en el universo *single* es un poquito ambivalente porque, aunque el concepto original de «single» se refería a «gente que vive bien su soltería pero que busca a compañeros de actividades», la mayoría de los encuentros se producen entre gente que «estoy single porque no me queda más remedio pero me estoy dando patadas en el culo para encontrar un novio. ¿quieres serlo tú?», y muchos hemos sentido esa desagradable sensación de ser «carne fresca» cuando hemos ido por primera vez a una quedada.

Lo peor es ver cómo muchos de los que se desenvuelven por estas reuniones van intentando echarse novio como sea y lo prueban con uno… y con otro… y con otro, hasta que encuentran el roto para su descosido (¡mucho peor que Carrie Bradshaw!). Eso significa que socializan de «uno en uno», pero no en grupo. Que no están interesados en generar un grupo de amigos con los que sentirse acompañados y arropados. No, ellos no quieren amigos, ¡quieren novio, coño! Así que el movimiento *single* se convirtió en el movimiento «solteros desesperados por dejar de serlo», y quienes no se sentían a gusto en un entorno así, dejaron de asistir a las quedadas… y dieron origen a otro tipo de encuentros.

Como te explicaba en el capítulo 4, si lo que quieres es encontrar marido, antes necesitas tener amigos con los que salir y, a base de ir conociendo hombres sin la presión de «este tiene que ser mi novio», encontrarte algún día con alguien que de verdad encaje contigo. Para eso son muy útiles los grupos de quedadas tipo *meetup*.

En los *meetups* se organizan actividades y después se suma la gente. Además, la gente puede estar soltera o casada, ir solos o en compañía de sus novios o amigos. Lo que importa es socializar y realizar actividades en común (no ir a buscar novio). La cuestión es que tanto en el «*meetup* de gais que hablan inglés», como en el «*meetup* de maricas que hacen yoga», como en el «*meetup* de maricocinillas», siempre podrás conocer hombres interesantes (pero no desesperados) a la vez que haces otra actividad.

La calle

Por último, siempre nos queda «hacer la calle».[50] Bueno, quiero decir… que siempre nos queda la posibilidad de conocer a otros hombres en mitad de la calle, en una panadería, en el metro o en el lugar de trabajo. Vamos, que siempre queda la posibilidad —como mis amigos Marc y Henry— de cruzaros en un semáforo, quedaros mirando el uno al otro, daros la vuelta para seguiros mirando, sonreíros, acercaros, presentaros, pasaros los teléfonos y llevar años felices y enamorados. A veces es más fácil que te presenten a un chico en un cumpleaños o en la inauguración de un piso que andando de cita en cita. Lo importante, cariño, es que estés abierto de piernas y de corazón a la posibilidad de que te presenten a alguien para que, cuando aparezca, tenga todas tus puertas abiertas.

Allí estaba Carlos, con sus ojos verdes y su barba castaña. Apoyado en la barra de la sala donde se celebraba el Caramba Party de ese mes. Con una copa en su mano, hablando consigo mismo:
—¿Cuánto tiempo hacía que no salía? Lo menos tres meses. Joder, ni me había dado cuenta con tanto curro. Ya tocaba. A ver si por

---

50. También conozco a alguno que ha encontrado novio en mitad de una chapa. A más de un conocido mío, trabajador sexual, le ha pasado que un cliente se ha pillado de él y se han enamorado.

lo menos follo, que ando un poco escaso últimamente. Puto trabajo, me tiene estresado todo el día... (Sorbo de cerveza). No está mal la fiesta esta, tenía ganas de escuchar a Hidroboy. Con que pinche la mitad de bien que escribe me va a encantar... (Se gira, se reclina contra la pared y mira a la pista). Uf, qué chico más mono ese de la camisa azul, ¿no? ¿Le digo algo? A ver si me mira... Así, gírate, guapo... Contacto visual en tres... dos... ¡Holaaa! A ver..., sonrisita, elevo ceja derecha, inclino cabeza. Él me responde con sonrisa y alza su copa. Levanto la mía. Sonríe. Esto está hecho, Carlos, salúdale. Bien, él contesta. Me acerco ya.

—Hola.
—Hola, soy Carlos, ¿y tú?
—Loren.
—¿Loren? Te queda muy bien esa camisa, Loren.

Sexo lúdico y punto (follar por follar es estupendo)

Pues sí, chico, y estupendo de verdad. El sexo es un modo privilegiado de relacionarte con otro ser humano y va mucho más allá de la mera satisfacción fisiológica. El sexo elimina tensiones, quema calorías, libera endorfinas y otras hormonas saludables, reactiva nuestro metabolismo, nos permite explorar nuestro mundo psicoemocional y los simbolismos de las actividades sexuales (fantasías / morbos). El sexo es una excelente forma de pasar el tiempo.

Te encontrarás con quienes digan: «Sí, pero es que el sexo sin medida...», así que te ayudo a responderles y aclaro que NATURALMENTE no estoy hablando de sexo compulsivo,[51] sino del sexo que practica un hombre que tiene equilibradas las demás áreas de su vida y el tiempo que les dedica. Hecha la aclaración para esos «erre que erre», prosigo.

---

51. *QMM*, pp. 171-176.

El ser humano comparte con otras especies de mamíferos superiores, además de la inteligencia y la empatía, la capacidad de tener sexo sin propósitos reproductivos: sexo con una finalidad prosocial. Como los delfines y los bonobos, los humanos follamos para crear lazos, pasarlo bien en compañía, sentirnos más relajados y conocer a gente. Sí, es así de sencillo... o debería. Siglos de represión sexual en nuestra cultura han hecho su mella generando un estigma sobre las personas (especialmente las mujeres y los hombres homosexuales) que ejercemos el derecho a disfrutar de nuestra sexualidad. Recientemente se habla de un concepto, el *slutshamming*, que podemos encontrar como hashtag en Twitter e Instagram y que se refiere a este estigma. Literalmente significa 'avergonzamiento de las zorras' y se refiere a esa costumbre tan fea de entrometerse en la sexualidad de los demás para criticarla. Está muy mal eso de ir pretendiendo que los demás se avergüencen de ser putas. En las mismas redes, y como respuesta, existe el hashtag #unapologeticbitch, con el que se muestran personas que se sienten orgullosas de vivir su sexualidad libremente (comenzando por la mismísima Madonna, que compuso una canción). ¿Qué te parece? Alguno me responderá eso tan políticamente correcto de: «Cada uno tiene derecho a hacer con su vida lo que quiera», pero solo me lo creeré si de verdad lo siente así y se concede a sí mismo esa libertad sin sentirse avergonzado.

Para quienes no concebís el «sexo sin amor»,[52] antes de que iniciéis el discurso titulado «El sexo sin amor es despersonalizado», quiero confrontaros con dos hechos:

---

52. Que es un nombre muy impreciso porque, aunque no haya enamoramiento, siempre hay algún tipo de afecto: deseo, cariño, simpatía. Es imposible tener sexo con alguien que no te produce ningún tipo de afecto porque es imposible excitarse con alguien que «te la trae floja»: ¡siempre hay algún sentimiento!

1. Sentís deseo sexual sin necesidad de estar enamorados, por eso se os pone dura cuando veis a un hombre que os gusta. Además os masturbáis habitualmente aunque no estéis enamorados de nadie.

2. Si sexo y amor estuviesen tan ligados, bastaría con el amor para que el sexo de cualquier pareja enamorada funcionase. Todos los psicólogos y sexólogos (y las personas con la suficiente experiencia amatoria) sabemos que no es así y que muchas parejas que se aman acuden a consulta buscando solución para sus dificultades en el sexo.

El sexo y el amor son independientes por mucho que un buen polvo con el hombre del que estás enamorado sea algo objetivamente emocionante y de lo que hablaremos en el capítulo 6.

De hecho, si piensas que solo te permitirías ejercer tu sexualidad en el caso de estar enamorado, resulta que estás permitiendo que un señor al que todavía no conoces tenga poder sobre tu cuerpo hasta el punto de que no te permites tener sexo con otros hombres (que te apetecerían para un polvete) por la única razón de que ellos no son «él». Restringes tu sexualidad porque todavía no ha aparecido «él». Cariño, ¡esto es el colmo del amor fatuo y de enamorarse de un ideal! ¿En serio quieres que me muestre a favor de que reprimas tu sexualidad, que es inherente a tu persona, solo por el hecho de que aún no has encontrado a tu príncipe azul? ¿No te parece tremendo si lo piensas bien? Uno de los mitos del amor romántico (el del emparejamiento) está condicionando cómo entiendes tu vida sexual: hasta que no aparezca tu «media naranja» no te permitirás desarrollar tu sexualidad inherente. Si se te hace cuesta arriba superar años de represión y de estigma interiorizado, plantéate un proceso terapéutico para liberarte de esa represión y poder vivir tu sexualidad gozosamente. Pero no te enredes con excusas y mentiras cuando tú, en el fondo de tu mente, sabes perfectamente que te encantaría sentirte más cómodo en una relación sexual con quien sea que te apeteciera tenerla.

Así, libre de la represión y del estigma, puede que ligues en una de tus visitas a los bares, *meetups* o discotecas de tu ciudad, y que te vayas con el chico a casa. No caigas en el error de pensar que si te vas a la cama en la primera cita, él perderá interés (igual el que lo pierdes eres tú). Si le interesas, le seguirás interesando después del sexo, pero si no le interesas, ya puedes hacerte el estrecho todo lo que quieras, que no habrá más citas (y te habrás quedado sin follar con él).

Pero hay más. En la atracción sexual hay algo mucho más innato y primigenio. Algo que te ayuda a conocerte mejor, a conocer los resortes de tu deseo sexual. Puedes encenderte por un restregón fortuito con un hombre en el metro o con el apretón en la nalga que te da un compañero de gimnasio. Puede ser una frase la que encienda tus fantasías. Puede ser una prenda de ropa o el olor de una axila. Todas ellas pueden accionar alguna zona erógena de tu cuerpo o activarte alguna «zona erótica del cerebro». Puede evocarte una fantasía sexual o puede excitarte algún núcleo cerebral mediante las feromonas. ¡Uf, las feromonas!

Estas sustancias químicas están presentes en muchos de nuestros fluidos corporales, como el sudor o la orina,[53] y, en efecto, podría explicar por qué a muchas personas les puede excitar la lluvia dorada, lamer sobacos u oler zapatillas: la concentración de feromonas en esos exudados es alta y sus cerebros puede que sean especialmente sensibles a esas sustancias

---

53. Existe evidencia científica de que la reacción a las feromonas depende de la orientación sexual: gais y mujeres heterosexuales reaccionamos a las feromonas masculinas mientras que lesbianas y hombres heterosexuales reaccionan a las feromonas femeninas (Savic, Berglund y Lindström, 2005). Los bisexuales responden a todas ellas.

de forma que, por ejemplo, oler unas zapas puede provocarles una excitación sexual muy intensa. La gente bien pensante y decente puede que no lo entienda y que lo considere una parafilia cuando no es más que un aderezo de la excitación sexual (y nunca mejor dicho lo de «aliño»). Igual que los antiguos creían que los truenos eran gritos de sus dioses, los primigenios psicólogos, que aún no sabían de feromonas, consideraban la lluvia dorada como una parafilia cuando, para algunas personas, puede ser tan sencillo como su respuesta natural a una lluvia de feromonas que les encienden los núcleos cerebrales de la excitación.[54]

Siempre que nadie salga dañado, no debes avergonzarte por permitirte a ti mismo excitarte por algo de lo que no entiendes la razón (no necesitas entenderlo para disfrutarlo). Ni debes avergonzarte de tener todo tipo de prácticas que no ofenden ni dañan a nadie porque se realizan entre adultos que consienten en la privacidad de sus hogares (o clubes de sexo). Permitirte gozar te ayudará a conocerte mucho mejor y, muy probablemente, a enriquecer tus relaciones futuras. Los amantes te acompañan en la exploración del deseo. El mismo deseo que algún día querrás compartir con tu amor.

Por tanto, déjate ir en todas tus relaciones sexuales y, si el chico se presta, jugad todo lo que tengáis que jugar y dejad correr vuestra imaginación para encontraros rincones placenteros en los cuerpos[55] y disfrutad. Si él te ha gustado tanto como para querer volver a verlo, entonces a la mañana siguiente o

---

54. De hecho, y esto es solo una elucubración mía, algunas como la androstenona podrían estar relacionadas con el placer de participar en prácticas de sumisión / dominación.

55. Un paciente me decía: «Los maricones no follamos, los gais hacemos *performances* de nuestras fantasías cada vez que nos metemos en la cama con alguien». Vale, puede que no haya que ser muy extremo en eso de experimentar, jejeje.

cuando sea que él (o tú) acabáis de ducharos y estéis a punto de salir por la puerta, dile:

—Quiero darte mi número. No espero ni que me llames ni que no lo hagas, no espero nada. Llámame si te apetece volver a verme, ya sea para otro polvo o para tomar un café. Yo te diré que sí a cualquiera de las dos cosas, Carlos, pero ya te digo que no espero nada. No te sientas presionado.

Dale tu teléfono.

Y dale un beso.

Y vete.

Tengo una (primera) cita

Loren no esperaba nada. De hecho, siguió con su vida cotidiana sin pensar en él. Comentó con Rubén que le había ido muy bien con el chico del sábado pasado pero prefirió no darle mucha importancia a la cita para no hacerse pajas mentales. No fue hasta el miércoles cuando, al sacar el móvil de la taquilla del gimnasio, descubrió un whatsapp con un número desconocido:

—Hola, guapo, soy Carlos. Ya sé que no esperabas nada..., así que soy yo el que espero ser una sorpresa para ti.[56] Y si te apetece tomar ese café, entonces los dos nos llevaremos una sorpresa agradable hoy :)

—Hey! Sí que ha sido una sorpresa... y muy agradable :) ¿Quién elige cafetería?

—¿Eso es un «sí»? Pues elige tú, que ahora te toca sorprender a ti.

—Jejeje... ¡Espero conseguirlo! Bueno, ¿cuándo nos vemos?

---

56. Si te escribe «*ola k ase? ase kafe?*», también cuenta como propuesta de cita. Pero la aceptas bajo tu propia responsabilidad.

Un par de docenas de whatsapp más tarde se habían puesto de acuerdo en que se verían el sábado a las seis y que Loren le pasaría la dirección de la cafetería el viernes. Loren no se lo dijo aunque Carlos se lo imaginaba: se la diría el viernes porque quería revisar todas las cafeterías *chulis* de la ciudad. Al final decidió que sería mejor un té en una tetería ambientada en La Alhambra y que reservaría la cafetería *gourmet* del barrio de moda como segunda opción si es que a Carlos no le gustaba el té. Tuvo suerte, Carlos estaba encantado de probar algo nuevo, así que siguieron adelante con la propuesta de la tetería. Carlos, a su vez, tuvo problemas para decidir si ponerse su camisa más sexi o si sería demasiado para una primera cita. Al final decidió que sería preferible vestir algo más casual porque no quería parecer desesperado por cazarlo pero estaba (muy) contento porque tendría una cita con Loren.

¿De qué hablar en una primera cita? Bueno, es preferible no sacar algunos temas de conversación en ese primer encuentro fuera de la cama. Es mejor no hablar de exnovios («Lleva media hora hablando de su ex y lo mal que se lo hizo pasar, ¿no será que no lo ha superado?»), ni de lo malo que es «el mundo gay» («No para de quejarse de algo a lo que tanto él como yo pertenecemos y eso sin haberme preguntado si yo soy de salir por el ambiente o no. Me da la impresión de que no sabe desenvolverse en esos espacios»), así como tampoco es buena idea hablar de tus traumas («Creo que le voy a recomendar que se lea *Quiérete mucho, maricón* y me voy a mi casa, que yo no tengo alma de psicólogo»). Sí que es buena idea plantear estos conflictos en positivo explicando cómo aprendiste a no hacerte pajas mentales después de un desengaño sentimental, cómo te gusta más salir de excursión que estar de farra hasta las tantas (aunque si toca salir, se sale) y cómo tus experiencias de *bullying* en el colegio te hicieron crecer interiormente y ser más fuerte de lo que habrías sido si no te hubieran ocurrido. Así, él sabrá que está ante un hombre sensato, con los pies en la tierra en los asuntos sentimentales, que prefiere las actividades de ocio diurno y que sabe encontrar oportunidades para crecer incluso en las ocasiones menos favorables. Resumen: no seas malaje.

En las primeras citas de los maricas estadounidenses es habitual hablar del estatus serológico con total naturalidad. Nosotros estamos a años luz de eso y sigue habiendo mucho pudor a abordarlo aunque, como te aconsejaré más adelante (capítulo 6), es un buen momento para el filtrado inicial si eres VIH+.[57] En las primeras citas de los gais de nuestro entorno, los temas más habituales son el trabajo, las aficiones, el número de ex y el tiempo que se lleva fuera del armario. Muchos, de hecho, bromeamos con eso de «hacernos el DNI»:

—Vale, ya sé que has tenido tres relaciones importantes desde que saliste del armario con diecinueve años, que te viniste de Palanquilla de la Mota a Barcelona porque aprobaste las oposiciones y que trabajas de enfermero en el Clínic... y que estás en el grupo de senderismo de los Panteres Grogues. Ya te he hecho el DNI.

—Y yo el tuyo: solo has tenido una relación importante y duró 8 años, estás fuera del armario desde los veintisiete aunque es un tema del que no se habla mucho en el bufete de abogados en el que trabajas porque tu jefe es un poco carca, eres voluntario en una ONG y te gusta el tenis. Ah, y que naciste en Vic pero te pusieron Carlos, en castellano, por tu abuelo materno.

57. Suelo aconsejar a mis amigos y pacientes VIH+ que dejen salir este tema en su primera cita con cualquier excusa del tipo: «Ayer estuve en una charla sobre VIH», y que observen las reacciones del otro. Si ven que es un serófobo lleno de prejuicios sobre las personas VIH+, es mejor que no vuelvan a quedar con él (*QMM*, pp. 297-305).

—Exacto, ficha técnica rellena, ya podemos hablar de los temas importantes, ¿verdad?

—Ciertamente, jejeje.

—¿Qué buscas?

—Antes pokémons, ahora se han pasado de moda. ¿Por?

—Pues yo me hice media colección, no creas, jejeje.

—Busco lo que todos: ver si ocurre. Pero no sé si «buscar» es el verbo adecuado, en la búsqueda hay una intencionalidad y yo no tengo la intención de provocar nada.

—Quieres dejarte sorprender.

—Es lo mejor, ¿no crees?

—Creo que sí, Loren, creo que sí.

No quedéis para mucho rato. Una primera cita de un par de horas es más que suficiente. Esa primera vez se trata únicamente de conocerse mejor fuera de la cama. No creas que vas a tener más éxito porque hables más o le demuestres tener una vida fascinante. Es mejor dejarlo con ganas de saber más que diciendo «Ya he tenido bastante». El éxito de la primera cita depende de que haya complicidad entre vosotros. Eso que llaman «química» tiene que ver con sentirse cómodo compartiendo tu espacio personal con él, con que las bromas que os gastéis muestren que estáis en una onda similar y con que la conversación fluya del uno al otro y del otro al uno. El éxito en la primera cita tiene que ver con sentirse confortable junto al otro y que ello suceda de manera natural (pero ¡por Dios!, no le preguntes si «está cómodo», que lo destrempas). Sé tú mismo porque será la única manera de que estés lo suficientemente a gusto como para que él pueda sintonizar con su propia comodidad. Con un poco de suerte, ambos os habéis leído este libro y estaréis por la labor de relajaros y disfrutar de lo que vuestra mutua compañía puede aportar al té.

Después de la primera cita se produce un filtro y no

siempre se da una segunda cita (hasta el punto de que, como verás, hacemos chistes con ello), y eso puede deberse a factores de todo tipo:

- Que él tenga otra relación y que, simplemente, quisiera ver si podíais ser amigos. (¿Hola? ¿En serio te sorprende que esto suceda?).
- Que él sea una especie de coleccionista de cromos que va de cita en cita pero no profundiza con ninguno de los chicos porque sigue intentando ver si el siguiente le gusta más y esperando a que aparezca una especie de «dios sexoafectivo» que lo vuelva loco con un solo pestañeo. Es probable que el chulazo aparezca, no creas, y también es muy probable que el otro no se interese por alguien tan básico y pase de él. Por eso el chico sigue buscando.
- Que tú seas un serófobo, que él sea VIH+ y que tú no hayas superado la prueba cuando él te sacó ese tema sin que te dieses cuenta.
- Que en el momento en que se dé cuenta de que podría llegar a sentir algo por ti se atemorice y le sobrevengan todas las inseguridades sentimentales, sexuales, intelectuales y todas las «-ales» que se te ocurran. Que su ansiedad anticipatoria empiece a hacerle imaginar escenarios futuros catastróficos donde él se enamore perdidamente de ti y tú le rompas el corazón. Y que te escriba un mensaje para decirte que le has gustado mucho pero que no quiere repetir porque «no se siente preparado» y tú le respondas: «¿Preparado para qué, maricón, si todavía no ha sucedido nada? Además, no tiene que suceder nada que tú no quieras». No te canses, probablemente su miedo lo bloqueará y no sabrás nada más de él. Nunca. Mejor para ti.

Pero imaginemos que nada de lo anterior ocurre y tenéis una segunda cita: la «Gran e Importante Segunda Cita». ¿Qué sucederá?

El chiste de la segunda cita

—¿En qué se diferencia un gay de una lesbiana en su segunda cita?

—No sé, ¿en qué?

—En que la lesbiana ya lleva las maletas para mudarse a vivir juntas.

—Jajaja, es verdad, qué pronto se emparejan. ¿Y el gay?

—¿Qué segunda cita?

Tal cual. Si no fuera cierto, no entenderíamos el chiste. Lo comprendemos y nos genera la carcajada porque lo vemos a nuestro alrededor: que dos gais tengan una segunda cita es algo mucho menos probable de lo que nos gustaría. Hace gracia porque «es verdad». La mayoría de nosotros hemos experimentado eso de quedar, tomar un café, puede que follar... y nunca más se supo. Lo bueno es que no somos demasiado rencorosos porque, de lo contrario, estaríamos cabreados con el 30 por ciento de los maricones de nuestra ciudad.

Además, de cita en cita, nos relacionamos casi con la comunidad de maricas al completo.[58] Y no creas que esto es propio del ambiente, donde «todos son unos promiscuos que follan unos con otros» (que pesado eres, mari), sino que es una situación humana: lo mismo ocurre entre los heterosexuales y entre las lesbianas. La diferencia está en que nosotros lo decimos abiertamente. Además, a diferencia de algunos hombres heterosexuales, no entendemos el haber follado con alguien como un ejercicio de superioridad sobre la otra persona, cosa que, lamentablemente, sucede entre demasiados hombres heterose-

---

58. Tengo un *follamigo* que se ha tirado a todo Barcelona y media Península. Gracias a él, soy «hermana de leche» de media España.

xuales respecto de las chicas con las que tienen sexo. Pero eso de follar todos con todos, todos con todas, todas con todos y todas con todas es un hábito universal. Así que abre los ojitos, mi vida, y asume la realidad para ser capaz de superarla. ¡Cuando lo hagas, vivirás mejor!

El sexo está tan presente y son tantos los *one-hit polvers*[59] que nuestra esperanza de ir más allá de un primer casquete a veces se nos desvanece y no esperamos nada. Ni siquiera después de un primer café (o un té) en una tarde de conversación maravillosa. No esperamos nada. Total, ¿para qué hacerse ilusiones? Pero hay veces que sí: que se repite. Que él llama. O que llamas tú y él te dice que le encantaría volver a verte. Y quedáis para una segunda cita. Y todos sabemos que esa es la cita verdaderamente importante. La que solo a unos pocos elegidos se concede. La que significa «me interesas y quiero seguir conociéndote».

¿Cómo hacer que esta segunda cita (y las tres posteriores) funcionen? Consejo de mariamiga: haced algo juntos. No quedéis para cenar a no ser que se trate de algo ligerito en un restaurante de comida rápida o un perrito por la calle (como si fueseis neoyorquinos). Una cena supone mínimo hora y media o dos horas frente a frente con un hombre del que aún apenas sabes nada y no conviene forzar las situaciones porque ese agobio de verte obligado a mantener una conversación tan larga con alguien aún tan desconocido podría jugar en vuestra contra. En lugar de eso, proponeos una partida de bolos o de bi-

---

59. Nota de mariculta: es un juego de palabras con la expresión *one-hit wonder*, que son los artistas que tienen un solo éxito en sus carreras. Un éxito inmenso e internacional pero solo uno. Ejemplos son Psy con el *Gangnam Style*, Lou Bega con el *Mambo n. 5* o Las Ketchup con su *Aserejé*. Un *one-hit polver* sería uno de esos chicos con los que echas un polvazo espectacular, lleno de química y complicidad... y nunca más se supo.

llar o machacaos mutuamente al tenis o al pádel. O id a una cata ciega de vinos, quesos o panes, ¡o al cine! Pero permitid que la comunicación y la confianza entre vosotros vayan fluyendo lentamente, sin prisas, a medida que transcurren las citas. No os forcéis a estar obligados a comunicaros durante horas por culpa de una mala planificación. Estamos demasiado acostumbrados a hacer lo que nos apetece, cuando nos apetece, donde nos apetece y hasta que nos apetece y, por eso, se nos hace difícil romper nuestra inercia. Nos obligamos a hacerlo «por él», pero la misma área de nuestro cerebro que funciona en automático siguiendo nuestras rutinas es la que le tomará aversión al «tío ese que me hace cambiar mis hábitos y todo porque..., pues no sé, porque tampoco es para tanto y, a lo peor, al final no sirve para nada».

No te pelees contra tu cerebro: dómalo. Y ve creándole un nuevo hábito donde se lo pasa bien y recibe toneladas de endorfinas en compañía de «ese hombre tan lindo con el que los ratos son siempre gratificantes». Esa es la razón por la que es preferible que os vayáis conociendo, comunicando ¡y enamorando! mientras realizáis actividades el uno en compañía del otro. Dejad las cenas para cuando llegue eso de celebrar que ya lleváis un mes juntos y os convirtáis en unos *nosestamosconociendo*.

Esto se llama «nosestamosconociendo»

Todo llega. Habéis salido cada fin de semana (o casi), habéis follado como conejos, lo pasáis cada vez mejor cuando estáis juntos y:

—Así a lo tonto, llevamos ya casi un mes quedando.
—¡Es verdad! Porque la primera vez que follamos fue el sábado de la fiesta en el Caramba..., ¿el 6?
—El 6 de marzo, ¡qué bien que te acuerdes!

—¡Claro que me acuerdo! ¿Cómo no me iba a acordar? Entonces, el martes que viene hace un mes...
—Un mes.
—Uf, ¿verdad?
—¡Uf!
—¿Salimos a hacer algo?
—¡Por favor!
—Ya toca cena.
—Sí, ya toca cena.
—Tú elegiste la tetería de nuestra primera cita, me toca a mí elegir el restaurante de nuestro primer mes.
—¿Primer mes? ¿Eso significa que habrá más?
—Calla, que sabes que soy supersticioso. Nada de hacer planes y así no se joderán.
—Nada de planes.
—Pero puedes besarme.
—Y tú a mí...

Un mes es muy poco pero puede significar mucho. Significa que os habéis priorizado frente a otras actividades alternativas, que habéis sacado tiempo para veros de donde habéis podido. Un mes significa que, aunque sería demasiado precipitado hablar de noviazgo, sí que sois algo especial el uno para el otro. Algo que ningún otro hombre en el mundo es: sois el hombre que estáis conociendo (el uno del otro y viceversa, claro). Y eso es mucho porque significa proyecto. Un proyecto a muy pequeña escala por el momento, pero significa ese germen del plan en que Carlos y Lorenzo (Loren para los amigos) se quieren implicar: seguir priorizándose para poder seguir conociéndose bien y que ello se traduzca en unos sentimientos más profundos.

De momento sienten mucha pasión, tanto sexual como emotiva. Se ponen muy cachondos solo con pensar el uno en el otro y en sus estómagos se les mueven mariposas del tamaño de avestruces cada vez que se preguntan a sí mismos: «¿Y si sale bien con él?». Están viviendo con el cerebro inundado en la sopa de hormonas y neurotransmisores que llamamos «enamoramiento». Se les dilatan las pupilas cada vez que se ven, se ruborizan cada vez que un amigo les comenta algo sobre «su amiguito especial». Si están en un grupo, se escapan miraditas furtivas entre ellos. No pueden alejarse ni siquiera de su campo visual... y si alguno con pinta de zorra se acerca demasiado al otro: ¡maniobra de ataque a las 11!.[60]

Las hormonas, ay las hormonas. Esas maravillosas sustancias que te cambian el cuerpo, el humor y el tamaño de las pelotas si te ciclas. Ellas, junto con los neurotransmisores, son las responsables de este (glorioso) estado. Los neurotransmisores son sustancias que, dentro del cerebro, activan determinados circuitos neuronales provocando efectos varios. La dopamina, por ejemplo, activa los circuitos de logro y recompensa. Cuando nos enamoramos, liberamos mucha dopamina para concentrarnos en lograr el amor de esa persona y para que, cada vez que vemos una demostración de amor por su parte, nuestro cerebro nos recompense con un chute de endorfinas. Las hormonas hacen algo parecido. La testosterona, por ejemplo, nos pone *perrakos* y nos hace estar todo el día follando con él. Ese deseo tan intenso, además, tiene una finalidad porque cuanto más tiempo paséis follando, más os vais a comunicar entre polvo y polvo. Y cuanto más os comuniquéis entre polvo y polvo, mejor os conoceréis... y mejor sabréis si el otro es el hombre con el que vosotros podríais construir una vida. ¡La naturaleza es sabia!

---

60. No a las 11 de la noche, maricón, me refiero a eso que dicen los pilotos de combate en las películas: «Avión enemigo a las 11», refiriéndose a la posición donde se halla. Esto es una metáfora bélica.

También es cierto que este momento es un poco delicado para ser objetivos. Si lo recuerdas, en *QMM* (p. 166) advertía del efecto de los estados emocionales intensos sobre nuestra capacidad de razonar o evaluar acontecimientos y personas:

> Ese es el efecto de la emoción que conocemos como amor: provocar que los juicios que realizamos sobre las personas hacia las que lo sentimos sean mucho más benevolentes de lo que objetivamente deberían ser. Cuando amamos a alguien le perdonamos los defectillos y pensamos que él es el más guapo, el más inteligente, el más pollón, el más divertido, el más cariñoso…, y luego, cuando se nos pasa el enamoramiento decimos: «Ay, madre, ay, madre, pero ¿cómo he estado yo para salir con esoooo?». Y si por el contrario, en lugar de henchido de amor, estás rabioso, el efecto es el mismo aunque en sentido emocional inverso: ya no miras el mundo benevolentemente, sino con muy malos ojos y todo te parece malo. Así, ves a ese hombre que ha querido ligar contigo como un *pringao*, los niños te parecen bestias inmundas que te babean, los unicornios son unos caballos pijos de mierda y hasta Madonna parece vieja en esa foto: ¡ves defectos donde no los hay y tus juicios sobre los demás son mucho más malevolentes de lo que objetivamente correspondería! Tu estado emocional altera tu percepción de las cosas.

Por eso, aunque tú estés encantado con él y él contigo, no podréis saber objetivamente si vais para noviazgo hasta que esa sopa de hormonas desaparezca, lo cual sucederá dentro de un tiempo, cuando la hayáis catabolizado y expulsado por la orina.[61] Así pues, y nunca mejor dicho, hasta que no hayáis meado el subidón no podréis estar seguros de si estáis enamorados de verdad de ese hombre o si, por el contrario, todo lo

---

61. Las enzimas cerebrales degradan el excedente de neurotransmisores y los restos se expulsan mediante la orina.

que estáis sintiendo es un amor fatuo o algo pasajero. Como lo de «mear el subidón» suele tardar unos mesecillos (los mismos que estamos en «la nube del principio»), es bueno saber respetar los tiempos. Para ello, ya que el lenguaje ayuda a que comprendamos nuestro mundo, y con el propósito de evitarnos falsas expectativas, suele ser una buena idea mantenerse estrictos en eso de llamar a las cosas por su nombre para evitar hacernos pajas mentales.

Así, a este momento en el que aún no sois novios pero en el que tenéis ganas de trabajar la relación a ver qué pasa le podemos llamar «nosestamosconociendo» y todos tan contentos. Tenéis un nombre especial para lo vuestro pero sin las etiquetas y sin, sobre todo, las expectativas que genera una palabra como «novio». Cuanto más apegados a la realidad permanezcamos, más conscientes de nuestra situación seremos y más fácil será gestionar cualquier resultado negativo si es que se produce. No es lo mismo sentir «He roto con mi novio» que sentir «He dejado de ver a mi *nosestamosconociendo*»,[62] ¿verdad?

En esta etapa de la relación es conveniente negociar un par de asuntos muy importantes: la exclusividad sexual y seguir saliendo con los amigos. Si no sueles hablarlo, te recomiendo que lo hagas. Es primordial para evitar problemas en el futuro.

La exclusividad sexual es un asunto del que solo los gais hablamos por sistema.[63] Los heteros no lo hacen habitualmente y las lesbianas tampoco, pero nosotros sí y hacemos muy bien en intentar dejarlo claro. En una revisión de estudios anteriores, Peplau y Fingerhut (2007) encontraron investigaciones sobre la monogamia en las que se demostraba que esta solo era

---

62. Si lo apocopas en «nose», puede servir tanto de diminutivo de «nosestamosconociendo» como de «no sé qué pasará». Ambas cosas son ciertas.

63. Todos los libros sobre relaciones sentimentales gais incluyen la no monogamia dentro de los temas que abordan. Esto es así desde los

importante para el 36 por ciento de los hombres gais, mientras que sí lo era para el 71 por ciento de las lesbianas, el 84 por ciento de las mujeres heterosexuales casadas y el 75 por ciento de los hombres heterosexuales casados. Curiosamente, en otra investigación revisada por los mismos autores encontraron que reconocían haber sido infieles el 28 por ciento de las lesbianas, frente al 21 de las mujeres hetero y al 26 de los hombres heterosexuales. Fíjate: dos de cada tres gais te dirán que entienden que su pareja tenga sexo con otros. A la vez, una de cada tres lesbianas, una de cada cinco mujeres hetero y uno de cada cuatro hombres heterosexuales admiten haber sido infieles (y seguro que hay muchos más pero que no estaban dispuestos a confesarlo ni en una encuesta).

Ante esos datos, yo me pregunto: ¿No es más honesto con tu pareja pactar que no vais a ser monógamos antes que serle infiel? Más adelante me referiré a las parejas abiertas y permeables con más detenimiento, de momento solo pretendo señalar lo importante que es comenzar una relación siendo honestos con nosotros mismos y con nuestros candidatos a novio. La vergüenza en una relación solo conduce al fracaso. Es mejor que lo habléis tranquilamente desde el inicio. Quizá en este momento de nube hormonal os duela hasta plantearos verlo a él gozando con otro hombre pero seguramente en el futuro os daréis cuenta de que puede ser muy estimulante ver a tu novio follando con otros a tu lado o compartiendo el mismo chico en un trío (ver «El sexo después de 1000 polvos» en el capítulo 7).

Habladlo y dejad claro lo que haréis. Si estáis convencidos al cien por cien de que sois monógamos, habéis coincidido dos

---

clásicos (publicados en 1988) *Gay relationships* (DeDecco, 1988) y *The male couple's guide* (Marcus, 1988), así como en otros monográficos más actuales sobre el mundo afectivo gay: Isensee (1996), Chernin (2006) o Travis (2012).

hombres de esos que representáis a «uno de cada tres gais», perfecto. Pero si no lo sois, adelante: decíroslo claramente. Conozco muchísimas relaciones que se han ido a la mierda porque no se atrevieron a abordar la poligamia y, cuando la rutina llegó, se pusieron los cuernos y se les rompió la confianza. Y os juro que mis amigos emparejados que más se aman, y que más ñoños y románticos se ponen, tienen relaciones sexuales con mucha más gente[64] porque han convertido el sexo en una diversión más que pueden compartir. Cuando quieren sexo para expresarse el amor que se tienen, lo hacen. Cuando quieren sexo para expresarse lo cachondos que se ponen el uno al otro, lo hacen. Cuando quieren sexo para divertirse y ponerse cachondos con otros hombres, lo hacen. Porque son honestos el uno con el otro y han sabido construir una relación llena de complicidad y confianza.

Muchas veces el miedo a que el otro no quiera seguir conociéndonos es la causa de que mintamos sobre lo que somos y, al mentir, estamos destrozando algo básico para crear una relación: la autenticidad. Él no puede enamorarse de tu verdadero «tú» si tú no eres auténtico. Y no podéis tener una verdadera intimidad si tú no eres auténtico. Y no podéis construir un proyecto si tú no eres auténtico. Por eso merece la pena ser sincero. Seguro que te va bien. La mayoría de mis amigos y pacientes que lo han hablado con sus *nosestamosconociendo* han tenido unas respuestas positivas. Una de ellas fue épica:

—Le dije al chico con el que estoy quedando que soy muy puta.
—¿Y? ¿Qué te dijo?
—Hasta lloró… ¡pero de alegría!

64. Eso sí, nunca por separado, siempre juntos. Son parejas «permeables».

—¿Cómo que lloró de alegría cuando supo que eras muy puta?
—Sí, porque resulta que él también.
—¡Ah!
—Y resulta que él había tenido malas experiencias con sus anteriores parejas a causa de eso, que nunca se había atrevido a decirlo y que luego se sentía superculpable. Me dijo que yo era el primer hombre que tenía la suficiente confianza en sí mismo y con él como para hablarlo abiertamente desde el principio. Que ahora él sabía que conmigo lo podía hablar todo y que estaba agradecidísimo de que yo hubiera sido tan sincero desde el primer momento.
—Bueno bueno bueno, muy bien, ¡cómo me alegro! La honestidad tiene premio... o, al menos, no tiene castigo.

Y estuvimos hablando de lo mal que acabó su anterior relación por no haberse atrevido a ser sincero y de cómo la vida, a veces, tiene estas sorpresas maravillosas que terminan compensándote el esfuerzo de haber querido hacerte mejor persona. También hablamos durante esa sesión de que el otro chico era estupendo y que entre ellos follaban de maravilla y que habían hablado de que se sentirían cómodos yendo juntos a una sauna o a un *sexclub* y tener allí tríos o sexo en grupo. Que poder compartir eso les acercaba más como pareja. Y que, cuando uno va con la verdad por delante, llega más lejos y mejor acompañado. Insisto: no es una cuestión de que la monogamia sea mejor que la no monogamia, ni viceversa. Se trata de buscar la mejor opción para cada pareja concreta.

El otro punto importante que es conveniente tratar en estos momentos es el de seguir viendo a los amigos. Es sano seguir quedando con ellos por dos razones: una relacionada con la cautela y otra relacionada con el equilibrio. La primera es obvia: no seas de esos que solo se acuerdan de los amigos cuando están solteros. Que tus amigos vean que los priorizas y que sigues quedando con ellos aunque estés «festejándote» con un hombre les da el mensaje claro de que te importan. Si pasas de ellos cada vez que se te acerca un hombre, ¿qué crees que pensarán de ti? Pues claro, que eres un capullo. La otra razón, la del equilibrio, tiene que ver con que te preocupes de mantener todas las áreas de tu vida atendidas y eso incluye la social. Que veas a tus amigos con frecuencia es bueno para mantener los lazos y la comunicación con ellos pero, además, te permitirá oír voces objetivas sobre tu romance. Como se trata de opiniones de personas que te quieren bien, es de esperar que todo lo que te digan sea por tu bien. Quedad con vuestros amigos por separado de vez en cuando y hablad de vuestros propios Carlos y Loren para que se vayan familiarizando con ellos y para que os den el *feedback* de lo que creen que debéis tener en cuenta para que la relación salga adelante y, sobre todo, para que no os hagáis daño.

6

Tengo novio

Y, así, a lo tonto a lo tonto, lleváis más de seis meses quedando. Se os ha escapado algún «Te quiero» (bueno, cientos de «tequieros») y hacéis planes para pasar las vacaciones juntos: sois novios. Puedes llamarlo como te dé la gana, pero sois novios. Lo mismo da que si dices «mi chico», «mi churri» o cualquier otra cosa: sois novios. E insistiré mucho en ello porque si hay una palabra que los gais nos sentimos avergonzados de emplear es «novio».

Porque «novio» era la palabra prohibida, la que ningún maricón podía pronunciar si no quería delatarse en la oficina o en el barrio. No era su «novio», era su «amigo». Y, en la oficina, no tenías «novio», tenías «pareja» porque «novio» era una palabra reservada para los heterosexuales. Porque solo el amor hetero era el amor verdadero, mientras que nuestro amor era perversión y vicio. Se nos secuestró parte de nuestra lengua. No se nos dejó emplear las palabras que definían el amor que sentíamos. Se nos quitó la libertad de expresión. La libertad de expresar nuestros sentimientos y de hablar de los vínculos con los que estos sentimientos nos unían a otras personas. Y se nos prohibió de una forma tan definitiva y cruel que la prohibición perduraría en el tiempo muchos años más que las leyes que castigaban la homosexualidad: se nos prohibieron las palabras.

Se nos prohibieron palabras como «amor», «novio» o «marido» y se nos hizo creer que nuestro amor no era «amor», que nuestro novio no era «novio» y que nuestro marido no era «marido». Que nuestro amor se llamaba «amistad», nuestro novio se llamaba «pareja» y nuestro marido era un «compañero». Y caló tanto la prohibición que, décadas después, aún seguimos sintiendo vergüenza de llamar «amor» a nuestro amor, «novio» a nuestro novio y «marido» a nuestro marido. Y yo te lo recuerdo. Para que no lo olvides y para que lo cambies. Para que, a fuerza de escucharnos a nosotros, la siguiente generación de hombres homosexuales no dude en llamar «amor» a su amor, «novio» a su novio y «marido» a su marido.

Porque la lengua también es nuestra y nuestro también es el derecho a emplearla con libertad y exactitud. El diccionario de la RAE lo dice con claridad: «Novio: persona que mantiene una relación amorosa con otra». Y si tú y él sois personas que mantenéis una relación amorosa el uno con el otro, sois novios. Felicitaos por poder emplear esta palabra después de tantos siglos sin poder hacerlo.

La consolidación de la relación

El proceso de consolidación de cualquier relación suele suceder de forma muy orgánica[65] y suele conllevar pasos que conducen a que dos intimidades claramente separadas (las de cada uno de los novios) se vayan acercando. Esta es una de las claves de la consolidación de las relaciones: el desarrollo de una verdadera

---

65. Que sucede por sí solo, como se desarrolla cualquier organismo vivo sin necesidad de que nadie lo empuje. Facilitar las condiciones para el crecimiento, evidentemente, facilitará ese desarrollo (como las plantas en los invernaderos), pero el desarrollo de la intimidad lleva tiempo y el tiempo es lo único que no puedes acelerar sino, en todo caso, aprovechar al cien por cien.

intimidad entre los novios como paso previo a desarrollar un proyecto compartido (recuerda a Sternberg y el proceso «pasión intimidad compromiso»).

Los psicólogos solemos recomendar que los novios inicien sus relaciones sabiendo que tendrán que conciliar una paradoja[66] a la que vamos a denominar la «paradoja de la intimidad» y que consiste en tratar de llevar a cabo simultáneamente dos tareas opuestas (de ahí lo de «paradoja»).

Un ejemplo sería tratar de acercar vuestras respectivas intimidades para que se vayan fundiendo en una sola mientras que, a la vez, intentéis mantener vuestros espacios de intimidad individual en los que solo entréis vosotros. Conseguirlo es un arte que requiere, en muchos casos, la madurez que te proporciona la experiencia previa, pero trataré de ofreceros una pauta para que lo consigáis. La regla de oro es «encontrad aquello que corresponda en exclusiva a cada uno de vosotros y abríos a la posibilidad de compartir el resto».

1. Amigos. Ambos teníais amigos antes de conoceros. Salíais con ellos de fiesta, de viaje y de compras. Teníais con quien hablar en privado para contarle vuestras cosas y oír sus consejos. Ahora todo eso lo hacéis juntos y forma parte de vuestra intimidad como pareja. Sin embargo, no es saludable que os

---

66. Verás que también te hablo de alguna paradoja más que tendréis que conciliar para que vuestra relación funcione. Todas ellas suponen un punto de tensión al obligarnos a reconciliar dos actos, deseos, conductas o situaciones contrapuestas. Hacer una cosa y su contraria a la vez, evidentemente, no es sencillo. Supone madurez, equilibrio emocional y capacidad de distanciamiento, además de las habilidades concretas que cada situación nos pueda exigir. Ser capaces de reconocer estas paradojas y hablarlo («Amor, esto es la paradoja de la intimidad, nunca es fácil, no nos agobiemos si no sale perfecto») es importante para resolver conflictos y hacer que la relación funcione.

convirtáis en una isla apartada de vuestros amigos. Al contrario, lo más aconsejable es que mantengáis el contacto con ellos. Para cumplir la regla de oro, tratad de fomentar un círculo de amigos común mientras mantenéis separados ciertos espacios de amistad. Así, en ese sentido, será bueno que hagáis planes con los amigos además de en pareja. Las combinaciones pueden ser múltiples:

a. Salid,[67] de vez en cuando, por separado cada uno con sus amigos. Este viernes, por ejemplo, quedáis por separado, veis a los amigos, cenáis con ellos, vais a tomar unas copas y decidís si queréis encontraros un poco más tarde o si ya os veréis al día siguiente. Esta es la opción más sencilla, sirve para refrescar la relación e, incluso, descubrir sitios nuevos a los que llevar a tu novio en vuestra próxima salida. Lo de quedar a tomar un café con alguno de tus amigos se incluye en esta categoría.

b. Salid, de vez en cuando, juntos con los amigos de uno (y luego del otro, claro). Los amigos de Carlos tienen que conocer a Loren y viceversa y, para ello, es imprescindible que salgáis con ellos. La propiedad transitiva de la amistad dice que «si Rubén es amigo de Loren y Carlos se lleva bien con Loren, entonces Carlos se llevará bien con Rubén», pero la psicología no es una ciencia exacta y puede que no siempre se dé este efecto. Descubriréis que no os gustan al cien por cien todos los amigos de vuestro novio. Y eso es lo normal porque con cada uno de ellos (amigos y novio) compartís cosas diferentes.

---

67. Salid de fiesta, a cenar, de copas, de viaje, a tomar café, a ver una exposición o a visitar a la tía del pueblo. Mantened vuestros amigos sin que ello suponga pasar de vuestro novio. Recordad que se trata de buscar el equilibrio que vosotros, como pareja, entendáis adecuado. Habrá novios que verán estupendo salir por separado una vez a la semana y novios que encuentren suficiente hacerlo una vez al mes.

Pero podréis tener un lazo con los amigos de vuestro novio y ser su cómplice en lo relativo a cómo se lleva con ellos, apoyarle cuando tiene un problema con uno o darle ideas si tiene que comprar un regalo de cumpleaños para otro. Además, que tú veas cómo tu novio y tus amigos se llevan bien es algo que te hace sentir más afecto por él y valorar su presencia en tu vida.

c. Salid, de vez en cuando, con los amigos de ambos. A veces es buena idea juntarlos a todos e invitarlos a casa a cenar o a alguna que otra actividad en la que podáis estar todos juntos. Pueden surgir nuevas amistades y hasta puede que algún nuevo noviazgo (o polvo), pero tratad de no meteros en esas nuevas relaciones ni tomar partido por ninguno de vuestros amigos si no les sale bien el romance. Recordadles que, de la misma manera que no los metisteis a ellos en «lo vuestro» hasta que no fue algo serio, preferís manteneros al margen de «lo suyo» hasta que no sea algo realmente serio. En cualquier caso, pensad que lo más probable es que no ocurra nada extraño y que si os juntáis para pasarlo bien juntos, eso es todo lo que suceda.

d. Salid, de vez en cuando, con nuevos amigos que hayáis conocido ya siendo novios. Podéis apuntaros a un grupo de excursionismo, a un club de lectura, a un curso de cocina o, para no caer en los tres topicazos que acabo de citar, asistir juntos a clases de árabe o haceros voluntarios de una ONG. Buscad formas de conocer nuevas amistades o, ¿por qué no?, subid un anuncio a Badoo buscando otras parejas para salir juntos. Las opciones de búsqueda pueden ser infinitas y si de verdad os implicáis, podéis hacer nuevos amigos comunes manteniendo los amigos personales por separado.

2. Familia. Aunque aún puede que sea demasiado pronto para introduciros formalmente el uno en la familia del otro, es probable que se haya dado algún acercamiento a las familias respectivas. Es fácil que hayas conocido a algún/a hermano/a suyo/a o que lo hayas acompañado alguna de esas tardes en las que saca a sus sobrinos a pasear. O puede que sí que os hayáis presentado a vuestros respectivos padres. Si la relación entre tu novio y su familia es tensa, puede que te veas en mitad de un conflicto en breve (o a más largo plazo), por lo que os aconsejo, desde ya, que planteéis este asunto como uno de esos que hay que solucionar forzosamente. Te pongo algunos ejemplos:

—Cariño, si tú no arreglas el problema de homofobia de tus padres, más tarde o más temprano me va a afectar a mí. Porque si dentro de tres años seguimos juntos y hay una boda en tu familia, yo no podré asistir y me sentiré mal por no sentirme reconocido por parte de ellos. Eso es algo que tenemos que ir poniendo encima de la mesa.

—Cielo, si tu madre sigue siendo tan invasiva, cuando estemos viviendo tú y yo en la misma casa, ¿qué sucederá? Pues que una señora vendrá a mi casa a decirme lo que tengo que cocinar o cómo tengo que tender la ropa. Y eso va a suponer un conflicto. Yo te lo dejo ahí para que lo vayas pensando.

Aún no es el momento para que os inmiscuyáis el uno en los temas familiares del otro y, de hecho, os aconsejo no hacerlo. Pero de cara al matrimonio (siguiente capítulo), sí que os diré que es más fácil asentar una relación cuando los novios han hecho sus deberes familiares respectivos antes de llegar a convertirse en maridos. Eso por no hablar, desde luego, de la importancia de tener resueltos los conflictos familiares simplemente por vivir exento de ellos.

Cuando la relación esté asentada será un buen momento para que os presentéis a las familias mutuas y ello no debería ser problemático ya que, si habéis puesto en práctica todo lo que os aconsejé en los capítulos 3 y 4, se supone que habéis elegido bien a vuestro chico, por lo que vuestros padres no deberían hacer otra cosa excepto alegrarse de que su hijo haya encontrado a alguien con quien pueda crear su propio hogar.

Entonces será cuando os tengáis que plantear cosas como qué día coméis en casa de los padres de uno y que día en casa de los padres del otro, ya que hasta ahora se suponía que lo hacíais por separado. Habrá momentos en los que os acompañaréis y momentos en los que cada uno ira a ver a su familia por separado («No, mamá, no hemos discutido, es que hemos pensado que es más rápido si cada uno va a ver hoy a sus padres. Ya vendremos juntos la próxima vez»).

De nuevo, la regla de oro es: tenéis que tratar de tener una buena relación con los hermanos y padres de vuestro novio pero tampoco podéis obligaros a meteros de cabeza en su familia. Debes respetar que tu novio no siempre quiera ir a ver a tus padres. Por su parte, tu novio hará el esfuerzo de ir a verlos cuando toque y llevarse bien con ellos. A veces sí, a veces no, a veces juntos y a veces por separado. Siempre tratando de mantener el equilibrio.

3. Aficiones. A Carlos le apasiona el cine y a Loren no le entusiasma. Loren se vuelve loco por la astronomía y Carlos no entiende tanto interés. A ambos, sin embargo, les gusta «ver piedras» cuando viajan. ¿Cómo crees que organizarán su tiempo libre? Evidentemente, planificarán viajes para ver monumentos y disfrutar de la arquitectura de civilizaciones pasadas porque eso es un placer para ambos. Quizá tendrán que negociar si este mes toca visitar una capilla románica o un asentamiento íbero, pero eso es todo lo que tendrán que discutir. Tendrán que aprender que habrá algunos viernes en los que Carlos no se querrá perder tal o cual estreno y Loren leerá con antelación la sinopsis de la película para decidir si lo acompaña a verla o si lo esperará a la salida para picar algo juntos antes de volver a casa. Loren tiene el bono de «amigos del observatorio» de su ciudad y suele ir a sesiones de observación del cielo nocturno. Carlos preferirá quedarse en casa o salir a cenar con sus amigos durante esas noches en las que Loren se dedica a cazar meteoros cartografiando sectores vacíos del cielo, aunque sí que se apuntará a las sesiones de observación de las lunas de Júpiter y a los avistamientos de lluvias de estrellas en campo abierto. Paralelamente, ya puestos a hacer cosas juntos, se apuntarán a clases de italiano porque un día, hablando del tema, encontraron que ambos llevaban años pensando que les gustaría aprenderlo y nunca se habían animado. Ahora van dos veces por semana a la escuela de idiomas, hacen los deberes juntos y miran, de vez en cuando, alguna película italiana en versión original para ir haciendo oído.

Como habéis visto, de nuevo, no se trata más que de la regla de oro puesta en práctica: se respetan sus espacios personales y buscan las posibilidades de compartir el resto. Cuando Carlos sale de la sala donde acaba de ver esa última obra tan interesante de un realizador noruego que está destacando tanto en el cine nórdico, Loren no necesita que le cuente la película (si le hubiese interesado, habría asistido a la proyección) y Carlos entiende que su novio no quiere que se la cuente. Simplemente han vivido un momento de ocio por separado y eso es lo normal en una pareja sana.

Sois novios, no siameses, así que es lógico que hagáis cosas cada uno por su lado. No hay que convencer al otro de que «le gustaría si lo probara». Es un adulto y sabe lo que le gusta y lo que no, y si algún día tiene curiosidad, te acompañará a ver películas o a cartografiar el cielo nocturno. No se trata de competir a ver quién tiene la afición más guay sino, simplemente, de tener aficiones y disfrutar el tiempo libre con actividades gratificantes. Las que hacéis juntos fortalecen vuestra intimidad como unidad (pareja, novios) y las que hacéis por separado fortalecen vuestro respeto por la intimidad del otro. En ambos casos, además, disfrutar de una afición os proporciona un chutecito cerebral de endorfinas y eso os pondrá de buen humor, lo cual revertirá positivamente en vuestra relación. Repetid conmigo: «Todo son ventajas».

4. Vivir juntos. El chiste del capítulo anterior hacía la coña con las lesbianas, pero los maricones no nos quedamos atrás en eso de ir deprisa para mudarnos a vivir juntos. Sé que vais a hacer lo que os salga de los huevos en este tema, así que no me esforzaré mucho en tratar de convenceros. Al fin y al cabo estáis en esa etapa de «luna de miel hormonal» y, como insinué anteriormente, «donde reina hormona, no gobierna neurona».

No obstante, voy a señalaros algo en cuya importancia no solemos caer: la de llegar a la convivencia convencidos de lo que hacéis. Difícilmente será así si solo lleváis medio año saliendo. Y sí, es cierto que hay hombres que son auténticos *cagadubtes*[68] y que, aunque lleven cinco años con su novio, aún se preguntan si saldría bien la convivencia. Pero también es normal que, hasta que no se lleve un tiempo más largo (12-18 meses), no se comience a pensar en serio (y con ilusión) en la convivencia. Incluso si a alguno de vosotros se os acaba el contrato de alquiler y «ya puestos, que se mude aquí y compartimos gastos», es mejor que se busque otro piso porque es preferible esperar hasta que los dos hayáis consolidado vuestra relación en todos los ámbitos.

Esperad hasta que hayáis pasado juntos un par de vacaciones, que hayáis compartido unas cuantas cenas familiares y muchas quedadas con los amigos mutuos. Que hayáis discutido y aprendido a resolver vuestros conflictos porque la convivencia, como veréis en el siguiente capítulo, es dura. Muy dura.

---

68. Una palabra catalana. Literalmente significa 'cagadudas' y es una forma escatológica de referirse a alguien dubitativo hasta el extremo de que todo lo que sale de él son dudas, ¡hasta lo que caga!

Claro que es bonito querer pasar juntos todo el tiempo posible pero pensad que estáis acostumbrados a vivir solos. Incluso si antes compartíais piso, no lo hacíais con el nivel de intimidad que se mantiene cuando estás viviendo con tu novio. Con un compañero de piso, las reglas y los espacios de cada uno están muy determinados desde el principio. Y aun así (¿verdad?), la convivencia se hace complicada. Imagina ceder espacio en tu cama, en tu repisa del baño, en la nevera, en el armario (tan bien ordenadito que lo tienes tú), en tu salón. Adaptarte a sus hábitos en lo referente a horarios, comida, limpieza, orden... Si madruga o duerme hasta tarde, si se acuesta pronto o no, si le gusta comer con horario europeo o español, si pone música mientras limpia la casa (y qué música), si se queja de cada factura de la electricidad (y empieza a desenroscar bombillas de la casa). O qué programas de televisión quiere ver. ¿Le gusta cenar sentado a la mesa o con una bandeja sobre las piernas mirando la tele? ¿Sigo? Esta lista no es más que el comienzo, quedan cientos de detalles que tienen que ver con el adaptarse a convivir con otra persona. ¿No os parece más inteligente ir descubriendo todos estos detalles poco a poco?

Cada fin de semana tenéis la oportunidad de convivir un par de días en la casa de alguno de los dos. En vacaciones tenéis la oportunidad de ensayar una convivencia más prolongada. Id conociéndoos en pequeñas dosis a lo largo de los meses, durante un par de años, tenéis todo el tiempo del mundo. Si llegáis a la convivencia plenamente convencidos y sabiendo muy bien con quién estáis saliendo, la ansiedad ante la idea de empezar a vivir juntos será mucho menor. Ambos podréis decir: «Puede salir bien o puede salir mal pero, desde luego, sé muy bien con qué hombre me estoy casando y lo acepto tal cual es en lo bueno y en lo malo. Igual que sé que él me acepta a mí con mis defectos y mis virtudes. Nos hemos visto en todo tipo de situaciones y hemos salido de todas ellas. Nunca lo tuve tan claro con ningún otro».

Cuando lleguéis a ese punto de convicción para el que se necesita experiencia (y la experiencia la proporciona el tiempo), entonces será el momento de pensar en vivir juntos.

Intimidad y aceptación: a la mierda la vergüenza y la IH

La intimidad supone algo más que compartir amigos, familia, tiempo, aficiones, espacio… La intimidad supone una forma especialmente privilegiada de comunicarse. La intimidad supone mostrarse sin ningún tipo de filtro ni máscara, supone pasar de aquel flirteo tipo *ludus* (capítulo 1) a una comunicación donde lo que muestras es tu persona auténtica sin ningún tipo de engaño… y eso no siempre es fácil.

Alan Downs, en su *The velvet rage*, explica cómo muchos hombres homosexuales desarrollan unas personalidades (a las que llama «fachadas») que les sirven para afrontar una vergüenza y una IH de las que ni son conscientes. Queremos ser los mejores en nuestras profesiones, en el sexo, en el aspecto físico. Queremos ser los que tenemos la personalidad más arrolladora, la que más sobresalga. Vivimos impulsados por una especie de mantra: «Soy maricón pero un maricón fascinante». Un mantra en el que la propia presencia de la conjunción adversativa «pero» ya nos está informando de que ese hombre considera que ser maricón debe compensarse de algún modo u otro.

La IH nos hace sentirnos avergonzados por ser homosexuales, y esa vergüenza nos pide que tratemos de convertirnos en alguien destacable para compensar nuestro «defecto» y merecer la aprobación de los demás. Y eso puede ser un impulso muy sutil, no siempre advertido. A veces, ese deseo de ser un hombre maravilloso que todo lo da y todo lo soporta no es más que otra de las trampas de la IH. Somos rescatadores de náufragos de la vida porque, en el fondo, no nos sentimos merecedores del amor (recuerda el capítulo 3 sobre relaciones tóxicas). Ni nos damos cuenta de que estamos actuando siguiendo nuestra máscara ni de que hacerlo pone en definitivo peligro la posibilidad de construir una relación verdaderamente íntima.

Si te sientes avergonzado de ser quien eres, ¿cómo vas a permitir que tu novio te conozca de verdad y construya una intimidad contigo? Si tienes IH y cualquier cosa que tenga que ver con la homosexualidad o con la sexualidad entre hombres te bloquea, ¿cómo vas a desarrollar un vínculo verdaderamente íntimo con tu novio? Si te sientes en la necesidad de aparentar y no te muestras tal como eres, si no asumes tus defectos, ¿cómo quieres que el otro te conozca y sepa con quién está construyendo una relación?

Si recuerdas la tabla de la página 127 de *QMM*, la presencia de emociones perturbadoras, como la vergüenza, era indicativa de que la persona no estaba a gusto con alguna de sus características personales y le avergonzaba que los demás la conocieran. Descubrirse ante el otro es justo lo que se pretende cuando estamos construyendo una relación con él. Si, como explicaba anteriormente, tu falta de autoestima o tu IH hacen que quieras aparentar alguien que no eres, te pondrás muy nervioso ante la idea de que alguien pueda conocerte en profundidad porque, al no tener un buen concepto de ti mismo, tendrás miedo de que quien conozca lo que verdaderamente eres descubra que tras esa fachada no hay más que un montón de inseguridades o defectos. Por eso, tener IH o alguna de sus secuelas nos dificulta tener buenas relaciones afectivas, ya que impide que nos abramos a la intimidad con el otro. La IH nos hace sentir vergüenza de lo que somos y provoca que nos escondamos detrás de las apariencias. Si no te aceptas a ti mismo, con tus luces y tus sombras, nunca podrás construir una relación basada en la autenticidad con otro hombre porque nunca le mostrarás tu verdadero «yo». Y si vuestra relación no es auténtica, jamás será íntima y no pasaréis de ser dos extraños que comparten su tiempo. El amor solo tiene dos secretos: conocerse y aceptarse, conocerlo y aceptarlo.

Lo anterior es importantísimo porque construir una intimidad auténtica supone la superación de la vergüenza, no tener secretos y el apoyo incondicional. Las tres juntas forman un triángulo: el de la aceptación. No tener vergüenza equivale a tener un buen concepto de ti mismo. Supone pensar que, aunque tienes tus defectos, no hay nada en ti de lo que avergonzarte y que puedes ser transparente. No tener secretos (no esconder nada de ti) es señal de que no sientes vergüenza de ti mismo. Cuanto más contento estás contigo mismo, con más naturalidad te expresas, menos secretos tienes. El tercer vértice del triángulo tiene que ver con aceptar eso mismo en el otro: «Nada de mi novio me avergüenza, así que no necesita tener secretos conmigo porque lo acepto totalmente tal y como es». El apoyo incondicional supone aceptar al otro con las luces y las sombras que él ha aprendido a aceptar de sí mismo y a no esconder.

La aceptación significa que, gracias a lo que compartimos y la forma íntima en que nos comunicamos, podemos conocernos y aceptarnos mutuamente tal como somos.

Hay un musical titulado *Te quiero, te amo, ya te cambiaré* que habla de esa mala costumbre de pretender cambiar a la pareja para convertirla en alguien diferente. Eso es una evidente falta de respeto por el otro y el triunfo del amor fatuo. Uno de los novios tiene un ideal al que los demás deben ajustarse porque él está enamorado de ese ideal y no del hombre con el que se relaciona. Supone también la subyugación del otro y eso implica el triunfo de una relación tóxica, porque alguien debe dejar de ser él mismo para poder estar al lado de otro.

La aceptación, por el contrario y como decía antes, significa conocer los defectos del otro (que los tiene) y darnos cuenta de que podemos convivir con ellos. La aceptación supone que el otro también convivirá con nuestros defectos, porque entendemos que cada uno tiene derecho a sus imperfecciones y que determinadas costumbres o características no nocivas son disculpables. La aceptación supone, por encima de todo, madurez. Madurez para entender que los demás no se ajustan a tu ideal. Madurez para haber entendido que ningún ser humano se parece a tu imaginación. Madurez para entender que el otro tendrá cosas con las que no te sentirás identificado o que tú harías de forma distinta. Madurez para respetar su forma de hacer esas cosas a su estilo sin inmiscuirte. Madurez para no sentirte mal si él te responde con un «Gracias, amor, pero no» cuando le ofreces tu ayuda. Madurez para saber que las diferencias son imprescindibles para mantener las respectivas personalidades. Madurez para no temer que tu relación esté amenazada por no estar cien por cien de acuerdo en todo.

Así, la aceptación es otra de esas paradojas de las relaciones. En este caso se trata de la paradoja que surge entre la necesidad de equilibrar que aceptas determinadas maneras del otro al mismo tiempo que mantienes algunas líneas rojas. Será muy sencillo saber que el maltrato es una línea roja y que la aceptación y el amor incondicional no implican subyugación. Pero a lo mejor no te resulta tan fácil comprender que tendrás que claudicar en la esperanza de que él sea tan ordenado como tú y entender que si quieres que vuestro piso esté ordenado como a ti te gusta, te tendrás que hacer cargo tú. Podemos claudicar porque, en compensación, él es un apasionado de la planificación y siempre encuentra planes estupendos para cada fin de semana (¡y al mejor precio!).

Son muchos los novios que, al irse conociendo, van asumiendo diferentes aspectos de la logística doméstica, del ocio o de las relaciones sociales, de forma que crean un buen equipo en el que a veces se encargan juntos de algo y, a veces, se encargan por separado de las gestiones que se les dan mejor. Pero siempre lo hacen complementándose y eso supone un nuevo aspecto de la intimidad: los pactos. Cada pareja pacta cómo quiere vivir su vida común, quién se encarga de cada cosa y qué van a hacer de forma individual.

Como ves, los pactos también forman parte de la intimidad. La mayoría de los pactos son implícitos y surgen a fuerza de costumbre (quién se encarga del coche y quién de revisar las facturas), pero algunos necesitan ser tratados de manera explícita. De este último tipo, de los que hay que hablar expresamente, suelen ser aquellos pactos que tienen que ver con el tiempo que se pasa con los amigos o con los familiares y, en nuestra comunidad, con la aceptación o no de la monogamia. Como te decía en el capítulo anterior, es muy saludable hablar sobre la monogamia desde el inicio de la relación y, si bien puede que no sea un tema que saquéis en las primeras citas, sí que es un pacto que debería estar acordado en los primeros meses de noviazgo. Voy a insistir en este asunto un poco más adelante y también en el siguiente capítulo porque la sexualidad es un tema central en las relaciones de pareja, junto con el de la comunicación y la confianza. Antes, simplemente, quiero añadir una puntualización sobre los pactos y el sexo.

Como novios, tenéis derecho a pactar cómo queréis vivir vuestra sexualidad sin que nadie pueda inmiscuirse en ello. Ni los amigos, ni la familia, ni nadie puede entrometerse en las decisiones que toman libremente dos adultos responsables. Si ambos sois monógamos, perfecto. Si ambos sois permeables, perfecto. Si ambos sois abiertos, perfecto.[69] No hay reglas para

---

69. *QMM*, pp. 346-353. «Cerrada» es la pareja que solo folla entre ellos. Las parejas «abiertas y permeables» son aquellas en las que también follan con más hombres. Las parejas abiertas follan por separado en muchas ocasiones mientras que las permeables, siempre que follan con otro/s, lo hacen estando juntos (tríos, intercambio de parejas, orgías). En mi experiencia, la de mis amigos y la de mis pacientes, la permeable es mucho más exitosa que la abierta porque favorece la comunicación y el sexo sigue siendo un proyecto compartido entre ambos novios. Recordad que, en cualquier caso, la decisión es siempre vuestra.

lo que queráis decidir. Claro que cuando ambos coinciden en el modelo que quieren seguir nunca hay problema, pero ¿y si uno es monógamo y el otro permeable? Desarrollar la intimidad supone abrirse a la posibilidad de experimentar nuevos horizontes, ocio o intereses a la vez que uno mantiene su propia personalidad. Por ello, desarrollar la intimidad con otros hombres puede ser un viaje intenso y enriquecedor hacia nuevas fronteras interiores tuyas y abrirte a nuevas experiencias y modos de hacer las cosas.

Recuerdo a un hombre que, después del primer trío con su novio, me decía: «Te juro que nunca me hubiese imaginado lo cachondo que me iba a poner viendo cómo se lo follaban a él y, luego, cuando yo me follaba al otro y X (su novio) me decía que siguiera, que le encantaba verme dándole al nuevo, me puse como un verraco». Luego me explicaba que haberse enfrentado a sus tabúes le había permitido descubrir facetas nuevas de sí mismo y que estaba encantado de hacerlo. Podía tener sexo divertido a la vez que exploraba nuevas formas de excitarse y, todo ello, acompañado del hombre del que estaba enamorado. Insistiré en ese punto más adelante y será entonces cuando hablaremos sobre las verdades y mentiras del sexo ampliado.

De hecho, en este punto de vuestra relación, es muy probable que estéis en esa luna de miel en la que ni se os pasa por la cabeza tener sexo con otros. Muchos novios hablan de ello siempre pensando en que, en un futuro, puede ser que les apetezca permeabilizarse pero que, de momento, están felices descubriéndose sexualmente el uno al otro. Lo hablan para que, cuando llegue el momento, surja sin conflictos y para no sentirse incómodos (ni el otro ofendido) de decirle a su novio: «Nene, mira el culo que tiene ese de ahí enfrente».

Porque la intimidad supone haber superado la vergüenza de tener deseos, sentimientos y pensamientos (como cualquier otro ser humano) y tener la confianza con tu novio para compartirlos con él. La intimidad supone aceptar la forma de ser, desear, sentir y pensar de tu novio sin sentirte ofendido ni amenazado, sino feliz de que tenga esa confianza tan especial contigo. La intimidad supone, en resumen, la ausencia de secretos… o casi.[70]

Mi novio tiene hijos

Muchos hombres gais vivieron una relación heterosexual y fueron padres antes de asumir su homosexualidad. Algunos, por miedo al «qué dirán», vivieron una doble vida (hay que entender las vidas de los demás sin juzgarlas) y otros, simplemente, pasaron años en esa etapa de confusión sobre si eran gais, bi o heterosexuales y tuvieron relaciones con chicas (ver

---

70. Todos los psicólogos coincidimos en que resulta saludable mantener una parte de tu vida dentro del secreto sin que ello suponga menoscabo de la intimidad entre novios. Un ejemplo muy claro es el de las revelaciones que tus amigos te hacen. A lo mejor tu amigo acaba de diagnosticarse de VIH y quiere compartirlo contigo para que lo ayudes a gestionar este momento tan especial, pero eso no significa que tu amigo quiera que se lo cuentes a tu novio. ¿Estás rompiendo la regla de «no secretos»? No, en absoluto: estás entendiendo que la intimidad de tu amigo le pertenece a tu amigo y a quienes él haya decidido abrirla y, si él hubiera querido que tu novio lo supiera, os lo habría contado a los dos a la vez. Otro caso, algo más controvertido, es el de las infidelidades ocasionales («En el aeropuerto, durante una escala, un desconocido me la chupó en el baño»). Nunca arreglan nada si se «confiesan» y, en realidad, no tendrán ningún tipo de relevancia en la relación. El sentimiento de culpa es muy poderoso en estos casos, pero la mayoría de expertos coinciden en señalar que es preferible olvidarse de ellas sin darles importancia. Es interesante la entrevista al respecto con Antonio Cabello, presidente de la Federación de Sociedades de Sexología, en http://www.diariosur.es/20140407/local/malaga/contar-infidelidad-ocasional-casi-201404070820.html.

Ruiz-Figueroa 2015). También los hay que adoptaron. Pero, en cualquier caso, son hombres con hijos. ¿Qué os tengo que decir en función de en qué lado de la situación os encontréis?

1. Eres el padre. De entrada, doy por hecho que ya has hablado con tus hijos acerca de que eres gay y lo de presentarles al novio es algo que ellos ya sabían que se produciría más tarde o más temprano. En caso de que no lo hayas hecho, tienes lectura: *QMM*, pp. 374-377.

Un determinante del éxito de la adaptación entre tus hijos y tu novio es que los primeros ya hayan entendido que tu relación con su madre se ha acabado y que tanto ella como tú vais a iniciar relaciones con otras personas. También es muy importante que tengas una buena relación con tu ex (lo sería aunque lo que te echaras fuese una novia) porque eso también influirá en cómo tus hijos entenderán que tengas una nueva relación y que esta sea con otro hombre. Así que mi primera pregunta es sobre si has podido mantener una buena relación con tu ex y si tus hijos se han adaptado a esa nueva situación en la que cada uno de sus progenitores tendrá una nueva pareja.

Si todo eso está hecho, vamos bien. Si queda algo pendiente, mejor disponte a solucionarlo antes de presentarles a tu novio y no dejes caer sobre él la responsabilidad de desatascar unas inercias familiares que estaban bajo tu responsabilidad. Si hay conflicto familiar sobre tu homosexualidad, resuélvelo antes de llevar a un novio. En cualquier caso, tampoco es imprescindible que todo esté perfecto. Asume que un cierto grado de conflicto siempre es normal y que el objetivo no es que todo salga bien a la primera sino que se solucione en un plazo prudente.

2. Eres el que no tiene hijos. Memoriza lo siguiente, cielo: los hijos (o los sobrinos que uno ha criado) son lo más importante en la vida de cualquier persona normal. No hay un amor más grande que el que se siente por ellos y nadie, absolutamente nadie, puede competir con ese amor. De hecho, si tu novio fuese capaz de abandonar a sus hijos por ti, mejor que salgas huyendo: si le hace eso a sus hijos, ¿qué no hará contigo? Un amor adulto es capaz de dejar espacio para que nuestro novio ame a sus hijos por encima de todo. Si tú te permites ir participando de ese amor, llegarás a sentir algo tan incondicional por ellos que te destrozaría perderlos.

¿Cómo lograrlo? ¿Cómo afrontar que él tiene hijos y encajar con ellos? Para comenzar, será muy oportuno que asumas el hecho que, de repente y sin haberlo planificado, te has convertido en padre. Padre putativo, adoptivo y de fin de semana, vale. Pero padre. Y quizá no estabas preparado para asumir semejante responsabilidad. Tienes que adaptarte al horario de los hijos, a sus necesidades y a sus preferencias en la tele. Te vas a hartar de cazar pokémons a pesar de que el juego te parece una soplapollez. Vas a cambiar tus hábitos, tus vacaciones, la organización de tu casa y vas a tener que asumir un montón de nuevas responsabilidades solo porque te has enamorado de un hombre.

Te aconsejo dos cosas: que seas sincero con él y contigo mismo y que te permitas explorar la situación sin presión. Si te atraía o, al menos, no te espantaba la idea de ser padre, quizá la vida te está dando la oportunidad. Haced planes con los niños el fin de semana que os toque tenerlos, aprended a disfrutar de ir al parque juntos o de escucharles historias de sus amigos del colegio. Permítete ir a una sesión de cine familiar con media tropa, cubos de palomitas, gafas 3D y alzadores de asientos (y luego, burguer, por supuesto). ¿Te gusta? ¿Podrías acostumbrarte a esa vida?

Un paciente me decía que una de las cosas que le sorprendió de su relación con un hombre que tenía hijos fue que le ilusionaba que aquellos adolescentes, algún día, lo convirtiesen también a él en abuelo. ¿Te ilusiona la familia como proyecto para tu vida? Si la respuesta es sí, continuad profundizando y pasando más tiempo en familia. Y si la respuesta es no, sé honesto y abandona este barco ahora que aún estáis a tiempo de hacerlo sin que las heridas sean demasiado grandes (puedes ir leyendo ya el capítulo 8). Porque él es un hombre con hijos... y eso jamás cambiará.

3. Para los dos. Tened paciencia el uno con el otro porque estos cambios siempre suponen errores y aciertos. Como todos los matrimonios con hijos, reservad tiempo para vosotros (aprovechad cuando los niños estén con su madre o enviadlos con los abuelos alguna tarde) y entended bien las dinámicas familiares. Ambos deberéis ser educadores de los críos y eso, a veces, supondrá conflicto, en especial si los chicos entran en la adolescencia.

El padre tendrá que dejar claro que su novio es su «portavoz» para que, si al novio le toca reñir por algo que los chicos han hecho mal, ante un eventual «Tú no eres mi padre», la respuesta sea un contundente «Cierto, no soy tu padre: soy su portavoz. Ya sabes que tengo potestad para llamarte la atención si haces algo que ni él ni yo aprobamos». Id poco a poco. Daros un tiempo prudencial para iros adaptando y no evaluéis la situación cada día sino en plazos más largos. Daros tiempo para observar que, aunque hoy haya sido un día de discusiones, en general fue una semana muy divertida y que el balance es positivo.

No tiene por qué ser más complicado que cualquier otra cosa en vuestras vidas. Seguramente os será de ayuda acudir a alguna asociación de familias homoparentales, donde otros hombres os explicarán cómo solucionaron esa misma situación que ahora vosotros debéis afrontar. Y si se hace demasiado duro, id a terapia familiar. Ánimo. Siempre merece la pena.

Amor, tengo VIH[71]

Iremos por partes porque así podremos situar mejor esta cuestión tan importante. Si eres VIH- quizá no sepas que, en países como España, en torno al 15 por ciento de los hombres gais tiene VIH (Díez, 2013), lo que supone que uno de cada seis o siete amigos que conoces tiene este virus. En ciudades como Barcelona o Madrid se estima que el número de hombres que tienen VIH llega a ser mayor y lo ciframos en torno al veinte o al veinticinco por ciento, es decir, que uno de cada cuatro o cinco de tus amigos tiene VIH. Eso significa que, sí o sí, tú te vas a encontrar en alguna ocasión con un hombre VIH+ y que si no has hecho el trabajo de desprenderte de tus prejuicios, te perderás la oportunidad de vivir una relación que podría ser maravillosa.

Desde mi punto de vista, no puedes llamarte buena persona si discriminas a otros. Entiendo que el miedo es libre y que, como ya hemos comentado en otras ocasiones,[72] a veces es muy difícil sobreponerse a los temores. Pero también es cierto que esos mismos temores nos pueden impedir disfrutar la vida que queremos.

En esa región del mundo que llamamos «Occidente», la situación del VIH se asemeja bastante a la de cualquier enfermedad crónica. Mientras la infección por VIH esté diagnosticada y en tratamiento, se trata de una situación mucho más llevadera y mucho menos peligrosa que —por ejemplo— la diabetes (tal como te lo digo). Como en todo, con el VIH es necesario ser muy serio: tomar la medicación sistemáticamente[73] y acudir a los controles periódicos para garan-

---

71. Este apartado del capítulo está dedicado a todos mis pacientes, compañeros, amigos, amantes y amores VIH+.
72. Cada vez que hablamos de nosofobia, por ejemplo, en *QMM*, pp. 169-170.
73. Es lo que se conoce como «adherencia óptima al tratamiento».

tizarte una adecuada supervisión. A veces pueden aparecer algunas alteraciones y, como en todo paciente que sigue un tratamiento crónico, se debe vigilar el hígado, riñón, etcétera. Pero más allá de esto, afortunadamente, el VIH no debe suponer un problema. Asimismo debe tenerse en cuenta que hay mucha variabilidad entre los diferentes pacientes VIH+. Por ejemplo, a algunos les puede afectar a la calcificación ósea y a otros no afectarles en absolutamente nada de nada. La causa parece que es, como en otras tantas dolencias, la genética. Hay cuerpos más resistentes que otros. Hay señores de ochenta y cinco años que están hechos unos toros y chicos de veinte años con graves problemas de alergia.

En resumen, siempre que no haya otros factores influyentes, una persona VIH+ diagnosticada precozmente, con un buen tratamiento y un estilo de vida razonablemente saludable, puede convivir hoy en día con su VIH sin mayores complicaciones. Además, y como ya sabemos de sobra, una persona VIH+ que sigue un tratamiento eficaz no puede transmitir el VIH de ninguna de las maneras (Daar y Corado, 2016).

Sin embargo, y a pesar de los enormes avances médicos, todos mis pacientes y amigos VIH+ me hablan siempre del miedo a ser rechazados. A enamorarse, a implicarse emocionalmente y a que, llegado el momento de hablar de su seropositividad, el otro salga corriendo. Cada vez que pregunto a uno de mis pacientes VIH+ sobre qué partes de su vida se ven afectadas por el hecho de tener VIH, la de poder tener novio es la situación en la que más condicionados se sienten. En los talleres que desarrollo para recién diagnosticados, hablar de ser VIH+ con un candidato a novio siempre constituye una de las mayores preocupaciones. Entre los primeros temores siempre está el de: «Y ahora ¿quién me va a querer?».

«Serodiferente»[74] es una pareja donde uno de los miembros es VIH+ mientras que el otro es VIH-. Muchos gais VIH+ prefieren relacionarse exclusivamente con otros gais VIH+ porque «te ahorras explicaciones, el sexo es más relajado, me siento más comprendido y, desde luego, mucho menos juzgado». De la misma manera, hay gais VIH- que prefieren no tener una relación con un hombre VIH+ porque «no tengo que estar pendiente del preservativo ni afrontar mi miedo a infectarme». Sin embargo y a pesar de que suele hacerse esto del *serosorting* (elegir tus parejas según su estatus serológico), es una estrategia equivocada por varias razones:

• Tener o no tener VIH no dice absolutamente nada de lo buena o mala persona que seas. Ni de tu inteligencia, ni de tu capacidad para convivir, ni de lo cariñoso que eres (o no), ni de tu ternura ni de tu capacidad de comprensión. Como criterio de selección de posibles novios, es muy poco informativo. Sí, te ahorrará alguna que otra conversación y puede que algún proceso de adaptarte a una situación desconocida, pero esto (en todo caso) solo duraría unas semanas y el amor (se supone) dura años. Para ahorrarte un trámite te vas a focalizar en los momentos iniciales de una relación cuando lo inteligente sería prestar atención a lo que hará que la relación funcione a largo plazo. Que ambos tengáis el mismo seroestatus no quiere decir que seáis compatibles porque (¡ahora lo pillas!) tener VIH —o no tenerlo— no guarda relación con ser un determinado tipo de persona u otro.

• Lo anterior nos lleva a darnos cuenta de que sigue siendo una estrategia discriminatoria. Gente discriminando a unos por tener VIH y gente discriminando a otros por no tenerlo...

---

74. Se prefiere el uso de «serodiferente» al anteriormente popular «serodiscordante».

¿Cómo era aquello de «hay que valorar a las personas por lo que son»? ¡Ah! (se me había olvidado), ¡que solo se refería a cuando me discriminan a mí, no a cuando soy yo el que discrimina!

• El día que te enamores no te enamorarás ni del VIH ni de su ausencia. Te enamorarás de ese hombre. Con todas las circunstancias de su vida. Mejor estate preparado.

> Carlos y Loren son serodiferentes. El día de su primera cita, Carlos dejó caer que, en su trabajo como abogado, asesoraba como voluntario a una plataforma de gais que trabajan contra el VIH y vio que Loren ponía buena cara. De hecho, fue muy bien porque Loren le contestó:
>
> —Qué bonito eso que haces, uno de mis mejores amigos lo tiene y lo pasó muy mal al principio, estaba acojonado con que se enterasen en el trabajo o sus ligues.
>
> Y eso dio pie a una conversación sobre por qué su amigo tenía tanto miedo si no podía transmitir el VIH en su entorno laboral. De hecho, Carlos, fue audaz y le preguntó:
>
> —Pero ¿cómo es que tiene tanto miedo? ¿Acaso él no sabe que estando en tratamiento no puede transmitir el VIH?
>
> —Al principio no lo sabía, y eso que él es también enfermero, pero ya se informó y se tranquilizó bastante.

Con esa respuesta de Loren, Carlos supo que el chico estaba lo suficientemente bien informado como para plantearse la relación con él más relajadamente. No le dijo que él mismo era VIH+ porque aún no eran más que dos desconocidos y eso de que uno tiene VIH solo se le dice a quienes forman parte del círculo íntimo. Hasta que la relación no se solidifique, no hay que planteárlo. Lo habitual es que se hable del VIH a partir de que seamos novios, aunque es preferible irlo introduciendo desde que somos unos *nosestamosconociendo*. Para ello, te aconsejo la guía sobre cómo decirlo que encontrarás en *QMM* (pp. 297-305), y ya que cómo decirlo está allí explicado, no lo repetiré sino que me concentraré en proporcionaros unas pautas para abordar el hecho de que sois una pareja serodiferente.

El hombre de mi vida es VIH+

Te lo ha dicho: él es VIH+. Y a ti te entra una especie de miedo difuso que no sabes muy bien cómo controlar. Igual cuando lo conociste ya sabías que era VIH+ pero no ha sido hasta que has empezado a darte cuenta de que lo miras mucho más de lo habitual y de que te mueres por que él te llame, cuando empiezas a plantearte que sientes algunos miedos. Quizá te sientas intranquilo, quizá te preocupe la posibilidad de infectarte tú. Quizá sean otros tus temores.

Lo primero que debo decirte es que es comprensible que los tengas. Ilógico pero comprensible. Comprensible porque has escuchado muchos mensajes sobre el VIH, el SIDA, la gente que se infectaba… y muchos de esos mensajes eran serofóbicos, distorsionados e incluso llenos de odio tratando de victimizar a las personas infectadas. Por eso es comprensible; si tienes eso almacenado en tu memoria a fuerza de haberlo escuchado, es comprensible que aparezca el miedo. Pero es ilógico porque ninguna de esas afirmaciones que has oído son ciertas. La verdad es aséptica y no juzga a las personas. Alguien con VIH es alguien como tú que, simplemente, tuvo la mala suerte de infectarse de un virus. La verdad es que no tienes por qué sentir miedo ya que el preservativo es una herramienta eficaz para evitar que te infectes. Si además tu novio está en tratamiento e indetectable (cosa que puedes verificar viendo sus analíticas cuatrimestrales), ya sabes que no existe riesgo de que te infectes de VIH incluso si folláis a pelo.

También puede que sientas miedo a que él se deteriore y no quieras verlo sufrir. De nuevo se trata de un miedo comprensible pero ilógico. Si tu única referencia sobre el VIH es la película *Philadelphia*, con Tom Hanks muriendo destrozado, entonces no me sorprende que tengas ese miedo. Pero si te actualizas y te informas de verdad sobre la situación de las personas VIH+ sabrás que tu miedo es ilógico porque las cosas han cambiado mucho. Todo va a depender de la edad del diagnóstico, de si el diagnóstico fue tardío o si fue precoz, de si existen otras patologías, o de si se ha producido afectación de órganos porque el diagnóstico fue tardío. En un buen escenario (diagnóstico precoz y tratamiento inmediato), las perspectivas son prácticamente tan buenas como las tuyas. Eso por un lado, pero por otro: ¿estás enamorándote o eligiendo un caballo para comprar? Quizá sea un poco fuerte descartar a alguien porque «podría enfermar». Dejando aparte que resulta vejatorio, es un proceder estúpido porque nada te garantiza que tú, por mucho que permanezcas VIH-, no vayas a sufrir un infarto o que no enfermes gravemente en un futuro. Todos los seres humanos somos frágiles. Mañana podemos no estar aquí. La mejor manera de vencer tu miedo es hablar con tu novio, acompañarlo de vez en cuando a su revisión, informarte, hablar con expertos, hablar con otras parejas serodiferentes. Pero nunca huyendo. El miedo nunca se vence huyendo sino enfrentándolo.

Por último, no seas víctima de los mitos sobre el VIH. El VIH no equivale a promiscuidad. Nadie se ha infectado por ser promiscuo sino por otros factores. Todos hemos tenido etapas de promiscuidad, todos hemos tenido prácticas de riesgo al menos en alguna ocasión (tú también… y lo sabes). Algunos las tuvimos en ciudades pequeñitas con poca incidencia[75] y eso provocó que fuese muy poco probable que nos infectásemos.

---

75. La incidencia es la medida del número de nuevos casos por año. En determinadas ciudades, esta tasa es muy alta y hace que sea fácil infectarse si tienes sexo desprotegido en ellas. En ciudades con incidencias más bajas, disminuye la probabilidad de que alguien se infecte por un solo desliz en la prevención.

Otros no tuvieron esa suerte. Algunos se infectaron en una orgía y otros, muchísimos más de lo que tú crees, se infectaron en una relación monógama con alguien en quien confiaban. Así es la vida: llena de matices, contradicciones y situaciones inesperadas. Ni tú lo sabes todo, ni él tampoco.

En resumen, él tiene una infección crónica. Nada más. No le falta un pedazo de alma, ni capacidad para hacerte feliz. ¿Te gusta? ¿Lo deseas? ¿Lo pasas bien a su lado? ¿Te demuestra su afecto? ¿Os gusta hacer planes? Estáis enamorados, te aseguro que eres un hombre afortunado por haber encontrado el amor. Te contaré un pequeño secreto: los seres humanos vivimos por inercia y solo nos cuestionamos las cosas cuando nos sucede una crisis. Para muchos gais, el VIH es esa crisis que supone un antes y un después, un darse cuenta de las cosas que —de verdad— merecen la pena en la vida. Te llevas un hombre que se ha puesto la cabeza sobre los hombros y que conoce lo que —de verdad— merece la pena y lo que no. ¿Ves? Tienes suerte. Disfrútalo.

Cielo..., soy VIH+

A veces la vida nos exige esfuerzos que nos desgastan. Hablar de que uno es VIH+ y, además, hacerlo como si los demás te tuviesen que dar su aprobación, te puede quemar rápidamente. Muchos gais VIH+ que conozco prefieren no profundizar en ninguna relación antes que verse expuestos a la posibilidad de ser rechazados. En la consulta, como antes comenté, hablar del seroestatus con un candidato a novio es uno de los temas abordados más frecuentemente, así que —dada su relevancia— es lógico que necesites algunos consejillos.

Como en el resto de asuntos de la vida, no te lo juegues todo a una sola carta. Recuerda mi consejo: no esperes a que tengáis una relación para sacar la conversación sobre el VIH. Es preferible que hables del tema con él durante el café que compartís en la terraza de un bar para conoceros. Di que has estado en un taller sobre sexo más seguro, habla de lo guapo que es el modelo de la campaña de la prueba rápida de tal sitio o comenta alguna noticia relacionada. En cualquiera de los locales del ambiente encontrarás campañas sobre el VIH, utiliza el cartel como excusa y sondéalo a través de su conversación sobre el VIH. ¿Le da pánico? ¿Está bien informado? ¿Qué opinión tiene de las personas VIH+? ¿Tiene algún amigo VIH+? Evalúa si es un hombre que puede necesitar algo de información y nada más[76] o si es un serofóbico de los que es mejor no toparse con ellos. Igual lo notas tenso y evasivo porque él mismo es VIH+ y también le pone nervioso tratar ese asunto con un desconocido. Igual te dice abiertamente que lo es o te pregunta directamente si lo eres tú. Igual te sale con que, para él, el VIH es un tema secundario. Es imposible saber qué respuesta te dará, pero siempre será mejor sondear que hacerte una idea equivocada (y basada en tus temores).

A la hora de tener sexo con él, ten muy claro qué es una relación de riesgo y qué no (ver *QMM*, pp. 276-278). Sé asertivo y estate seguro. Muchos hombres me comentan que les da pavor sentirse mal ante la posibilidad de infectar a otros y eso les retrae de tener relaciones. Si tú tienes claro que solamente mediante la penetración sin preservativo puede producirse una infección y te mantienes firme en esa seguridad, por más que el otro tenga dudas, ya verás cómo te resulta mucho más fácil entablar relaciones satisfactorias. Lo mismo diré sobre la seguridad de que, estando indetectable, no puedes transmitir el VIH. Cuanta más seguridad en tus conocimientos tengas, mucho mejor.

Decirle que eres VIH+ debería ser algo pertinente. Me explico: tu seroestatus es algo que pertenece a tu intimidad. La

---

76. Si necesitas más información, tienes todo el capítulo 14 de *QMM* lleno de respuestas a tus preguntas.

LOPD (ley Orgánica de Protección de Datos) dice que el seroestatus es un dato con el nivel más alto de protección, así que imagínate. Pero no solo es algo que tenga que ver con tu intimidad, es algo que define quiénes son merecedores de conocer que eres VIH+ y quiénes no. Hay quien lo comenta sin mayor trascendencia con propios y extraños. Hay quien se lo dice solo a sus íntimos. Si solo quieres que lo sepan tus familiares, amigos íntimos y tu novio, entonces será pertinente decirlo cuando él se esté convirtiendo en alguien realmente especial en tu vida: cuando él haya mostrado interés por ti y tú tengas claro que él puede ser alguien importante para ti.

Recuerda que no es una confesión. No estás revelando algo terrible de lo que dependerá vuestro futuro, ni es un defecto tuyo, ni él es el juez de tu vida. Estás compartiendo con él un dato que tiene que ver con una circunstancia de tu salud. Algo que se dice cuando toca, así que él no puede acusarte de haberlo escondido hasta entonces. Si lo has sondeado previamente y has sido capaz de elegir a alguien con la cabeza en su sitio, que tú le hables de tu VIH no debería convertirse en un problema.

Recuerda que, para algunas cosas, todos necesitamos un mentor. Si tú no naciste VIH+, seguro que hubo un momento en el que la posibilidad de infectarte de VIH también te produjo temor. Recuerda que, entonces, si tu novio te hubiese dicho que era VIH+, aunque no habrías salido corriendo, habrías agradecido mucho que él te tomase de la mano y te explicase con ternura los detalles que te preocupaban. También te habría encantado que te hubiera dejado tiempo para detectar tus miedos y afrontarlos. Sé para tu novio actual lo que hubieses querido para ti en el pasado. En el peor de los casos, al menos te sentirás bien contigo mismo. En el mejor de los casos, habrá servido para abrir un canal de sinceridad y comunicación entre vosotros que —difícilmente— se cerrará en el futuro.

Si sale mal y te rechaza por ser VIH+, tenlo claro: él se lo pierde. No necesitas un serófobo en tu vida. A menudo les pregunto a mis pacientes: «¿Serías tolerante con la homofobia?», y todos me contestan: «¡No! ¡Jamás! Porque los homófobos son personas que no se han tomado la molestia de informarse y que me critican sin conocerme siquiera». A lo cual yo les pregunto: «¿Y por qué eres tolerante con la serofobia si es propia de personas que no se han tomado la molestia de informarse y que te critican sin conocerte siquiera?». ¿A que ya lo pillas? La respuesta está clara: porque tú no has superado tu propia serofobia interiorizada. Porque aún hay conflictos en tu interior en torno al VIH. Se pueden trabajar, se pueden vencer, se pueden superar. Y se puede ser más feliz. Te animo a que lo intentes (si este es tu caso).

Cuando Carlos se lo contó a Loren, este se emocionó mucho porque sabía la importancia que tenía aquella revelación:

—Me infecté con Lázaro, mi ex con el que estuve 8 años. Se suponía que éramos pareja cerrada. De hecho, yo le había sacado el tema de hacer un trío con alguien de vez en cuando, que no me parecía mala idea. Pero él me contestaba que no, que él era muy tradicional y que no creía en esas cosas. Claro que era muy tradicional el hijo de puta: tradicional en ir poniendo cuernos y que a tu pareja no la toque otro. Se infectó en una de esas aventuras suyas. Yo me enteré una tarde porque se me puso a llorar y a decir que era un miserable y que yo no me merecía lo que él me había hecho. Yo no entendía nada: «Que me has hecho ¿qué?». Y me contestó: «El sida, el sida…, seguro que te he pegado el sida». El gilipollas no supo ni explicarse. Me puse malo, me quise morir. Imagínate la situación: salí corriendo a hacerme la prueba rápida, iba llorando por la calle, buscando un sitio con el móvil…, hasta que encontré un local y fui allí a hacérmela. Llegué sin cita ni hostias, les conté el drama de lo que acababa de decirme mi novio y me atendieron de urgencia. Positivo. Un positivo tan grande como los cuernos que llevaba. Te juro que yo no sé todavía si me puse a llorar por el VIH, por los cuernos o por lo gilipollas que había sido al confiar en Lázaro. De ahí en adelante, el infierno. La traición fue el fin de la relación. Por los cuernos, por no haberse cuidado y por no haber cuidado de mí, que estaba en la parra. Hay que ser muy hijo de puta o estar muy zumbado para hacer algo como lo que me hizo. Tuve que ir al psicólogo para superar todo aquello: el miedo al VIH, los cuernos, la ruptura, irme a vivir a otro sitio, los amigos queriendo saber por qué habíamos roto, yo sin estar preparado para hablar de que tenía VIH… Un cuadro, Loren, un cuadro horroroso.

Loren lo abrazó fuerte, como si quisiera tener el corazón de Carlos dentro de su propio pecho para darle cobijo. Y lo llenó de besos.

—Mi niño, mi niño, ¡qué mal que hayas tenido que pasar por todo eso!

—Bueno…, al menos estoy bien y me ha servido para tener las cosas más claras en la vida.

Y se miraron. Y Carlos le preguntó a Loren que por qué lloraba. Y Loren le contestó:

—Pues porque… porque te quiero, y me duele mucho saber que te han tratado tan mal.

Y otro abrazo fuerte. Y un beso más intenso. Y jadear los dos, llorando sin soltarse del abrazo. Hasta que se calmaron un poco. Tomaron agua y luego —ya calmados del todo— abrieron un vino para celebrar ese paso en su relación: el VIH ya estaba hablado. Carlos hasta sacó sus análisis para mostrar que estaba siendo sincero del todo. Llevaba dos años indetectable y el tratamiento no le producía efectos secundarios. Aquella noche follaron a pelo por primera vez en su vida. Y fue un polvazo. Pero no porque supieran que ya no necesitaban usar el condón sino porque aquella tarde habían sabido que sentían algo muy especial el uno por el otro.[77]

---

[77]. Tampoco tenían ninguna otra ITS. Carlos se las controla periódicamente en sus seguimientos médicos y Loren se hace las pruebas cada seis meses. Son hombres informados y lo hablaron esa misma noche antes de follar tan románticamente.

Ficha: dejar el condón

No podemos proseguir sin dedicar unas líneas al abandono del preservativo por parte de dos novios. Hacerlo supone una gran decisión porque, como has visto, puedes infectarte dentro de una pareja si tu novio / marido te es infiel y no usa preservativo ni PrEP (profilaxis preexposición).

Dejar de usar el condón es algo que muchas parejas se plantean como modo de hacer más cómoda y placentera su sexualidad y es comprensible que lo deseen. Lo que no cabe en la cabeza de nadie sensato es pensar que alguien hará algo cuyo objetivo es disfrutar del placer (sexo) reduciendo el placer que experimenta. En cualquier caso, si vais a dar ese paso, os conviene seguir estos consejos:

1. Habladlo todo sin tapujos, incluso una posible infidelidad. Tened condones en casa y llevadlos en la bolsa del gimnasio o en vuestros viajes en solitario ("Prefiero que llevemos condones siempre. De un desliz nos podemos perdonar pero será difícil que nos perdonemos una imprudencia"). Hacedlo aunque seáis una pareja cerrada.

2. Haceos las pruebas del VIH antes de dejar de usar el condón y aseguraos de que no estáis en periodo ventana de ninguna infección. Esto lo podéis consultar en el centro de ITS o al médico al que acudáis a haceros la prueba. Si os sale negativo, seguid usando el condón, repetid la prueba a las 8 semanas y, si os vuelve a salir negativo a ambos, entonces podéis estar bastante seguros de que ninguno tenéis VIH.

3. Si habéis hecho bien los deberes anteriores, podéis tomar la decisión.

Sexo vinculado

Es verdad: el sexo cuando amas es más intenso. Eso no le quita placer al sexo lúdico ni hay que guardarse hasta que puedas disfrutar de esa maravilla (tú ve follando hasta que lo hagas con tu amor). Pero la verdad es la verdad. Y lo es porque el sexo es el modo en que los seres humanos comunicamos una parte de nuestras emociones.

Emoción es el cariño que sientes hacia tus hijos, aquí no hay nada sexual. Emoción es la admiración que sientes hacia un profesor, mentor o alguna figura intelectual por su lucidez. Aquí tampoco hay nada sexual. Emoción es el afecto que sientes hacia una amiga (o un amigo) y tampoco tiene por qué haber nada sexual como no lo hay en el amor hacia tus padres, hermanos y el resto de tu familia. Ni hay nada sexual en el amor hacia tu mascota (no, por favor, no hagas el chiste fácil con la Nocilla).[78] Aunque no haya nada sexual, a estos seres también los besas, abrazas, acaricias, acicalas y les dices que los quieres.

El contacto físico es uno de los lenguajes con los que expresamos el amor tanto sexual como fraternal o filial (como verás en el capítulo 7). El contacto físico es una forma de decirle «Te quiero» y de transmitirle paz,[79] una manera de expresar aceptación y amor incondicional. El cerebro se llena de endorfinas y de hormonas como la oxitocina (la «hormona del amor») cuando establecemos contacto físico con alguien a quien queremos. ¿Y qué sucede cuando, además del afecto,

---

78. Si no eres español, quizá no entiendas esta broma, entra en Google y escribe «Ricky Martin nocilla». Y alucina con la leyenda urbana.

79. Nuestros primos, los demás primates, acarician a sus compañeros de manada si se han visto envueltos en una pelea. Se ha comprobado que las caricias en grupo proporcionan tranquilidad y, por tanto, reducen la rabia de haber estado peleando.

experimentamos deseo sexual? Que el cóctel hormonal es u-na-pa-sa-da. Las emociones más intensas y especiales experimentadas a la vez por una persona y, además, junto a una persona que las experimenta también hacia ti. Todo es amor, todo es deseo, todo es correspondencia, ¿qué más se puede pedir? Nada: eso son fuegos artificiales.

Un paciente llamaba a este estado «porno Disney» porque su novio y él lo mismo se estaban follando como bestias y diciéndose todo tipo de guarradas que se quedaban embelesados mirándose a los ojos y diciéndose *tequieros*. El sexo vinculado es esto: el estado perfecto para explorar todas nuestras fantasías sexuales y los resortes que nos provocan la mayor excitación, contando con la complicidad y cooperación de alguien a quien amamos y que nos ama. Dos novios que han sido capaces de quitarse los prejuicios y se entregan a la pasión sexual con todas sus consecuencias y sin ningún tipo de tapujos son dos novios que disfrutan del sexo mucho más intensamente y no porque tengan ese sexo ñoño (y falso) que nos venden en las telenovelas donde se muestran parejas que hacen el amor sin apenas moverse y acariciándose los antebrazos arriba y abajo. Es intenso porque han enviado la vergüenza por completo a la mierda y se entregan al disfrute en total libertad.

Mi tía abuela Marina solía repetirme: «Mi madre siempre decía que si un matrimonio funciona en la cama, entonces funciona en todo. Pero que si la jodienda no iba bien, que lo demás también se iba a la mierda». ¡Qué sabia mi bisabuela y eso que vivió hace más de un siglo! Recuerda que intimidad significaba complicidad, autenticidad y aceptación. ¿Cómo no va a ser espectacular el sexo que tiene todo eso, además de amor y pasión? Pues eso, cielo, pues eso.

7

¡Me caso![80]

Que sepas que, hasta aquí, hemos estado hablando de cosas sencillitas. Ahora comienza lo verdaderamente intenso en lo que se refiere a la relación: la convivencia. Por lo general, las parejas, una vez que llevan un tiempo prudencial conociéndose, se van a vivir juntos bien porque se casan (u otra figura legal en según qué país) o bien porque, sin necesidad de ningún tipo de reconocimiento legal de su situación, se mudan a la misma casa o apartamento. También es verdad que no son pocos los que optan por mantener su independencia y encontrarse durante los fines de semana o vacaciones porque se han dado cuenta de que es un modo válido de relacionarse (recuerda el mito romántico de la convivencia). Pero muchos valoran el hecho de poder hacerse compañía, además de los otros beneficios que experimentan por estar en una pareja que funciona. Por eso, por ser la opción mayoritariamente elegida por las parejas, vamos a hablar de convivencia y lo haremos con el título de «¡Me caso!» para reivindicar esa igualdad de derechos de la que tanto me oyes hablar.

80. Dedicado a Martín y David, a cuya boda no pude asistir por encontrarme inmerso en el proceso de revisión del manuscrito de este libro y a quienes deseo que su amor sea siempre como un diamante (ellos me entienden).

Un proyecto en común

Para (la mayoría de) los heterosexuales era fácil: reproducirse. Pero ¿qué proyecto tendría una pareja gay? Sí, claro, ahora podemos adoptar en algunos países, y en algunos otros se puede recurrir a la gestación subrogada. En teoría. Porque las adopciones están tremendamente difíciles e incluso existen países como China o Rusia que prohíben expresamente las adopciones a parejas homosexuales y exigen en sus convenios internacionales que los homosexuales seamos apartados, por nuestros propios países, de entre los candidatos a adoptar.[81] Y no hablemos de la gestación subrogada. En los países en que es legal, el precio oscila entre los 100.000 euros en Estados Unidos y los 50.000 en Ucrania pero, en este caso, lo barato también sale caro puesto que, en este último país (aún de la órbita rusa y mantenedor de su rebufo homófobo), la subrogación solo está permitida para parejas heterosexuales casadas.

De modo que tener hijos no es un proyecto muy realista a no ser que tengas mucho dinero y estés dispuesto a asumir las correspondientes dificultades legales, puesto que si en tu país no es legal la gestación subrogada, no te dejarán inscribir a tus hijos como tuyos a no ser que pleitees contra la Administración larga y duramente. Dan ganas de animarse, ¿verdad? Suelo decir que si los heteros quieren dejar de envidiar nuestro nivel adquisitivo (que es más mito que realidad), lo que tienen que hacer es facilitarnos eso de tener hijos. Pronto estaremos todos gastándonos las pagas en pañales, ropa cada seis meses, material escolar, universidades... ¡y adiós, envidia! De momento, las cosas pintan como

---

81. «Rusia impide definitivamente a gais y solteros españoles adoptar niños», edición digital de *El Mundo*, 4 de julio de 2014.

que van a quedarse como estaban, y aunque hay movimiento en España para que se regule la gestación subrogada, también es cierto que existe oposición a esta técnica entre los sectores feministas. Personalmente no tengo una opinión formada sobre este asunto, así que no opinaré. Lo que sí haré será animarte a que leas acerca de ambos puntos de vista y reflexiones sobre los aciertos y errores que puedan tener cada uno de ellos[82] para documentar tu propia postura.

En cualquier caso, tanto si adoptáis como si subrogáis como si resulta que uno de vosotros ya tenía hijos, la paternidad es, en sí misma, todo un proyecto donde dos personas[83] colaboran para criarlos y ayudarlos a desarrollarse como verdaderos seres humanos. Eso supone años de estar pendientes de las cuestiones más básicas (como que nunca falten pañales o leche en la nevera), hasta las más complejas (ayudarlos a superar sus propias crisis). Después vendrá el cole, las reuniones con los profesores, las actividades extraescolares, ayudar con los deberes, la pubertad, la adolescencia, el carné de conducir, elegir universidad, se casarán, tendrán sus hijos que serán vuestros nietos… y vuelta a empezar. Vais a estar entretenidísimos siempre. Claro que no es suficiente con tener hijos para dotaros de un proyecto, ni que este proyecto os garantice que seguiréis juntos. Si así fuera, ¡no se divorciaría un solo matrimonio con hijos! Hace falta algo más y para entenderlo vamos a recurrir de nuevo a Sternberg.

---

82. Una buena propuesta aparece de la mano del sociólogo y politólogo Ignacio Paredero: «Gestación subrogada: un modelo español», *Diario.es*, 3 de mayo de 2016, consultado online el 23 de noviembre de 2016. Es un artículo que anima a crear un sistema con las mismas garantías que el de nuestro Sistema Nacional de Transplantes.

83. Sí, una sola también puede hacerlo. Pero estoy hablando de «crianza como proyecto de pareja».

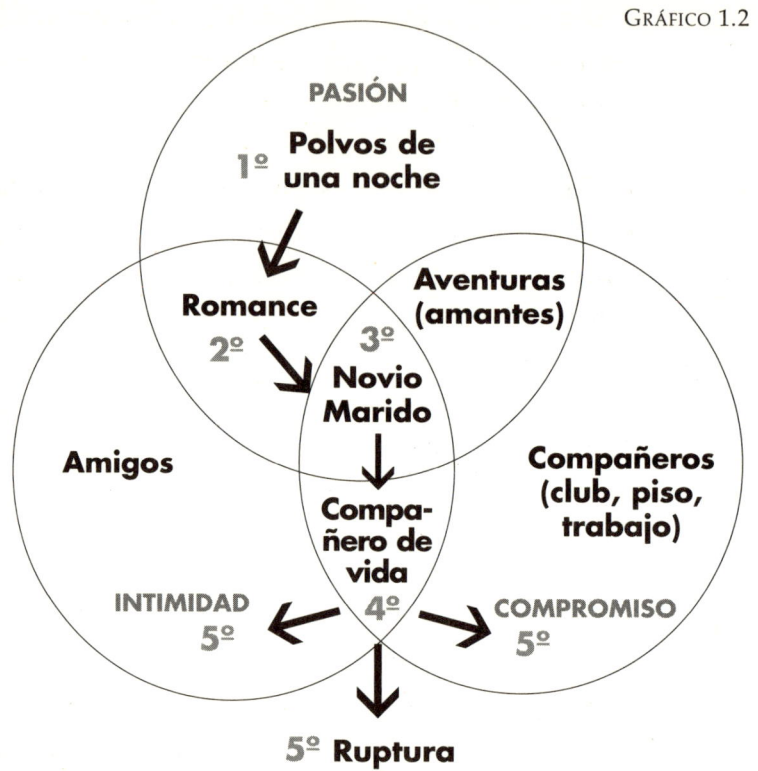

GRÁFICO 1.2

He tomado el mismo gráfico que te presenté en el capítulo 1 y he añadido unas flechas que se desplazan entre los diferentes tipos de relación. Todo comienza con una atracción apasionada que os compele a pasar muchas horas juntos y disfrutar solo por el hecho de estar el uno en presencia del otro. Estáis inmersos en lo que denominamos «pasión» en psicología del amor (punto 1). Eso os hace comunicaros y conoceros dando lugar a intimidad entre vosotros. A medida que esta intimidad crece, os vais desplazando en el gráfico hacia el sector que representa la intersección entre pasión e intimidad (punto 2) y os convertís en novios. Una vez deis un paso más y os hayáis dado cuenta de que queréis implicaros en una relación a largo plazo, llegaréis al punto 3 del gráfico (que, por cierto, es el que Sternberg denomina «amor consumado») gracias a que habréis adoptado un compromiso el uno con el otro. Del punto 4 y de los múltiples puntos 5, hablaremos en próximos capítulos. Ahora lo haremos de lo que significa compromiso:

- **Implicación**. Nos implicamos en hacer que esta relación funcione. Ese «funcionar» se refiere a que se mantenga como algo gratificante en todos los niveles imaginables: sexualmente, a nivel de comunicación, apoyándonos mutuamente, colaborando en la intendencia de la casa, participando de actividades juntos, compartiendo tiempo. Hace mucho que sabemos que si ambos miembros de la pareja perciben que tienen un nivel parecido de implicación, sentirán más satisfacción con su relación de pareja (Serrano y Carreño, 1993).
- **Cuidado mutuo**. No solo esperamos que el otro nos cuide dentro de lo razonable sino que esperamos que no haga nada que nos perjudique. Carlos sintió que su compromiso con Lázaro estaba roto en el momento en que se evidenció que lo había descuidado de una manera tan flagrante.
- **Proyecto de vida compartido**. Sea criar a los hijos, sea ahorrar para comprar una casa en el pueblo y jubilarse allí, sea recorrer el mundo o sea no perderse un estreno de cine, los maridos se implican en un estilo de vida que ambos comparten y a través del cual comparten también momentos de gratificación.

Podemos agrupar los dos primeros elementos en uno. Así, la implicación y el cuidado hacen referencia a la convivencia (¿cómo estamos juntos?), mientras que el proyecto hace alusión al propósito de la relación (¿para qué estamos juntos?). Como abordaré la convivencia en el siguiente apartado, ahora me extenderé sobre el proyecto. Antes de ello, no obstante, me detendré en algo fundamental y que suele pasaros desapercibido porque no sois conscientes de ello y que, sin embargo, es determinante en vuestras relaciones: vuestro modelo mental de pareja.

Los modelos mentales son representaciones abstractas de todo lo que nos rodea, ya sea tangible (una manzana) o intangible (una filosofía). Son elaboraciones que nuestros cerebros desarrollan a partir de las experiencias (lo que, en psicología, llamamos «aprendizajes») y que sirven, precisamente, para organizar nuestros recuerdos y el modo en que nos relacionamos con el mundo. En lenguaje sencillo: a medida que vivimos experiencias, vamos elaborando unas ideas acerca de cómo son las cosas. Con las relaciones sucede exactamente lo mismo.

Carlos creció en una familia en la que su madre lo educó a él y a sus tres hermanos y hermanas para decir siempre la verdad. La frase favorita de la matriarca era: «Tú siempre con la verdad por delante». Hasta tal punto fue así que Carlos tenía una novia cuando la madre supo que su hijo era gay. Lo primero que ella le dijo fue:

—Hijo, tú no tienes nada de lo que avergonzarte y la muchacha también tiene que saber que su novio no la quiere de verdad, así que ya sabes, tú…

—Siempre con la verdad por delante.

—Eso mismo. Venga, vete a hablar con la chica. Y cuando acabes, vuelves a casa a recogerme, que nos vamos al café. Que aquí nadie ha hecho nada malo.

Con una madre así, Carlos se convirtió en un hombre que siempre decía la verdad y al que no le podía caber en la cabeza que alguien fuese capaz de mentir a su pareja. Para Carlos, en su modelo mental sobre las relaciones, la mentira no tenía cabida. Por eso no se podía imaginar que Lázaro le mentiría y, por eso, su engaño le hizo tambalear tantas cosas.

Por su parte, los padres de Loren están divorciados y cada uno de ellos ha rehecho su vida con otra pareja. Su madre lleva nueve años con el nuevo marido y su padre hace doce que vive con una mujer sin estar casados. Ambos están felices y hasta han mejorado su relación personal después de haberse divorciado (y de haber transcurrido el tiempo de curarse las heridas). Loren había aprendido que si una pareja se lleva mal y las diferencias son verdaderamente irreconciliables, lo más adulto es dejarlo, superar la ruptura y abrirse a la posibilidad de encontrar otra relación que, esta vez sí, haga felices a ambos. Las personas cambian y lo que te hace feliz a los veinticinco años puede hacerte desgraciado a los cuarenta.

Ambos habían aprendido a ser honestos sobre sus propios sentimientos y a hablar de lo que les sucedía para tratar de encontrar soluciones. Y aunque no fueran explícitamente conscientes de ello, este era su modelo básico:

- las relaciones deben ser gratificantes
- y los problemas pueden solucionarse
- si se dice siempre la verdad.

Su propia relación se incardina en esa ecuación «verdad + solución = gratificante». Por eso Carlos quiso ser honesto sobre su VIH desde el principio y, por eso mismo, Loren valoró tanto que Carlos hubiera sido franco con él. Solo alguien que aprecia el valor de la propia sinceridad, reconoce lo valiosa que es la sinceridad de los demás. En eso ambos son muy parecidos y, en consecuencia, el acto de sinceridad fue tan exitoso. De hecho, Loren también tuvo problemas en el pasado con algún novio que se inventaba cosas. El tipo necesitaba crearse una máscara y Loren nunca estuvo seguro de si lo había llegado a conocer. Ese fue un aprendizaje que le hizo valorar la importancia de la sinceridad.

¿Veis? Las diferentes experiencias son el material a partir del cual elaboramos nuestras representaciones mentales (creencias, ideas, expectativas) sobre las relaciones. Si vuestros modelos mentales sobre las relaciones coinciden, es probable que os entendáis mejor. Por eso son tan importantes. ¿Habéis hablado de ello en algún momento? ¿A qué esperáis? («A saber que eso existía, maricón», me contestaréis vosotros). Vaaaaale: es una novedad para vosotros y hasta ahora no sabíais que os podría ayudar, ok, vamos a ello.

Una buena forma de hacerlo es utilizar la revisión sobre «el amor como una historia» que hace Sternberg (2006, pp. 192-196). Esas «historias» son una lista de descripciones mentales sobre lo que nuestra cultura interpreta que es el amor (op. cit., p. 193). Para que podáis hablarlo entre vosotros, os facilito un cuestionario que tiene como finalidad promover la conversación. Se trata de un listado de todas las formas posibles de entender el amor.

Comenzad, por separado, contestando los diferentes ítems de la tabla 3. Después, juntos, comparad lo próximas (o alejadas) que están vuestras respuestas. ¿Cómo responder? Cuanto más de acuerdo estés con la descripción que aparece en cada ítem, más hacia el 10 será tu respuesta. Por el contrario, cuanto más en desacuerdo estés con la descripción, más hacia el 0 estará tu respuesta. El 5 sirve para puntuar aquellos ítems en los que no estás ni de acuerdo ni en desacuerdo.

TABLA 3

Cuestionario informal sobre los modelos mentales del amor extraído de Sternberg (2006)

EL AMOR ES...	MI GRADO DE ACUERDO ES...										
	0	1	2	3	4	5	6	7	8	9	10
Adicción. Miedo a perder la pareja, estar enganchado.											
Historia. Una vida llena de recuerdos que vamos recabando para rememorar el tiempo vivido juntos.											
Religión. Dios determina cómo debes amar.											
Maestro-alumno. Alguien que lo enseña todo a alguien que necesita aprenderlo todo.											
Receta de cocina. El amor necesita de ciertos ingredientes; si te sales de la receta, el amor se acaba.											
Guerra. Cada día es una batalla para mantener el poder dentro de la relación.											
Misterio. Debes mantener el enigma para mantener el amor, mejor que no sepa mucho de ti.											
Fantasía. El amor convierte una vida rutinaria en una vida excepcional.											
Juego. El amor es como un juego cuyas reglas debes conocer para poder ganar.											
Acumulación. Tu pareja perfecta es la que más características adecuadas reúne.											

	0	1	2	3	4	5	6	7	8	9	10
Jardín. Si no lo cuidas, se mustia.											
Viaje. Recorrer parajes desconocidos.											
Hogar. El amor es la base de un hogar y en el hogar se vive el amor.											
Ciencia. El amor puede ser diseccionado y entendido por completo.											
Belleza. Te enamoras de alguien guapo y es importante mantenerse atractivo.											
Ciencia ficción. Tu pareja es un extraterrestre incomprensible.											
Horror. Se pone interesante cuando el otro te asusta o le asustas tú a él.											
Recuperación. Te ayuda a dejar atrás tus traumas, te sana.											
Policía. Hay que vigilar a tu pareja para asegurarte de que no rompe las reglas.											
Porno. Guarro, morboso y lúbrico.											
Teatro. El amor tiene un guion totalmente predecible.											
Humor. Es raro y divertido.											
Sacrificio. Entregarse y darlo todo por el otro.											
Negocio. Si tienes dinero, es más fácil que alguien quiera estar contigo. El dinero es poder.											
Siembra. Lo que tú has sembrado es lo que cosecharás en el amor.											

Muchos de estos modelos provienen de la literatura y de la cultura popular. Algunos se parecen bastante a lo que estoy explicando en este libro. Otros responden a historias de terror pero que, quizá, están en algún lugar de tu memoria porque las viste entre tus padres o las viviste en relaciones anteriores.

La tabla 3 no es un cuestionario estandarizado, no tiene validez empírica ninguna, no está baremado en población general. No es ningún tipo de test sino una herramienta para que vosotros habléis a partir de que comparéis vuestros resultados. Lo mejor es que primero habléis de aquellos ítems en los que puntuáis o muy alto o muy bajo porque son los que mejor os definen. Si ambos tenéis visiones similares, no quiere decir que la relación vaya a ser perfecta y libre de conflictos, pero sí que miraréis en la misma dirección. Si tenéis visiones muy diferentes, ello solo indica que tendréis que hablar más para que cada uno pueda entrar en la mente del otro, empatizar y encontrar nexos de unión. Solo en el caso de que puntuéis de forma totalmente contrapuesta (donde tú pones 0, él pone 10 y viceversa) me preocuparía. Lo importante, insisto, es que os deis la oportunidad de hablar.

—Después de lo de Lázaro, me quedé una temporada viendo el amor como policía.

—No me extraña, a mí me hubiese pasado lo mismo.

—Pero no quería vivir así, me negaba a que aquello me hiciera tanto daño que hasta me cambiara la forma de ser.

—Eso es muy maduro por tu parte. (¿Cómo coño no voy a estar loco por ti?).

—¡Te como! Luego me planteé que si tenía buenas relaciones con otros, podría recuperarme… Vamos, «amor como recuperación». Hoy lo veo como una siembra: lo que siembras recoges. O es que quiero creer en el karma, ¡no sé!

—Yo siempre lo he visto como un jardín, eso también debe incluir lo de la siembra, ¿no?

—Sí... creo. Aunque en el libro vienen por separado.

—Bueno, cuando lo leí por primera vez, le escribí a Gabriel J. Martín[84] y me contestó que la diferencia estaba en que el amor como jardín siempre incluye «cosas buenas» (cuidados, mimos, detalles...) y que el que siembra también puede sembrar cosas malas. Eso de que «El que siembra vientos, recoge tempestades».

—Vale, ahora lo pillo: el jardinero siempre cuida y el sembrador puede sembrar plantas venenosas.

—Eso.

—Pues sí, yo lo veía como sembrador, en el fondo quería que a Lázaro le pasaran las cosas malas que se merecía... Pero luego, cuando ya pude superar el trauma, fui dejando a Lázaro caer en el olvido. Había estado muy obsesionado con él durante el tiempo que estuve rabioso por haberme infectado.

—Bueno, si a mí un novio me infectase de VIH porque me pone los cuernos y no se cuida ni me cuida, creo que no se me acabaría nunca el cabreo con él por más que lo dejase pasar y me enamorase de otro.

—Sí, pero tienes que dejarlo ir. No es vida estar todo el rato con un nombre en la cabeza pensando formas de vengarte o de que «la vida» haga justicia. El pasado hay que dejarlo ir para poder pensar en el presente.

—Mira, ¿ves? En estas cosas tú eres más mi maestro y yo el alumno.

—Bueno, en otras cosas me enseñas tú a mí. En mi vida he follado con tanto morbo como contigo. Eso es..., a ver..., eso es el «amor como porno». Contigo es porno del bueno, jeje.

---

84. Pues sí, recibo correos de mis lectores y contesto preguntas a través de mi canal de YouTube (allí se explican las condiciones para hacerme llegar vuestras consultas). Trato de contestar el máximo posible porque me encanta estar en contacto con vosotros pero no siempre tengo la oportunidad de contestarlo todo.

—Es que follar bien es otro ingrediente...
—¡El amor como receta de cocina!
—¡Eso!
—Entonces, ¿con qué definición te quedas?
—Jardín y cocina.
—Qué hogareño, amor.
—¿Verdad? ¿Te hago mermelada?
—¿Y dónde me las vas a untar?
—Me la acabas de poner dura.
—A veeeeeer...

Mientras Carlos se agacha para comprobar que Loren le ha dicho la verdad, nosotros seguimos con las explicaciones del «amor como proyecto», ya que ellos estarán un rato con la boca ocupada. Hemos visto que Carlos, tras el engaño de Lázaro, se quedó muy impactado (lógicamente),[85] pero tuvo la suficiente madurez como para esforzarse en ser resiliente y tratar de volver a su forma inicial de entender las relaciones sentimentales una vez superado el duelo.

Como estas representaciones mentales guían la forma en que nos relacionamos, si hemos tenido muy malas experiencias o hemos visto muy malos ejemplos, tendremos que hacer una limpieza y puesta a punto de nuestra mente antes de embarcarnos en una relación (¿recuerdas los capítulos iniciales y la brasa que di con este asunto? Ahora ya sabes por qué). Si hemos sido chicos listos y nos hemos sacudido las malas experiencias de encima, entonces es más probable que tengamos éxito en nuestro empeño por crear una relación estable.

Loren tiene un modelo que se basa en saber cuidar la relación. Él vio que sus padres fracasaron porque no habían sa-

---

85. No te puedes ni imaginar la cantidad de chicos que se infectan en esas condiciones.

bido cuidar de su matrimonio pero que, una vez divorciados, aprendieron de sus errores y tuvieron más éxito en sus siguientes relaciones.[86] Por estas razones, ese modelo de «amor como jardín que se debe cuidar» caló hondamente en nuestro protagonista y, junto con sus pinceladas de «amor como porno» que tanto están influyendo en su novio, conforma su modelo.

El modelo mental influye también en lo que esperas del otro. Si entiendes el amor como «jardín», esperarás del otro que se preocupe de cuidar vuestro amor. Si lo entiendes como «policía», estarás siempre atento a las encerronas que tu novio te esté preparando para cazarte a ti. Si lo entiendes como «teatro», te quedarás descuadrado cada vez que tu novio se salga del guion. Los modelos determinan las expectativas que tienes del otro y qué espera el otro de ti (y si es realista en lo que espera). También ayudan a que podáis empatizar, comprenderos y, en su caso, corregiros porque, como has visto, hay modelos distorsionados de entender el amor que lo aproximan al amor tóxico.

Una vez que tenemos claro que compartimos una visión similar del amor, es más fácil plantearse qué tipo de proyecto queremos. Puede ser un proyecto material, como una casa con jardín o un ático con terraza donde cultivar nuestro pequeño huerto. Puede ser un proyecto personal, como el de criar a unos hijos o el de acompañarse y apoyarse mutuamente en los avatares de la vida. Puede ser un proyecto profesional, como sacar adelante un negocio montado entre los dos. Puede ser un proyecto de ocio o cultural, como el de recorrer el mundo visitando pinacotecas… o fiestas gais. Puede ser, nada más y nada menos, que disfrutar de la vida juntos,

---

86. Como verás en el capítulo 9, esto es algo que ocurre con frecuencia.

de las pequeñas y grandes cosas: tener a los amigos en casa, visitar a la familia, ver juntos una película cada domingo por la tarde, viajar en vacaciones, leer libros estimulantes, disfrazaros juntos en Carnaval, descubrir restaurantes. Lo importante es que, cada mañana, os despertéis sabiendo para qué os levantáis y por qué es importante que lo hagáis juntos.

—De verdad que, en mi vida había follado tanto con nadie como contigo.
—Es que me pones mucho, cari.
—Y tú, amor, y tú a mí. ¡Uf! ¡Estoy muerto, maricón!
—Bueno, pues hacemos la siesta pero pongo la alarma del móvil, que luego vienen Rubén y Jorge.
—Es verdad, que me lo dijiste ayer.
—Sí, a ver si se animan, que está la cosa jodida.
—¿Están mal?
—Yo diría que sí, Rubén está muy quemado.
—¿Qué les pasa?
—Lo contrario que a nosotros, churra, que no follan.
—Oh oh.
—Eso. Pero abrázame y luego hablamos del tema.
—Vale, venga. Pero date la vuelta. Así, que me gusta mucho hacerte la cucharita… Te quiero.
—Y yo a ti, guapo. Muchísimo. Y nunca nos vamos a pelear por falta de sexo.
—Mmmmm…, eso espero, ¡eso espero!

El amor es ciego, la convivencia lleva gafas: resolución de conflictos

Así es: por mucho que la mitología popular sobre el amor diga que el amor es ciego, apenas nos ponemos a convivir todo lo que antes pasaba desapercibido ahora lo vemos como con lupa. Al principio, cuando nuestro cerebro estaba inundado de endorfinas, todo en nuestro novio nos parecía extraordinariamente positivo pero, a medida que la nube hormonal cede paso a la normalidad, nuestro cerebro comienza a verlo tal como es. A medida que nuestra intimidad crecía, cobraba protagonismo en nuestra relación el vernos como lo que somos y aceptarnos tal cual. Sin embargo, que seamos capaces de entendernos y aceptarnos no significa que vayamos a estar libres de conflictos. En realidad, serán muy probables, así que os vendrá muy bien saber cómo gestionarlos.

Como recordarás de QMM (pp. 338-339), las parejas que tienen éxito presentan una serie de características (Gottman y Silver, 2001):

1. La pareja se conoce perfectamente (alto grado de intimidad). Conocen las preferencias, aversiones, aficiones, etcétera, del otro. Cada uno de ellos posee una gran cantidad de información relevante sobre su novio. Esa información es empleada para fomentar una mejor convivencia y promover el bienestar mutuo. Por otro lado, esto es un antídoto contra el amor fatuo, ya que nos enamoramos del hombre real, no de nuestra idealización.
2. La pareja se esfuerza por mostrar su afecto y cultivar la admiración mutua. Es muy difícil superar las dificultades propias de la convivencia con alguien a quien no admiras realmente y sin hacer demostraciones de afecto que dejen claro el deseo de que el amor esté por encima de las dificultades. Las gratificaciones afectivas deben superar el número de esfuerzos que se realiza en pro de la pareja, porque si la balanza se desequilibra hacia la «mortificación», el amor tiende a esfumarse.
3. La pareja potencia la empatía y el acercamiento. Hacen cosas juntos (incluso las más triviales son importantes en este sentido) y siempre se muestran próximos y, sobre todo, disponibles para el otro. Tu pareja es tu prioridad

(bueno, con permiso de los hijos pequeños) o, cuando menos, es muy importante en tu vida.
4. La pareja se influye mutuamente. Sin perder las personalidades propias (de lo contrario, ¿qué ibas a admirar del otro?), pero permitiéndose ser permeables a las ideas y modos de actuar respectivos, la pareja termina siendo algo más que la suma de sus individualidades. La cercanía y el influjo crean una forma conjunta de ver el mundo y comportarse.
5. La pareja sabe distinguir cuáles son los problemas resolubles e irresolubles. Se aplican en solucionar constructivamente los primeros y son capaces de pasar por alto los segundos sin recriminarse (puedes negociar la decoración del salón pero, en los encuentros familiares, te tocará aguantar a tu cuñado, ¡es lo que hay!). La pareja se «entrena» en la resolución de conflictos: aprende los modos en los que no debe (y en los que sí) abordar una discusión. Las parejas que funcionan descubren sus puntos de fricción y tratan de evitar caer en ellos y, si lo hacen, tratan de encontrar formas de minimizar el desgaste.
6. La pareja se esfuerza por no estancarse: por un lado, tiene proyectos compartidos en los que ambos se implican y esfuerzan; por otro, intentan salir de la rutina y aliviar los conflictos perennes.
7. La pareja tiene un cierto sentido de trascendencia, de que su relación es importante y prioritaria en sus vidas, de que están unidos por algún propósito y que su biografía común mantiene un hilo conductor que los lleva a una mayor felicidad (ancianos, jubilados, recorriendo el mundo o cultivando hortensias en el balcón de casa). Comparten un proyecto de vida.

Como habrás concluido al leer el listado anterior, ya hemos ido trabajando sobre todos esos puntos exceptuando el 5, que es sobre el que vamos a trabajar precisamente ahora, y lo haremos aprendiendo a reconocer muy bien entre problemas resolubles e irresolubles.

Gottman y Silver cifran en 69 el porcentaje de conflictos que son irresolubles (op. cit., pág. 145) y los definen como «esos problemas con los que uno debe aprender a convivir porque forman parte inevitable de la relación». Estos autores hacen suya una frase del psicólogo Dan Wile: «Cuando elegimos a un compañero a largo plazo, estamos eligiendo una serie de problemas irresolubles con los que tendremos que convivir durante diez, veinte o cincuenta años». Con esto se refieren a ese tipo de problemas que se producen cuando conviven dos adultos con sus propias personalidades.

Si a tu marido no le gusta el cine, no le gusta el cine y no hay más que hablar. Como decíamos en el capítulo 6, él podrá acompañarte a algún estreno de vez en cuando pero no esperes que se convierta en un cinéfilo porque no estarás siendo realista. De la misma manera, si tu marido es calmado y tú eres «intenso», tendréis que aprender a convivir con esa diferencia. Ambas personalidades son válidas y, mientras no se excedan y se convierta en lo que llamaríamos «personalidades patológicas», no hay nada de malo en que tengáis tempos distintos, así que no te enerves porque él sea más tranquilo. Y él tampoco se enfadará por el hecho de que tú seas más estresado. Evidentemente habrá momentos en los que eso derivará en un conflicto, como por ejemplo con los preparativos de la cena de Navidad, donde uno gritará: «¡No sé cómo puedes estar tan tranquilo en el sofá, si tus padres llegan en dos horas y está todo por hacer!». Y el otro responderá: «¡Pues si no está hecho, que esperen, que al fin y al cabo son de la familia y hay confianza, déjame acabar la peli, que solo le queda media hora!». Algún día aprenderéis que si no quieres que tu marido se ponga histérico, puedes ayudar por la mañana a dejarlo todo medio colocado para que, por la tarde, solo queden los cuatro detalles de última hora y él te deje ver la tele tranquilo. O que, efectivamente, a tus suegros no les importa mucho si la decoración está toda colocada porque, al fin y al cabo, lo que quieren es veros a vosotros. Si él es *runner*, dile que le llevarás agua a las maratones y le harás fotos a lo largo del recorrido. Y que piensas seguirlo en moto, pero que desde luego no piensas entrenar con él..., bastante haces tú yendo a *spinning* dos veces por semana. A ti te encantará la moda y él pasará olímpicamente de ir de tiendas, así que si quieres ir de compras, tendrás que quedar con un amigo.

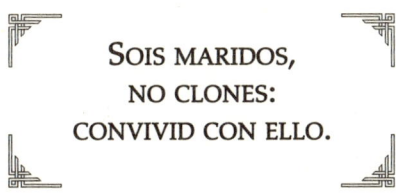

Sois maridos, no clones: convivid con ello.

Los problemas irresolubles dejan de ser problemas cuando ya no nos empeñamos en solucionar algo que no necesita ser solucionado sino asumido.

Una vez tenemos claro que hay cosas con las que, simplemente, toca aprender a convivir, hemos de aprender a resolver los conflictos que sí podemos solucionar. La mayoría de problemas resolubles se refieren a aspectos muy concretos de situaciones y momentos específicos. Por ejemplo, discutir sobre si os gastaréis la paga extra en un viaje o en hacer reformas, discutir sobre qué tipo de programas se ven en la tele, discutir sobre si un amigo ha hecho algo con mala intención (o no), discutir sobre si se folla por la noche o por la mañana. Siempre se trata de asuntos muy concretos y que se ciñen a una única esfera de la vida.

Y ahora que tenemos claro a qué tipo de problemas nos estamos refiriendo, podemos aprender a solucionarlos. La mayoría de técnicas de resolución de conflictos inciden en tres puntos básicos: (1) no discutáis en caliente, (2) sed conscientes de que la solución definitiva nunca puede ser del gusto de ambos y (3) asumid que el conflicto es parte de la convivencia, así que no le deis más importancia.

Esta pauta la podemos simplificar o hacer tan complicada como queramos. Podemos pensar en infinidad de detalles a tener en cuenta pero, en realidad, es así de sencillo: vais a estar en desacuerdo, tomároslo con humor y buscad puntos medios.

En resumen: no se trata de evitar discutir sino de aprender a discutir bien. Las parejas que ya no discuten son las que más se acercan al final de su relación porque ya no se importan. Para ello tened presente los siguientes consejos:

1. *Discutid cuando estéis calmados.* Recordad eso que digo siempre sobre que los estados emocionales intensos provocan que veamos las cosas de forma distorsionada. Algunos de nosotros, reconozcámoslo, somos muy vehementes cuando nos llevan la contraria. Si queréis discutir bien, lo mejor es que lo hagáis con la cabeza fría y no en un momento en el que os podáis hacer más daño a causa de cómo os decís las cosas.

    a. Si os enzarzáis, os aconsejo tener un «botón de escape» que puede ser una palabra o una frase del tipo: «Vamos a parar, nos estamos pasando», y posponed la discusión. Una hora por lo menos. Mientras llega ese momento, tratad de hacer algo por separado: leer, escuchar música o dar una vuelta a la manzana. No hay que discutir las cosas en el preciso momento en el que se produce el altercado. Es preferible dejarlas reposar antes de hablarlas. Los maridos tenéis prohibido discutir un problema mientras estéis emocionalmente alterados.

    b. Si él insiste en gritar o dejar salir su mala leche o su

dolor, tú estás legitimado para decirle: «En estas condiciones, ninguna persona puede encontrar soluciones. Lo que tú quieres ahora no es encontrar una solución a lo que ha sucedido sino aliviar el malestar que estás experimentando».[87] A menudo eso es lo que sucede, queremos que el otro nos dé una explicación que nos calme, así que repetíos mutuamente: «Nos queremos y lo sabemos, no hay nada de lo que preocuparse, este problema es algo que podremos solucionar juntos, pero primero vamos a calmarnos».

c. Para rebajar la tensión podéis pediros perdón y ofrecer algún tipo de intento de resarcimiento. Si ni esto ni nada de lo anterior funciona, os digo muy en serio que acudáis a algún profesional que os ayude a canalizar la rabia.

2. *Negociad.* En toda negociación es necesario empatizar con la otra persona y permitirle que empatice con nosotros, para ello es muy importante que practiquemos eso que se conoce como «escucha activa», pero también es muy importante que no perdáis de vista que sois un equipo, que «sus cosas» son «vuestras cosas», y que de lo que se trata no es de que uno u otro cambie, sino de que vuestra relación se mantenga funcionando.

a. En el momento de comenzar a discutir, recordad lo que os une. Algunas parejas se sientan a la mesa y ponen, en medio de los dos, una foto de algún momento muy especial para ellos o algo que les recuerde por qué merece la pena mantener su relación. Es una manera de

---

87. O algo parecido, que ya sé que esta frase suena demasiado técnica.

simbolizar su compromiso, como llevar un anillo (que actúa de recordatorio de esa implicación mutua). Abren la conversación recordando que quieren solucionar el problema X porque no quieren que les siga perjudicando en el futuro.

  b. Practicad la escucha activa. A veces no se nos ha enseñado a escuchar al otro, así que, como ejercicio y hasta que aprendáis a hacerlo, id haciendo un resumen cada cierto tiempo de lo que el otro ha ido diciendo. Por ejemplo, Loren diría: «Ok, entonces lo que sucede es que te ha molestado que invite a los del trabajo a cenar en casa sin haberte avisado». Y Carlos contestaría: «Y tú dices que también es tu casa y que si nos tenemos que andar pidiendo permiso para todo, no vamos a poder tomar decisiones en tiempo real y que la idea surgió sin pensarlo». Insistiré ampliamente en esta actitud dentro de muy poco.

  c. Buscad una solución aceptable para ambos, aunque no sea perfecta para ninguno. En el caso de la cena, Carlos entiende que Loren no había arruinado ningún plan porque no habían hecho planes para ese día y que, si él quisiera, también podría invitar a sus compañeros del bufete. Loren acepta responsabilizarse de todo y no cargar sobre Carlos la organización de algo que él no pidió. Al final, Carlos ayudará a que Loren sea un buen anfitrión con sus compañeros de trabajo y le echará una mano con todo. De hecho, descubrirán que es divertido traer visitas a casa y se les ocurrirá que podían hacer cenas temáticas cada dos meses.

3. *Extraed el aprendizaje.* Los problemas os ayudan a entender que no sois iguales y que una relación no se basa en coincidir en todo, sino en ser capaces de superar las diferencias. Que por mucho que dos hombres se amen nunca estarán de acuerdo al cien por cien y que el conflicto forma parte de la convivencia por más que sea deseable que el conflicto aparezca lo menos posible.

Por supuesto que no es necesario que sigáis todo el protocolo anterior formalmente pero si discutís solo cuando estáis calmados, os escucháis el uno al otro y recordáis que queréis seguir juntos es casi una garantía de que encontraréis una solución pactada. A veces no es necesario ni hablar, una vez calmados los ánimos es probable que vosotros mismos os digáis:

—Lo siento, la he cagado. Trataré de que no vuelva a suceder, me doy cuenta de que estuvo mal por mi parte.

—Si me dices que, de verdad, vas a intentar solucionarlo trataré de ser mucho más paciente la próxima vez.

—No creo que vuelva a suceder pero si se me escapa, trataré de corregirme enseguida.

—Te quiero.

—Y yo.

Comunicación efectiva

Para que una pareja funcione es imprescindible que se comunique bien. Y fijaos que no digo «que se comunique mucho» sino «bien». A veces no es necesario pasar horas y horas hablando sobre algo para comunicarse. Muchos hombres se comunican con solo mirarse y no sienten la necesidad de contárselo todo para sentir que están bien comunicados con su pareja. Por una cuestión de género (cultural, educativa) o sexual (biológica), los hombres no necesitamos usar mucho el lenguaje oral para comunicarnos y podemos hacernos entender mediante otros medios como el lenguaje no verbal. Eso no quita que, aunque menos que nuestras amigas mujeres, empleemos el lenguaje para hacernos entender. Para ayudaros en el momento en que os toque resolver vuestros problemas, hablaremos ahora de la comunicación eficaz. Hablaremos de escucha activa.

Por «escucha activa» entendemos una técnica comunicativa humana que se emplea en varias áreas relacionadas con la atención a los demás: psicoterapia, enfermería, asistencia telefónica y, por supuesto, resolución de conflictos e intermediación. Se puede definir como un tipo de comunicación donde al hablante se le proporciona el *feedback* necesario para saber que está siendo atendido por su oyente. Además, no se limita al contenido de sus palabras e ideas sino que se proporciona *feedback*, también, sobre sus sentimientos. Por ello, lo primero que debemos tener en cuenta a la hora de hacer ver a nuestro novio que le estamos escuchando es dejar de hacer otras cosas para sentarnos a hablar sobre lo que tengáis que tratar. Como ya os dije antes, no discutáis mientras cocináis o limpiáis, discutid cuando os sentéis específicamente a tratar el asunto que os ocupa.

En segundo lugar, es muy importante que tengáis presente la importancia de mostrar empatía y esto se debe hacer a dos niveles. Una persona está siendo empática cuando puede colocarse en el lugar del otro, cuando puede adoptar su marco de referencia tanto mental como emocional, cuando puede ponerse en su cabeza y en su corazón. Pero eso, evidentemente, no puede hacerse si el otro no nos ha permitido entender qué hay en su cabeza y en su corazón, por lo que antes de poder empatizar con nuestro marido necesitamos que él nos proporcione la información que necesitamos conocer y, a menudo, tendremos que preguntarle para conseguir esa información.

Por eso, tanto para mostrar empatía como para profundizar en los sentimientos y pensamientos del otro, son muy beneficiosas las siguientes técnicas de escucha activa. Para que las entiendas mejor, te las defino y ofrezco un ejemplo de su uso tanto en la comunicación de ideas como de sentimientos.

TABLA 4

ESCUCHA ACTIVA

TÉCNICA	PENSAMIENTOS	EMOCIONES
REFUERZO POSITIVO: son esas interjecciones que se usan para fomentar que el otro siga hablando.		*–Ajá.* *–Sí.* *–Te entiendo.*
PARÁFRASIS: repetir literalmente las palabras de la persona.	*Dices que te parece mal que gastemos el dinero en un viaje.*	*Dices que estás de mala hostia con Miguel.*
REFORMULACIÓN: repetimos la idea principal del mensaje pero con nuestras propias palabras.	*O sea, que prefieres que ahorremos el dinero.*	*O sea, que estás cabreado por lo que dijo Miguel.*
AMPLIACIÓN: le pedimos que amplíe la información que nos ha transmitido o que clarifique su mensaje.	*Si no quieres ir de viaje ni ahorrarlo, ¿qué quieres hacer con el dinero?*	*¿Cómo puedes estar enfadado conmigo por lo que dijo Miguel?*
RESUMEN: recapitular lo que ha dicho.	*Vale, a ver si lo he entendido: el viaje te gustaría pero crees que es mejor que hagamos la reforma del baño ahora y que vayamos a Nueva York en primavera.*	*Entonces, si te he entendido, lo que te enfadó fue que yo no te defendiera delante de los demás por lo que Miguel estaba diciendo.*
PREGUNTAS: preferentemente preguntas abiertas (Ahora te las explico).	*¿Cómo crees que se lo tomaría Rubén, que cuenta con nosotros para el viaje?*	*¿Qué te hubiera gustado que hiciera yo?*
SILENCIO: Provocar conscientemente el silencio es una muy buena manera de que el emisor siga narrando sus experiencias.	*Lo miramos atentamente a los ojos mientras callamos.*	
LENGUAJE CORPORAL: gestos y signos hechos con el cuerpo o expresione faciales que muestren nuestro asentimiento.	*Subimos y bajamos la cabeza en señal de conformidad.*	*Una mano en su hombro, que indica afectuosidad.*

Cuando Rubén llegó a casa de Carlos y Loren, estuvieron hablando sobre el viaje frustrado a Nueva York, ya que nuestros protagonistas habían convenido que, aunque el viaje les apeteciese mucho, era prioritario cambiar la calefacción del baño porque no querían volver a pasar un invierno congelándose cada vez que se duchasen. El dinero del viaje les hacía falta para poder poner calefacción radiante en el suelo.

—Pero si no venís vosotros no es lo mismo.

—Bueno —comentó Loren—, lo entendemos. Pero es que necesitamos el dinero para el baño, que nos urge más.

—Ufff. No sé, me dejáis fatal.

—¿Y eso? ¿Qué es exactamente lo que te deja fatal?

—Eso, que no vengáis.

—Pero Loren ya te lo ha explicado, Rubén, nosotros necesitamos el dinero para poner la calefacción del baño. Nueva York son seis días y aquí hace frío tres meses seguidos. A nosotros nos parecería lógico si vosotros tampoco pudierais venir por una razón como esa.

—Claro, Rubén, nosotros lo entenderíamos. ¿Qué es lo que está pasando de verdad? Os noto muy raros últimamente y tú me dijiste que…

—Que no follamos.

—Eso, que no folláis. Me dijiste que lleváis como seis meses que ni os tocáis.

—Por eso me hacía ilusión que fuéramos todos a Nueva York, porque seguro que Jorge se relaja estando con vosotros y vuelve a conectar con su sexualidad.

—¿Eso quiere decir que piensas que Jorge no se acuerda de tener sexo contigo porque está estresado? (Mientras Loren aplicaba todas sus habilidades de escucha activa a su amigo, Carlos sacó unas cervezas de la nevera… Aquello tenía pinta de comenzar a ponerse intenso).

—Es que no quiero ni pensar que sea por otra cosa.

—¿Otra cosa?

—Que esté con otro o que ya no me quiera.

—¿Cómo habéis abordado este tema cuando lo habéis hablado?
—No lo hemos hablado.
—Uy, maricón, espera que te lleno el vaso otra vez. ¿Que no lo habéis hablado?
—Eso, ¿nos estás diciendo que andas urdiendo viajes con el propósito de recuperar el sexo con tu novio… sin haber hablado con tu novio de que no folláis?
—Es que vosotros no lo entendéis, vosotros no tenéis ese problema.
—No, nene, pero tenemos otros.
—Y los hablamos.
—Pues ese es el problema que no tenéis, joder, que vosotros no sois dos putas tumbas que tiran de excusas para no hablar de un tema ni os salís con el «No me agobies que me duele la cabeza, tú siempre estás igual».
—¡Voy a por el vodka!
—Uy, cariño, y tú ¿cómo te sientes?

La tarde fue larga. Al cuarto chupito, Rubén se puso a llorar y terminaron los tres abrazados como buenos amigos. Estuvieron planificando cómo podía Rubén exponerle a Jorge, de forma asertiva, la carencia sexual que estaba experimentando. Pensaron diferentes tipos de respuesta por parte de Jorge y exploraron los diferentes escenarios alternativos que se podían encontrar («Si te dice tal, entonces le dices cual; si hace X, respondes con Y»).

En resumen, aplicamos la escucha activa para conseguir una buena explicación del problema, así como de los sentimientos que se experimentan para saber cómo estos pueden estar afectando al modo en que percibimos la situación. La escucha activa sirve también para poder explorar amistosamente las diferentes alternativas de solución y decidirse por una de ellas.

Es muy importante recordar algunos puntos antes de terminar de hablar de escucha activa, puntos que (¡por supuesto!)

son aplicables tanto a las conversaciones con tu novio como a las conversaciones con el resto del mundo.

• No juzgues. A menudo tenemos la tendencia a culpabilizar a los demás de las cosas que les suceden, lo cual es un poco estúpido porque (casi) nadie quiere provocarse males a sí mismo. Por otro lado, recuerda que aceptar al otro no significa estar de acuerdo con él en todo ni compartir sus creencias. Significa, simplemente, que eres capaz de entenderlo.

• No aconsejes. Aconsejar es lo mismo que decir: «Tú no sabes hacerlo, déjame a mí que te diga cómo debes hacerlo». A no ser que la otra persona, explícitamente nos pida que lo aconsejemos sobre algo concreto, deberíamos abstenernos de dar consejos. A menudo, lo que busca nuestro novio cuando nos cuenta un problema no es que se lo resolvamos, sino que le hagamos sentir que cuenta con nuestro apoyo. Él no es tonto, sabe desenvolverse. Simplemente, quiere tu aliento.[88]

• No te responsabilices de los problemas del otro: por mucho que te identifiques y que sientas que los conflictos que está viviendo son los mismos que viviste tú, debes tener muy presente que cada persona es un mundo aparte y que cada una lleva su vida de forma distinta a cómo lo harían las demás. Si tu novio tiene una dificultad para hacer tal o cual cosa, él debe aprender a resolverla. Con tu apoyo, naturalmente, pero debe ser él quien lo haga. Recuerda que uno de los inconvenientes con los perfiles tóxicos del tipo «codependiente» iba por aquí. Al fin y al cabo, hacer de rescatador consiste en hacer de «padre» del otro, ¿verdad? Si quieres un marido en lugar de un hijo, compórtate como un marido, no como un padre.

Υ

---

88. El figurado, no el que «te huele a canela».

Finalizo este apartado recordando la importancia de las preguntas. Mediante ellas obtenemos información y nos aseguramos de que captamos correctamente las ideas principales del mensaje. Las buenas preguntas son cortas y comprensibles, relacionadas con el asunto que se está tratando. En el caso concreto de la resolución de conflictos, las mejores preguntas son las «abiertas». Las preguntas abiertas son aquellas que comienzan con un adverbio o pronombre interrogativo: quién, qué, dónde, cómo, cuándo y cuál. Son las mejores preguntas puesto que son las que invitan a proporcionar más información y ello redunda en que conozcamos mejor lo que hay en la mente y corazón de nuestro novio (o amigo, hermana, primo). Por el contrario, las preguntas «cerradas» son aquellas que se contestan con «sí» o con «no» y suelen comenzar con un verbo. Las preguntas cerradas suelen ser peores porque sitúan al otro en la disyuntiva de elegir entre las dos opciones (sí / no) que tú le presentas sin poder aportar su propia propuesta. Veamos algunos ejemplos de preguntas abiertas y cerradas para identificarlas mejor:

Abiertas:
—¿Cómo te puedo ayudar en eso?
—¿Cuál es el problema realmente?
—¿Qué quieres decir con…?
—¿Qué es lo que te molesta de esta situación?
—¿Cómo te sientes sobre…?

Cerradas:
—¿Hacemos esto?
—¿Eso te hace sentir mal?
—¿Te sientes ahora peor que antes?
—¿Qué opciones crees que tenemos?
—¿Quieres que deje de preguntarte estupideces?

En serio, ponedlo en práctica. Tanto para vuestra relación sentimental como para cualquier momento en el que debáis resolver algo con alguien. Hablad de los conflictos que tengáis que afrontar y hablad también de vuestros sentimientos. ¡Ya me contaréis los resultados!

Comunicación afectiva

A veces un «Te quiero» se queda muy corto. A veces nos acostumbramos a que «Te quiero» lo resuma todo. A veces se nos olvida que aquello que no se recuerda deja de existir. Y que los sentimientos se recuerdan (y renuevan) cada vez que los sentimos… y cada vez que los oímos. Por eso es tan importante que renovemos el amor que nos profesamos empleando, para hacerlo, todos los lenguajes del amor.

Hay un autor, Gary Chapman, que considera que el amor se expresa de cinco maneras fundamentales (Chapman, 1996). Hizo una clasificación muy útil sobre los modos en que los seres humanos expresamos el amor que sentimos unos por otros y será en esa clasificación en la que me voy a centrar. Chapman habla de cinco modos de expresar amor y los llama «los cinco lenguajes del amor»:

1. Palabras
2. Contacto físico
3. Regalos
4. Tiempo de calidad
5. Servicios

Palabras. Decir «Te amo» es una de las maneras de comunicar nuestro afecto. Pero también lo son los halagos, el reconocimiento de las virtudes del otro, alentarlo, recordarle lo bueno que es en tal cosa o como persona. Es básico que os habléis con ternura porque los elementos que acompañan a las palabras son igualmente relevantes. Por eso es importante hablar siempre en el tono adecuado, sin comentarios hirientes. Saber qué tipo de expresiones necesita nuestra pareja en ese momento es otra forma de expresar el amor que sentimos hacia él. Y también lo es emplear el «habla pastelosa»: ese tono especial solo para él que emplean todos los enamorados.

Contacto físico. El sexo es —quizá— el *top* de este tipo de manifestaciones. Pero también lo es el contacto visual, las caricias y la proximidad física. Cuanto más cerca se sitúan dos hombres, más íntima es su relación. La proximidad física denota proximidad emocional. Así que estar cerca, dejarse invadir el espacio íntimo, tocarse, mantenerse la mirada, aprovechar cualquier oportunidad para rozarse, dejar que él te toque en público zonas que jamás permitirías a otros son todas formas de expresar amor mediante el contacto físico.

Regalos. No los más caros ni los más exclusivos, sino los más personales. Ese helado que te gusta tanto y que te compró para el postre, ese libro raro que habla de un tema que solamente a ti te interesa, eso que se entrega a cambio de nada y que no ha costado mucho dinero significa mucha atención puesta en ti. Esos son los regalos que expresan amor. No es el dinero, sino la voluntad puesta en ellos lo que cuenta. Cuando sabemos que nuestro novio se ha calentado la cabeza para dar con lo que nos gusta especialmente, con lo que nos hará auténtica ilusión, entonces es cuando nos sentimos amados. En ese caso los regalos sí son una muestra de afecto. Como cuando tu gato caza un insecto para ti o tu perro te presta su pelota: todos los animales nos hacemos ofrendas para causar en el ser amado un sentimiento de felicidad al recibirlas. Esa es la razón por la que los regalos son un lenguaje del amor: porque el otro te ama y quiere hacerte sentir la felicidad de recibir algo que te hará ilusión.

Tiempo de calidad. Da igual que sea solamente una hora, pero una hora donde el resto del mundo deja de existir y nada interfiere en la actividad que él y tú estáis haciendo juntos. O un día en el que no hacéis otra cosa excepto aquellas que os gratifican. O ir juntos a vivir una experiencia culinaria en un restaurante donde lo que menos importa es lo caro que aparenta, sino la creatividad con la que te sorprende el paladar. O pasear, perdidos, por una playa vacía. O recorrer masías en busca de verduras ecológicas para llenar la nevera. Hacer juntos todas aquellas actividades que os gratifican a ambos, con plena dedicación por ambas partes, es otra manera inequívoca de expresar el amor que os sentís. La exclusividad, el priorizar a tu pareja, es otra manera de expresar este tiempo de calidad. Que ambos os prioricéis y que os pongáis por delante del gimnasio o de compromisos sociales es una forma también de que vuestro tiempo juntos sea tiempo de calidad. Que tengáis un día para vosotros marcado en el calendario semanal (o una tarde) en el que no aceptaréis ningún otro compromiso con amigos o familiares es tener tiempo de calidad. Que aprovechéis esa prioridad para hacer cosas que os gratifican es compartir tiempo de excelente calidad.

Servicios. «Te hago la comida para mañana, te arreglo esta lámpara, te organizo el pc, me encargo yo de llevarte el abrigo a la tintorería, paso por el súper y te compro tu *aftershave*, que he visto que no te queda». La vida requiere trabajo y esfuerzo, mostrarle a tu novio que colaborarás con él en ese esfuerzo es otra manera clara de decirle que lo quieres. Hacer algo por los demás es muestra clara de afecto hacia ellos. Hacer algo por tu novio es una forma de expresar afecto y, siempre que no se convierta en un perfil tóxico donde uno de los dos es el niño y el otro se encarga de solucionarle los problemas («pajarito herido» y rescatador), no hay ningún problema. Mientras sea algo mutuamente correspondido, prestarse servicios es una forma más de expresar amor.

Muchos de los hombres que dicen «No me siento amado» lo que están diciendo es: «Mi novio no me expresa el amor que supuestamente siente por mí». En algunos casos, lamentablemente, lo que encontramos es que el otro no lo ama realmente y debe enfrentarse (cap. 3) a que o bien está viviendo una relación tóxica o bien está en una *arrelación.*

Otras muchas veces, sin embargo, lo que encontramos es que los miembros de la pareja hablan idiomas diferentes, y mientras uno de ellos se pasa el rato pronunciando palabras de amor, el otro se lo pasa realizando servicios por su marido. En estos casos lo que toca es aprender a hablar el lenguaje del otro y que el primero de ellos empiece a reconocer (y prestar) los servicios como prueba de afecto o que su novio comience a verbalizar más el amor que siente. Cuando ambos hablen los mismos idiomas del amor, sentirán el amor que se tienen. En una pareja es fundamental reconocer el lenguaje en el que el otro expresa su amor para expresarnos nosotros en el mismo idioma. Si el tiempo de calidad es importante para tu pareja, en tu cortejo no puede faltar el dedicar tiempo a hacer cosas juntos. Si él se expresa con contacto físico, ídem. Porque si no habláis el mismo idioma, será como si no os estuvieseis diciendo que os queréis porque no os entendéis. Y si no le oyes hablar de su amor por ti, no puedes sentirte verdaderamente correspondido.

A muchos hombres se les entrena (educa) para que expresen su afecto exclusivamente mediante los servicios. Al fin y al cabo, «el padre de familia debe responsabilizarse de…», y es ese modo de expresar afecto el que hemos aprendido de nuestros progenitores varones. Pero no solo hemos recibido este único modelo sino que, además, muchos de los demás lenguajes se nos han censurado por homofobia. En nuestra cultura (al contrario de lo que sucede, por ejemplo, en Pakistán) era totalmente rechazable ¡y sospechoso! que dos hombres caminasen de la mano, mientras que dos mujeres (o una pareja heterosexual) sí podían hacerlo. Las parejas lesbianas han pasado desapercibidas porque, en su caso, las muestras de afecto no llamaban la atención. Pero si dos hombres mantenían proximidad física, eso les delataba como sarasas y justificaba el escarnio público. A menudo este es uno de los lenguajes que peor hablamos los gais en público. En privado nos comemos a besos y nos follamos como locos… pero en público degradamos de categoría a nuestro novio y lo convertimos en «amigo» en lo que a proximidad física se refiere. Te lo dejo sobre la mesa para que lo pienses.

Por otra parte, expresar el afecto mediante expresiones como «Te quiero» o «Eres lo mejor que me ha pasado en la vida» era otra «maricodana que los verdaderos hombres nunca debían hacer». Y así nos va a veces: con todo un ejército de gais que, sin darse cuenta, quieren aparentar ser hombres verdaderos (¡como si no lo fueran!) aunque para ello deban sacrificar la expresión de algo tan transcendental como son los afectos. El machismo y la homofobia nos han cortado la lengua del amor a todos los hombres tanto heteros como maricones, ¿de verdad queremos quedarnos tal como estamos? Soltaos, hombres, soltaos. Y expresad lo que sentís de las formas más creativas que se os ocurran.

Conozco novios que, cada año, hacen un álbum digital con todos los buenos momentos que han pasado juntos a lo largo de esos últimos doce meses. Se sientan una tarde a seleccionar las fotos, comentan lo que estaban haciendo y lo bien que lo pasaron. Se toman un vino mientras lo comentan y ordenan las fotos. Y recuerdan lo felices que han sido esos doce meses juntos y lo bonito que es quererse. Están hablando de su amor, celebrando su amor, dándole a su amor la importancia que tiene. Las parejas funcionales saben lo importante que es expresarse su amor y lo hacen con frecuencia. Hablar del amor es hacer que el amor dure.

—Qué mal me he quedado con lo de Rubén.
—Y yo. Bueno, yo es que ya no sabía qué hacer.

—Ya te he visto sacando botellas.

—Yo, rollo *Sex in the city*, ya sabes.

—No, cielo, en *Sex in the city* tomaban cosmopolitans, no chupitos de vodka.

—El cosmopolitan lleva vodka y Cointreau,[89] picha de mi alma. Es alcohol igualmente.

—Sí, vale, que Rubén se ha tenido que volver en taxi a su casa. Aunque más desahogado, eso sí.

—Pobre, me da pena, tiene mala pinta.

—¿Tú crees que Jorge tiene a otro?

—Si no tiene a otro fijo, seguro que tiene a otros que van y vienen. No me cuela que un tío lleve seis meses sin follar y que, cuando el marido le pide sexo, le conteste: «No, que me duele la cabeza».

—Bueno, hay algunos hombres que no necesitan sexo.

—Sí, y están en los conventos. Y tampoco, que tengo un amigo exfraile y no veas las historias que me contaba.

—Ya ya. Si lo sé. Si yo también lo he pensado.

—Y lo peor es que no quiere hablarlo. Cuando alguien quiere arreglar un problema, lo habla para encontrar soluciones.

—A mí me parece que a Jorge le da lo mismo que se arregle o que no... Lo que quiere decir que la relación ya no le importa mucho.

—Qué mal...

—Sí.

—¿Sabes? (Después de un largo silencio de miradas profundas y un beso). Quiero que hablemos de qué vamos a hacer nosotros cuando se nos pasen las ganas de follar.

—¿Tú crees que se nos van a pasar?

—No. Y sí.

—Decídete, churra, jejeje.

—No, a ver. Bueno. Vaya por delante que te quiero con locura

---

89. La receta es: tres partes de vodka, dos de Cointreau, dos de zumo de arándanos y una de zumo de lima.

y que sé que tú me adoras. Y que me encanta tu cuerpo y lo morboso y cerdo que eres en la cama. Nunca he sido tan guarro con nadie a la hora de follar y nunca me he sentido tan cómodo siendo guarro. Incluso cuando me tratas como si solo fuese una polla o un culo, me siento querido y respetado como persona. Y eso es así porque me consta que nos amamos. Lo hablamos todo, nunca dejamos un problema sin resolver antes de irnos a la cama. Lo último que nos decimos cada noche es «Te quiero». Cuidas de mí, estamos pendientes el uno del otro, tenemos planes de futuro, tenemos una relación preciosa porque tenemos una complicidad extraordinaria. Pero los dos sabemos que cuando se lleva tanto tiempo juntos como Rubén y Jorge, es normal que el deseo sexual se pierda. O que baje un poco. Nosotros mismos, al principio, follábamos cada día y, desde que vivimos juntos, follamos tres o cuatro veces por semana.

—Entiendo, ¿qué nos hace pensar que no llegaremos a follar una vez a la semana y con suerte?

—Por mucho que nos queramos, ¿verdad?

—Verdad, por mucho que nos queramos.

—Pues precisamente porque nos queremos tanto, quiero que le demos a nuestro amor la importancia que tiene.

—Y yo.

—¡Claro! Los dos.

—Yo también lo he pensado, amor. Tengo amigos en pareja abierta y sé que el riesgo de que se acabe el deseo sexual es una de las razones por las que muchas parejas se acaban.

—Y yo no quiero que esto se acabe. No quiero vivir sin ti.

—Ni yo.

El sexo después de 1000 polvos

—Por eso, amor, porque no queremos que se acabe esto.

—¿Y qué propones?

—Nada. No quiero proponer nada porque no siento que tengamos nada que cambiar ahora, pero quería que antes de que pudieran llegar los cambios, lo tuviéramos hablado.

—¿Alguna vez has tenido una pareja abierta?

—No. Y no es eso lo que quiero.

—¿Entonces?

—Yo entiendo por «abierta» que cada uno se lo monte por su lado. Eso no me gusta nada, pero no me parece mal hacer algún trío o un intercambio de parejas.

—Prefieres la pareja permeable.[90]

—Claro, se me abren las tripas de pensar que pudieras estar a solas con otro tío.

—A mí también, no son celos, porque no me sienta mal imaginar que vamos a una orgía y que allí follamos cada uno con hombres distintos. Me siento mal solo de pensar que podrías estar teniendo un momento verdaderamente íntimo con otro que no sea yo.

—Es eso, cariño, no es el sexo, es la intimidad. La intimidad no quiero que la compartamos con otros.

—Yo tampoco.

—¿Pacto?

—Pactado. Y me gusta este pacto.

—¿Y te apetecería que hiciéramos algo con otro tío algún día?

—Mira, sería un buen regalo para mi cumpleaños, jejeje.

—¡Pero si es en octubre!

—Así nos da tiempo de prepararlo, ¿no?

—Te quiero. Anda, ven que te voy a dar lo tuyo.

—Ya estábamos tardando…

Carlos y Loren comenzaron hablando de lo mucho que se quieren y de lo importante que es su amor para cada uno de ellos y, a medida que transcurría la conversación, se introdujeron en el terreno del sexo y de cómo el deseo sexual sigue un

---

90. Ver nota 69.

curso natural tendente a apaciguarse. Han comenzado a pactar sobre los límites de su relación y lo han hecho muy bien porque han cultivado su amor, su confianza mutua y su intimidad. Con unas bases sólidas, una pareja puede resolver perfectamente situaciones que, para otras parejas no tan sólidas, son conflictos irresolubles.

Como recordarás de *QMM* (p. 346), «el ciclo natural del amor es un proceso que se inicia con un estallido hormonal y neuroquímico al que llamamos "deseo". Tras este deseo, se va incrementando la intimidad entre los enamorados y se va construyendo una relación que se vive como un proyecto compartido. Y aunque la intimidad y el proyecto puedan mantenerse hasta la muerte, el puro deseo sexual no es algo que se mantenga durante muchos años de forma natural». Es lo que, en psicología del deseo sexual se conoce como el «efecto Coolidge», que debe su nombre a un presidente de Estados Unidos. Al parecer, durante una visita del presidente Calvin Coolidge y su mujer a una granja avícola experimental del Gobierno (donde investigaban formas de mejorar la producción), la esposa del presidente observó a un gallo que se apareaba con mucha frecuencia y preguntó cuántas veces al día se apareaba ese gallo:

—Docenas de veces, señora.

—Hum, asegúrense de hacérselo saber al presidente.

Cuando Coolidge llegó al mismo corral donde estaba el gallo, los operarios le explicaron:

—Su señora esposa ha puesto especial interés en que le hagamos saber que este gallo se aparea docenas de veces al día.

—¡Vaya! ¿Y siempre con la misma gallina?

—¡No! ¡Jamás! Necesita que sean siempre gallinas diferentes.

—Hum, asegúrense de hacérselo saber a la señora Coolidge.

Así que el «efecto Coolidge» se refiere al hecho de que cuando un macho se aparea, pierde interés por la pareja con la que acaba de aparearse y le resulta físicamente imposible (= no se le levanta) volver a copular con ella. Sin embargo, si en ese momento aparece otra posible pareja, el macho recupera la erección y se aparea sin problemas con ella incluso aunque aún no tenga semen porque sus testículos no hayan tenido tiempo de generar una nueva eyaculación.

Naturalmente, y antes de que me tachéis de excesivamente biologicista, hay que señalar que el ser humano es mucho más complejo que los gallos (y que los ratones y primates, entre los que también se ha observado el mismo efecto). Pero este efecto que tiene mucho que ver con el fenómeno psicológico de la habituación,[91] se encuentra detrás de la pérdida de interés sexual en muchas parejas y exige que realicemos esfuerzos conscientes para subsanarlo.

Esta es la razón por la que, también en la misma página de *QMM*, explicaba otra de las paradojas que cualquier pareja deberá esforzarse por reconciliar: la paradoja del deseo sexual. Esta paradoja está estupendamente bien expresada por la autora del libro *Inteligencia erótica*, Esther Perel (2006): «Pretendemos que la misma persona nos proporcione seguridad, estabilidad, confianza... y deseo, aventura y sorpresa... ¡durante una enorme cantidad de años!».

> TODO LO QUE
> SE PACTA EN PAREJA
> ESTÁ BIEN.

La paradoja consiste en que pedimos emociones contrapuestas a la misma persona y, además, durante un periodo muy largo de tiempo. Precisamente por tratarse de algo para-

---

91. Ante la presencia repetida de un estímulo, nos «acostumbramos» a él y deja de provocarnos reacciones.

dójico requiere de nuestro esfuerzo y conocimiento, ya que, aunque hay casos de todo tipo, es difícil que por «ciencia infusa» dos personas sepan cómo desenvolverse en una situación tan compleja. Esta es una de esas situaciones donde el conocimiento que otros novios o maridos han adquirido a base de ensayo y error nos ayuda a los demás a aprender cómo hacer bien las cosas. ¿Cómo es el sexo de dos hombres que llevan muchos años juntos? ¿Cómo es el sexo después de 1000 polvos?

Entre muchos maridos, el sexo después de 1000 polvos sigue siendo un sexo muy satisfactorio y, aunque la frecuencia pueda ser menor que al inicio de la relación, cada vez que follan se sienten plenamente gratificados. El sexo entre dos hombres que se conocen tan bien puede ser un sexo lleno de complicidad hasta el punto de que, entre ellos, se hacen cosas que nunca se atreverían a hacer con otros hombres e, incluso, que nunca se hubiesen atrevido a plantear a novios anteriores. Las palabras, las fantasías y los morbos pueden ser realmente atrevidos porque toda la complicidad y la intimidad que han construido los ayuda a contárselo todo. Hasta lo más cerdo. Y esa es una de las maravillas de una relación a largo plazo.

Cuando una pareja estable llega a ese punto en el que follan una vez a la semana, pueden sentirse muy satisfechos con ese polvo de sábado-sabadete y no necesitar nada más. Sin embargo, que se sientan satisfechos no quita para que algunos puedan mirar a otros hombres con deseo o que, al oír las peripecias sexuales de las parejas permeables, algunos no sientan que a ellos, en el fondo, también les gustaría protagonizar peripecias semejantes. Y aquí es donde algunos empiezan a hablar de la posibilidad de permeabilizarse ellos también.

Un punto muy importante a tener en cuenta para que la permeabilización vaya bien es que la sexualidad entre la pareja sea algo que funcione. Que no busquéis sustitutivos de lo que os falta sino aderezos para lo que ya tenéis. O en caso de que llevéis ya tiempo sin apenas sexo entre vosotros, que estéis tan a gusto juntos que no os planteéis, bajo ningún concepto, abrir vuestra intimidad a terceros. Si no se dan estas dos condiciones, mejor no experimentéis porque podéis terminar rompiendo.

De nuevo, fijaos en que el éxito de las parejas permeables no tiene tanto que ver con su sexualidad sino más con su intimidad. Una intimidad fuerte es el requisito imprescindible para que el descenso natural del deseo sexual no se convierta en un problema. Si tenéis una relación cómplice y basada en un amor profundo y un proyecto compartido, tanto los esfuerzos para reavivar vuestra vida sexual como la permeabilización de la pareja funcionará. Si os fijáis, estamos hablando del sector 4 del gráfico 1 que aparecía en el capítulo 7, donde, aunque no hubiese pasión, seguía existiendo total intimidad y compromiso. Por eso, si no tenéis ni complicidad ni intimidad ni proyecto (porque no habéis construido nada de ello), entonces quizá estáis entrando en crisis y el siguiente capítulo hablará de vosotros.

Las parejas que decidáis mantener la monogamia podéis seguir los siguientes consejos para reavivar el deseo sexual:

1. Dialogad mucho y bien. Aplicad todo lo que hemos visto hace unas páginas sobre la comunicación afectiva y la escucha activa para hablar con ánimo constructivo del estado de vuestras relaciones sexuales.

2. Romped la rutina. Cambiad las horas, los lugares, las posturas. Debo decir que este es un consejo que se aplica más a heteros que a nosotros porque ya solemos ser muy creativos en lo sexual desde el inicio de nuestra relación y, ya en el primer fin de semana, podemos haber follado en la cama, en el sofá, en la ducha y encima de la lavadora (centrifugando). En cualquier caso, si os es aplicable, adelante.

3. Reinventaos. Podéis inventar personajes y jugar a interpretar fantasías. Una buena idea es tirar de disfraces y que «venga un policía a casa porque los vecinos se han quejado del ruido y acabe enseñándote la porra», o acudir a tu proctólogo y «que te haga una revisión muy profunda de todas tus cavidades».[92] Una forma válida de buscar inspiración para vuestros encuentros puede ser mirar porno o leer relatos eróticos y proponeros repetir las fantasías que allí se escenifican.

4. Probad juguetes sexuales. Acudid a un *sexshop* y comprad nuevos dildos, esposas, máscaras, arneses o lo que os apetezca. Probadlo, jugad, explorad y seguid descubriendo que la sexualidad humana no tiene demasiados límites. En esta categoría podemos incluir las nuevas tecnologías. Muchas parejas follan delante de otros a través de cámaras (sexo por *cam*) y no lo consideran romper la monogamia. Otras van (por separado) a zonas de *cruising* a encontrarse (ellos dos) o entran juntos en una sauna para jugar a zorrear (entre ellos). Los límites, recordad, los ponéis solo vosotros (y el respeto a los demás, claro).

Es bueno que seáis realistas: no vais a follar tanto como al principio. Ni falta que os hace. Lo único que necesitáis (y ese sí es un objetivo terapéutico realista) es que vuestras relaciones sexuales recuperen frescura y que cuando tengáis sexo, que sea divertido y lleno de gratificación para ambos, tanto si sucede una vez a la semana como si folláis dos veces al mes. Si vuestras relaciones sexuales son gratificantes, aunque sean poco frecuentes os sentiréis felices con el sexo que tenéis. Genial.

Pero imaginemos que vosotros dos en concreto, además de darle un remozadito a vuestras relaciones sexuales en pareja, sois uno de los tantos matrimonios gais que queréis ampliar el

---

92. Claro, cari, estoy hablando en sentido figurado: tu novio o tú os disfrazáis de policía o de médico y lleváis a cabo esa fantasía.

círculo de personas con las que tenéis sexo. ¿Cómo permeabilizar vuestra pareja con éxito? Para hacerlo más claro, lo explicaré a manera de decálogo.[93]

1. Decidid si seréis pareja abierta o permeable. En el primer caso, os dais permiso para quedar con otros hombres por separado. En el segundo caso, siempre jugaréis juntos bien en tríos, bien en intercambios de pareja o participando ambos en la misma orgía. Cabe la posibilidad de pactar que, aun siendo pareja permeable, se establezcan excepciones y que podáis follar con otros sin estar juntos. Un ejemplo de esto sería que regresando de trabajar en el extranjero resulta que un tipo se te insinúa en el lavabo del aeropuerto, accedes y te hace una mamada en uno de los cubículos. En ese supuesto no es plan de esperar a tu marido porque igual estáis a 5.000 kilómetros y, de seguro, ese hombre y tú no os volveréis a cruzar en vuestras vidas. En cualquier caso, la experiencia de mis pacientes y amigos es que la pareja permeable funciona mejor que la abierta.

2. Pensad qué hay detrás de vuestras decisiones. Si prefieres ser pareja abierta y follar con otros sin la presencia de tu marido / novio, que no sea por una razón que afecte a la buena marcha de vuestra relación. Que las razones sean, por ejemplo, que estéis viviendo en ciudades diferentes o que tengáis horarios tan incompatibles que coincidir resulte un problema. Que no sea ni porque te da vergüenza dejar salir tu lado cerdo delante de él (eso significaría falta de autenticidad y de intimidad entre vosotros) o porque lo que estés buscando sea poder librarte de tu novio un rato (crisis en tres… dos…). Mi opinión como experto (esa que me has pedido al comprar el libro) es que los maridos / novios que se lo montan por separado, por

---

93. Puedes ampliar esta información en *QMM*, pp. 346-353.

razones como las que acabo de señalar, pueden estar entrando en una crisis de pareja de la que ni ellos mismos son conscientes. Sois libres de hacer lo que queráis pero mi obligación es avisar de que os estáis dirigiendo a la ruptura o a convertiros en «compañeros de piso».

3. Si el sexo entre vosotros es un desastre, abrir la pareja puede agravar el desastre. La norma «Arreglad vuestra casa antes de traer visitas» se debe aplicar tanto en sentido figurado como literal. Muchos son los que dicen cosas como: «Abrir la pareja es malo porque yo tuve una pareja, hicimos un trío y la relación se fue a la mierda porque mi ex se fue con el del trío». Pero en realidad están diciendo: «Yo tenía una relación de la que no veía (o no quería ver) que era una mierda y mi novio solo necesitó el empujoncito de follar con otro para dejarme». Me duele la boca de decirlo: hablad, hablad, hablad, ¡hablad, maricones! Y sed muy conscientes del estado de vuestra relación. Tríos y demás filigranas solo son aptos para parejas que funcionan bien. Si lo vuestro no marcha del todo, sed valientes y afrontadlo. Menos traumático será que rompáis de mutuo acuerdo antes de que acabéis alguno de los dos con cuernos.[94]

4. Es imprescindible que tengáis claro que vuestra sexualidad sigue siendo un elemento fundamental de vuestro proyecto compartido. La idea es que ambos sintáis que, cuando hacéis un trío, lo que estáis haciendo es añadir otra experiencia gratificante al contador de «buenos momentos compartidos con mi churri». Tened un enfoque de pareja, ved el «sexo ampliado» como algo que hacéis en pareja de la misma forma

---

94. Las parejas permeables se ponen los cuernos cuando uno de los dos rompe los pactos y hace algo que no habían consensuado. De hecho, se pone los cuernos incluso a sí mismo, ya que traiciona algo que él mismo pactó.

que, en pareja, visitáis parques naturales. Cada vez que salgáis de una orgía comentando el buen rato que habéis pasado, pensad que «esto no lo hubiese podido hacer con cualquier otro hombre, mi marido es mi cómplice en todo».

5. Consensuadlo todo. Unos amigos míos (que se adoran y llevan juntos años), además de follar de maravilla entre ellos, tienen sexo con otros hombres. Para ello tienen un *grindófono*,[95] que es un teléfono que solo usan para tener los contactos de los ligues y las aplicaciones de *cruising*. Ninguno de ellos tiene las aplicaciones instaladas en su móvil ni guardan números de teléfono de ligues en sus teléfonos personales. Todo el «zorreo» lo tienen en un teléfono que siempre está en la salita de su casa. Cuando vuelven de trabajar por la noche, miran juntos el *grindófono* por si algún contacto les ha escrito y contestan juntos. En las aplicaciones tienen fotos de los dos y la frase «Siempre follamos juntos». Los fines de semana que quieren sexo abren las aplicaciones juntos y juntos deciden con quiénes quedan.

6. La intimidad es lo que os mantiene juntos. Si valoráis vuestra relación, cuidad vuestra intimidad por encima de todo. Si hacéis un trío, que sea con un «hombre dildo», alguien que viene solo para follar y del que solo os interesa que haga de tercera pieza sexual. No establezcáis relaciones personales con los hombres con los que hacéis los tríos. La única excepción a esta regla es la de hacer amistad con hombres con los que ya no folláis porque ya no os dais morbo. Buscad alguien de buen rollo y tomad algo con él para conoceros pero, una vez follado, adiós muy buenas. Un trío no es el sitio en el que un soltero va buscando amigos y esta es una norma bastante universal en todas las parejas (homo y hetero) que hacen tríos. En algún de-

---

95. Ver ficha al final del capítulo. De verdad que los maricones somos creativos, coño.

cálogo *cuckold*[96] de los varios que puedes encontrar en internet se le dice al tercero: «Asume que no eres más que un personaje que colabora en la fantasía de una pareja estable y que, una vez acabado el encuentro, es normal que ellos no vuelvan a querer saber más de ti. Tú disfrutas del encuentro pero, una vez terminado este, tu papel es el de desaparecer». Aplicad lo mismo a vuestros tríos y dejad claro al tercero que esa es una norma que debe aceptar sin matices ni condiciones.[97]

7. Pactadlo todo: qué tipo de cosas haríais y cuáles no (por ejemplo, tríos sí, pero no orgías), con qué tipo de hombres os queréis acostar y adónde vais a ir a buscarlos (apps, clubes, chats…), si buscáis un activo / pasivo / versátil, si os gustaría jugar a sexo sumiso o tener sexo vainilla. Planificad si los besos en la boca estarán permitidos o no, etcétera. ¡Planificad teniendo presentes todos los puntos y detalles!

8. Estad preparados para eventualidades como que, en un trío, el tercero preste más atención a uno de los dos miembros de la pareja (es muy difícil atender a cada uno al cincuenta por ciento exacto). Lo más fácil es llamarle la atención de buen rollo y reconducir la situación. Por otro lado, si vais a un *sexclub* o a una orgía, es probable que uno de vosotros ter-

---

96. 'Cornudo' (sí, esa es la traducción literal): se refiere a hombres que se excitan viendo a sus mujeres follar con otros. Es un término que se aplica sobre todo a parejas hetero pero también los hay homosexuales.

97. ¡Hola! Si tú eres el tercero, es bueno que entiendas que en los tríos ya hay una unidad formada que se abre a ti para que tú puedas disfrutar de estar con otros dos hombres a la vez. Si haces tríos con parejas, debes asumir esta regla. Si te parece muy impersonal y no estás dispuesto a aceptarla, lo mejor es que quedes con otros dos hombres solteros y, entre los tres, os lo montéis y os hagáis amigos. Pero si el trío es con una pareja estable, las normas que imperan son las de la pareja estable.

mine antes que el otro. El que se corra antes tendrá que irse a tomar una cerveza a la barra mientras su novio sigue enfaenado. Si creéis que no sabréis llevar bien la diferencia de tiempos, un *sexclub* o una orgía no debería ser vuestra opción (al menos, no al principio de permeabilizaros).

9. Y si seguís con problemas, chatos, está bastante claro que el problema no era el sexo sino otra cosa… y ya podéis comenzar a leer el siguiente capítulo.

La primera vez que Carlos y Loren tuvieron sexo con otro chico fue durante una quedada gay en otra ciudad. Estaban en una fiesta y vieron a un hombre que a ambos les parecía atractivo. Cuando lo hablaron en su día (aquella tarde después de la cogorza de Rubén), decidieron que para irse quitando la vergüenza jugarían al «este te gusta», que consiste en ir tratando de adivinar los hombres que tu marido encontraría atractivos. Como juego es menos agresivo que ir diciendo «ese me gusta», ya que esto último sitúa la atención sobre el admirado mientras que el novio del admirador se queda fuera del juego. Sin embargo, cuando es el novio el que juega a adivinar, ambos se sitúan en el mismo nivel de participación. El «admirado», con frecuencia, ni se entera de que está participando en un juego entre maridos. Total, que en la discoteca, Carlos le dijo a Loren:

—Ese de la camiseta blanca te gusta.

—Y a ti.

—Cierto, punto para los dos.

—Ay, que nos mira.

—Sí, qué mono, ¿no?

—Mucho. Y sonríe. Se ha dado cuenta de que lo estamos mirando. Espera…

Loren alzó su copa como si estuviera brindando en la distancia con el morenazo aquel y, mira por dónde, Juanlu (así resultó llamarse) le correspondió. Carlos hizo lo mismo y brindaron a tres bandas. Juanlu, que sabía de qué iba aquello, se les acercó. Charlaron un buen rato, se tomaron una segunda copa juntos, se cayeron muy bien y de nuevo Juanlu tomó la iniciativa:

—Es la primera vez que vais a hacer un trío, ¿verdad?

—Se nos nota mucho, ¿no?

—Sí, porque no dais el paso y eso que se ve que nos gustamos.

—Ay, hijo, perdona, pero es que ya sabes que cuesta perder cualquier virginidad. (Trío de carcajadas).

—Pues a mí me encantaría. Sois guapísimos... y dais un buen rollo de la hostia.

—¿Tú qué dices, Loren? ¿Sí?

—Si los dos decimos que sí, encantado.

Y se fueron al hotel. El primer polvo fue morboso pero rápido porque tanta excitación ya sabemos que explota pronto. Pero para el segundo se tomaron su tiempo y trataron de hacer todas las combinaciones posibles de *spit-roasts*,[98] trenecitos y dobles mamadas. Lo de la doble penetración necesitaba algo más de entrenamiento para nuestros amigos, aunque Juanlu dilataba bastante bien. Total, que fue una pasada y acabaron de follar a las 5 de la mañana, se dieron una duchita y se apretaron en la cama. Por haber sido tan bueno con ellos, Carlos y Loren dejaron dormir a su tercero en medio. A la mañana siguiente desayunaron y se dieron los teléfonos.

—Si volvéis por Sevilla, me encantaría volver a veros, aunque sea para ir a comer.

—Eso puedes darlo por hecho. Muchas gracias por todo.

—A vosotros, ha sido un... dos placeres: han sido dos placeres.

—Jajaja. ¡Tres placeres tremendos!

Una vez que se despidieron con unos besos, Carlos y Loren comentaron:

—Bueno, como el chico vive a mil kilómetros, no pasa nada por-

---

98. Una polla en la boca y otra en el culo (de ahí, *spit*, 'espetón'), como si fueras un pollo en un asador (*roast*).

que mantengamos el contacto. Además, así tenemos guía si es que volvemos por Sevilla, ¿te parece?

—Me parece, amor, me parece perfecto.

Y como lo habían pasado tan bien, decidieron prepararse un *grindófono* para volver a hacer algún trío más adelante.

FICHA: EL *GRINDÓFONO*[99]

¿Qué es un *grindófono*? Es un teléfono, compartido por una pareja que la mayor parte del tiempo está en casa. El *grindófono* contiene apps de *cruising* (Grindr o cualquier otra de las muchas que existen). Incluye un perfil de «pareja que busca un tercero u otras parejas». O que quiera tener sexo lúdico con una pareja permeable. También tiene Whatsapp, Kik u otras aplicaciones de mensajería para comunicarse con los posibles ligues. La particularidad es que todos los perfiles son de la pareja, con fotos de los dos y descripciones de ambos. Eso sirve para dejar muy claro a los terceros que con quien se contacta es con una pareja, no con alguno de los miembros de la misma, y permite tener conversaciones compartidas. Podéis chatear juntos con el fin de encontrar a alguien con quien montarse un trío, cuarteto, orgía… Suele ser útil informar en cada conversación quién de los dos es el que está escribiendo en cada momento para que el interlocutor no se pierda. Al estar el dispositivo disponible para ambos, cualquiera de los maridos puede usarlo mientras esté en casa. Todo lo que hay en este teléfono es compartido y los dos hacen uso de él y tienen acceso al mismo.

---

99. Gracias, Moisès, por una descripción tan exhaustiva del *grindófono*.

8

Esto se acaba (preludio)

—¿Cómo estará Rubén?

—No sé. ¿Por qué no le das un toque y le preguntas?

—Venga, lo llamo. Pero le digo que pongo el manos libres y hablamos los tres a la vez.

—Dale.

Rubén les contó que había tenido una bronca monumental con Jorge. Que le planteó un ultimátum: ya no quería seguir sin follar, no era normal y si pensaba continuar en ese plan sin dar señales de intentar solucionarlo, él lo dejaba. Y que Jorge le había contestado que si acaso era aquello lo que andaba buscando: una excusa para abandonarlo. Rubén se había quedado en *shock:* llevaba seis meses detrás de su novio para intentar recomponer su vida sexual y cuando se ponía firme para que buscasen un arreglo, su novio lo acusaba de andar buscando excusas para dejarlo.

—Le dije de todo. Se me fue la pinza, lo reconozco, pero me sentó como una patada en el estómago. Encima, ahora resulta que la culpa es mía.

Signos de desgaste

Esa es una de las señales del desgaste: culpar al otro. O, como en el caso anterior, tergiversar las cosas para hacer recaer sobre Rubén la responsabilidad de lo que sucede y, al final, no tener que responsabilizarse él mismo. Vamos, lo que en mi pueblo viene siendo un «echar el culo fuera» de toda la vida.

Si una pareja tiene problemas, raramente es por culpa de solo uno de ellos, así que culpar al otro, además de una falta de respeto, suele ser una falacia. Las parejas que funcionan suelen entender que las dificultades en su convivencia son producto de algo que los dos hacen incorrectamente y buscan comprometerse ambos en la solución. En el momento que una pareja entra en la dinámica de pasarse la culpa el uno al otro (y exigirle al otro que se encargue él de solucionarlo) dejan de enfocar correctamente la solución a sus conflictos. Entonces dejan de implicarse en el proyecto compartido porque ya no conciben que la búsqueda de las soluciones sea algo que deban hacer juntos como parte de ese proyecto. Ya no se preocupan de solucionar «nuestros problemas», sino que encargan al otro que solucione «sus problemas». Recordad que ver los problemas como algo perteneciente a los dos suponía entender la pareja como algo más que «tú y yo». Así que esta falta de proyecto también la podemos entender como un aviso de desgaste: si no hay nada que os una ni trabajáis mancomunadamente, es fácil que la distancia entre vosotros vaya aumentando.

Un tipo especial de culpabilización del otro es querer cambiar a tu pareja, considerar que su forma de ser es la culpa de que os vaya mal. Pedirle que sea distinto es, como vimos en el capítulo 6, una falta de aceptación. Si él siempre ha sido así desde que os conocéis, pretender que cambie supone la pérdida de un elemento crucial para que la relación perdure.

Existe una salvedad a lo anterior y es la que tiene que ver con las dinámicas tóxicas de las que hablábamos en el capítulo 3, y con otras situaciones como la IH. Imaginemos que vosotros ya erais pareja antes de leer este libro y tú desconocías que no era buena idea implicarse en una relación si antes uno no se ha desprendido de sus mochilas. Si tu novio tiene un perfil de los que se explican en el tercer capítulo de este libro o si su IH hace que quiera mantener vuestra relación oculta y te presenta como «un amigo» a sus compañeros de trabajo, a lo mejor sí es cierto que él tiene que responsabilizarse de algo. Puedes darle un plazo del tipo: «Cariño, esto es objetivamente contrario a lo que se espera de una pareja y es bueno que le pongas solución. Estoy dispuesto a darte un plazo y apoyarte en tu proceso pero, como comprenderás, no puedo conformarme con algo que no es una relación de verdad (o con una relación que me hace daño porque mi novio no es capaz de controlarse a sí mismo)».

Eso sí, lo que tengas que criticar a tu novio que sea en privado y siempre en los términos que hemos visto, ya que otra de las situaciones que desgastan la relación son los reproches, especialmente los que se hacen en público. Cuando los miembros de una pareja se critican ante terceros se está faltando al respeto, y eso es una señal clarísima de desgaste. Sí, claro, podría darse el caso de que tu marido cometa una burrada tremenda en una reunión de amigos y que no puedas callarte ante lo que acaba de hacer. Sería una protesta sobre algo puntual. Pero incluso entonces es mejor que hagáis un aparte para discutirlo en privado. Si no hablamos de esa circunstancia excepcional y resulta que uno de vosotros tiene como afición ir remarcado ante los demás cada defecto que puede criticar de su novio, vais mal. Sobre todo si lo hace con ánimo destructivo. Señalar solo los defectos de tu pareja es una autopista en dirección hacia la ruptura.

Lo mismo podemos decir de las quejas. Quizá no criticas cómo es tu novio pero te quejas continuamente de lo que hace o no hace. Ambas cosas (críticas y quejas) no hacen sino subrayar el descontento con tu marido. Y si estás descontento con él, ¿qué hacéis juntos? ¡No tiene sentido! Quejas y críticas son síntomas de descontento, y si este no se canaliza hacia la búsqueda de soluciones, es probable que los problemas se enquisten. Criticar o quejarse sin buscar soluciones (sin ánimo constructivo) conduce al malestar y el malestar conduce al desgaste de la pareja. A veces ya no se discute: los novios / maridos, directamente, se pelean. Si estas peleas absurdas que no conducen a nada se convierten en algo habitual, es frecuente que las parejas lleguen a otro de los signos del desgaste: el hartazgo. Terminan hartos el uno del otro y hasta sienten ilusión por una vida en la que el otro ya no estuviera. Sienten ilusión por estar solteros de nuevo.

Otra de las señales de desgaste tiene que ver con la desconfianza. A ver, si tu marido de repente comienza a comprarse calzoncillos de marca que se pone para ir a esas clases de pintura de las que, por cierto, nunca te ha enseñado ni el boceto de un cuadro, igual es que algo raro pasa (sobre todo si sale de casa perfumadito con colonia cara y vuelve con el pelo revuelto). En ese caso es comprensible que quieras saber qué sucede y si él no te da una respuesta convincente, igual tienes que ir a buscarlo algún día a clase por sorpresa y ver si está allí o en otro sitio muy distinto del que te ha dicho. Ahora, desde luego, no hablamos de que no quieras ser cornudo sino de que, sin ningún tipo de motivo ni razón objetiva, sientas unos celos fuera de lugar y que lo espíes.

Enlazando con esto tenemos la otra cara de esta moneda: las mentiras y la falta de comunicación son otro de los síntomas de que vuestra relación va mal. Si os mentís el uno al otro u os comunicáis mal, ¿qué queréis que os diga que no sepáis ya sobre lo que os espera? La mentira es señal de falta de empatía, de que el otro no te importa y que no te sientes mal por mentirle. Eso de que el otro ya no nos importa también es un criterio para saber que la relación se está hundiendo.

Finalmente, y recordando lo que hemos visto justo al finalizar el capítulo anterior, la ausencia de deseo (y no querer remediarlo), no preocuparse por mantenerse atractivo para el marido/novio, no dar relevancia a la sexualidad (o a la expresión de afecto aunque no folléis) es un signo clarísimo de desgaste.

Para sistematizar todo lo anterior, os lo presentaré en formato *checklist* para que marquéis con ☑ los signos de desgaste que se estén produciendo entre vosotros. Como sucedía con la tabla 3, este tampoco es un test baremado, así que no hay ninguna puntuación a partir de la cual diremos que estáis en crisis, pero, evidentemente, si de los doce puntos os suceden más de seis sería bueno que os replanteaseis en qué dirección estáis yendo con vuestra pareja.

- ❑ Culpamos al otro.
- ❑ Nos falta proyecto compartido.
- ❑ Queremos cambiar al otro.
- ❑ Nos relacionamos tóxicamente (las faltas de respeto cuentan).
- ❑ Tenemos IH.
- ❑ Nos criticamos.
- ❑ Nos quejamos el uno del otro.
- ❑ Desconfiamos (o desconfío o desconfía).
- ❑ Nos mentimos (o le miento o me miente).
- ❑ Nos falta comunicación.
- ❑ Tenemos problemas sexuales.
- ❑ No nos preocupamos de mantenernos atractivos para el otro.

Rubén y Jorge tenían problemas sexuales pero aquello era solo la punta de un iceberg porque, como se vio en la discusión que mantuvieron, también podían haber marcado la casilla de «Culpamos al otro» y la de «Nos falta comunicación». Efectivamente, los amigos de nuestros Carlos y Loren están en crisis.

Crisis e irresolución de conflictos

En psicología solemos decir que «todo tiene alguna función», por lo que si algo no desaparece, es porque está cumpliendo una función y la mente no quiere desprenderse de algo que le es útil. En muchas parejas gais, el conflicto cumple varias funciones (Isensee, 1996):

- Problemas que no se han hablado. A veces nos adaptamos al otro sin haberle comentado que nos gustaría que hiciera las cosas de forma diferente y explotamos cuando estamos tensos. Por ejemplo, nunca le aclaramos a nuestro novio que no nos gusta que fume dentro del coche hasta que, un día, cabreados por otra cosa le decimos que estamos hartos de que nos agobie allí con el humo y el mal olor. Él se queda de piedra porque, en año y medio, jamás te habías quejado y no entiende por qué no tuviste la confianza para pedírselo desde el principio (y de buenos modos). ¿Qué hemos dicho, maricones? Hablad, hablad, hablad. Si no hemos aprendido a discutir asertivamente, nuestras discusiones estarán salpicadas de conflicto. Recordad que nunca dejaréis de discutir y que es sano poder hacerlo, siempre que sea civilizadamente. Si el conflicto aparece cuando lo que queréis es solucionar un problema, volved al capítulo anterior porque me parece que os lo habéis saltado. Recordad la importancia de saber discutir.
- Hacer manifiestas las proyecciones de cada uno. El conflicto sirve para poner sobre la mesa las creencias individuales («Piensa el ladrón que todos son de su condición») y muchos ven en su novio o marido lo que, en realidad, son sus propias sombras. No os podéis imaginar la de veces que he oído: «Lo vigilo porque creo que me va a poner los cuernos… porque yo lo hago». ¿En cuántas discusiones lo que ocurre es que nuestro marido nos activa un guion propio? Otro ejemplo: si toda tu vida te has sentido ninguneado y tu novio está chateando con

un amigo cuando tú le quieres explicar algo (que, a lo mejor, ni siquiera es importante) es probable que tú interpretes su actitud como una muestra de ninguneo cuando, en realidad, él solo está tratando de ser educado con un amigo con quien, por cierto, ya estaba chateando antes de que tú llegases a interrumpirlos. *Dramaqueens* (desde el cariño), insisto: ¿os habéis quitado las mochilas antes de entrar en una relación?

Además de estas dos funciones principales, el conflicto puede servir para otra gran función que no debemos olvidar: señalar que queréis acabar con la relación. A menudo el conflicto solo sirve para manifestar vuestro desacuerdo y que no estáis dispuestos a cambiar por el bien de la relación. Ninguno de vosotros tenéis los cojones de decirlo abiertamente porque no queréis ser «el malo de la película» ni sentiros culpables de haber sido el que, con su verbalización, le rompiera el corazón a su novio. Pero ambos estáis demostrando con vuestros actos que no tenéis la menor intención de llevar vuestra relación a buen puerto. En ocasiones me he encontrado con parejas que vienen a terapia como último recurso y cuando los oigo hablar, tengo clarísimo que van a romper. Dependiendo de las caras que les vea (y de su estado de ánimo), a veces se lo digo directamente: «Lo que no entiendo es por qué seguís juntos si está claro que no queréis arreglarlo, ¿es que no os atrevéis a dar el paso?». A veces es más útil ayudar a romper una relación que solo provoca sufrimiento que empecinarse en mantener algo que no funciona porque los maridos ya no están por la labor.

Hay una señal muy evidente de que tener problemas se ha convertido en una forma de comunicar que no quieren seguir en la relación. Se trata de cuando el problema se ha convertido en una lucha de poder, en un acto de dominación/sumisión (lamentablemente no estamos hablando de ningún juego erótico). Antes de nada, quiero que fijéis en vuestras mentes una frase que un amigo suyo le repetía a Daniel (uno de mis pacientes) cuando estaba viviendo los estertores finales de una relación que lo torturaba. Su amigo (ambos eran muy maricultas) le repetía la frase latina «Acta, non verba» ('Hechos, no palabras'), con la que le expresaba lo importante que era fijarse en lo que el otro hacía en lugar de fijarse en lo que prometía que haría (y que nunca sucedía). Los actos, los hechos, son los que demuestran la verdad. El ser humano lo tiene mucho más fácil para mentir con las palabras que con sus acciones, así que prestaremos atención a los hechos, no a las palabras (promesas, excusas, etcétera.).

En consecuencia, cuando uno de ellos dice (o transmite con sus actos) que no está dispuesto a cambiar y que quiere salirse con la suya a toda costa, está poniendo de relieve que concibe la relación de forma vertical (uno quedando por encima del otro), en lugar del modelo sano horizontal, donde ambos son iguales. En el momento en que dejan de verse como iguales que cooperan y comienzan a percibirse como rivales que compiten por ganar al otro, el declive se hace manifiesto. Algunos hombres eso es lo que han visto en sus casas, eso fue lo que aprendieron y, por eso, siempre se relacionan con sus parejas como en una lucha por el poder. Vieron a sus padres pelear por dominarse mutuamente y ese es el modelo que han interiorizado. Hubiera sido deseable que se dieran cuenta de que era un modelo insano y que no debían repetirlo. Pero no somos perfectos y no hacemos lo que debemos sino lo que nos enseñan a hacer. Nadie se extrañe, por tanto, de que estos hombres vayan de fracaso en fracaso. Si siempre habéis visto la relación en términos de lucha de poder, sabed que también vais a fracasar en esta relación, porque si os percibís en términos de dominante-dominado, ¿me queréis decir qué clase de relación de pareja es esa? Pues ánimo, volved a la casilla «relaciones tóxicas» de este tablero que es el libro y poneos las pilas.

Como ves, a veces el conflicto es la forma que tienen dos novios de decirse, sin verbalizarlo, que quieren terminar con una relación. Si estáis todo el día discutiendo, si no hacéis cosas juntos, si no hay momentos gratificantes entre vosotros, si estáis juntos por no estar solos, si ya no os queréis como se supone que deben quererse dos novios / maridos…, ¿no es mejor pensar en romper?

La decisión es tremendamente personal y hay parejas que aunque tengan claro que ya no se quieren, deciden continuar juntos por razones como, por ejemplo, que comparten una casa en el centro y no quieren deshacerse de ella. Si son capaces de gestionar civilizadamente el paso a su nueva situación como compañeros de piso, entonces estupendo. Pero debo adelantaros que no es sencillo. Lo que sí quiero que tengáis muy claro es cómo saber que nuestra relación se está rompiendo. Empecemos a hacer cuentas: ¿cuántas, de las siguientes situaciones se os han presentado?

1. Claros signos de desgaste (listado de hace unas páginas).

2. Aparece un problema (o más de uno) que no se quiere resolver porque no hay ni diálogo constructivo ni ofrecimiento de cambio por parte de alguno de vosotros o de ninguno de los dos. Habéis convertido el problema en una lucha de poder.

3. El proyecto compartido que teníais se ve comprometido por culpa de ese conflicto enquistado. O tal vez os hayáis dado cuenta de que no teníais ningún proyecto común.

4. Empezáis a tener pensamientos del tipo: «¿Cómo sería mi vida sin él?». E incluso, a ser conscientes de que estaréis mejor sin él. A veces, por el contrario, os desborda el miedo a la pérdida porque creéis que se necesita un novio para poder vivir (regresad al capítulo 4) pero lo sentís precisamente porque sabéis que vuestra relación está abocándose al final y ese final os da pánico.

5. Los síntomas de problemas comunicativos se acrecientan y se presenta alguna de las tres situaciones siguientes:

a. Discutís continuamente.
b. Os habláis de forma irrespetuosa.
c. Ni siquiera os habláis.

En lenguaje de póker y para ser escuetos: una sola carta es un problema; con una pareja (de cartas) es bueno que lo habléis con el psicólogo; un trío os lo pone muy difícil para remontar; un póker va a necesitar medidas extraordinarias para solucionarlo, pero con un repóquer (las cinco cartas) ya no tenéis más remedio que aprender a romper bien.

—¿Y tú cómo estás? (Loren había nacido para el *counselling*).
—Mal, muy mal.
—Normal, yo también lo estaría. ¿Cómo crees que seguirá la cosa?
—Yo creo que la cosa no sigue.
—¿Habéis hablado de dejarlo?
—No con esas palabras, pero por ahí van los tiros. Me dijo: «Si no te gusta, ya sabes lo que tienes que hacer».
—Sí, es bastante obvio.

Carlos hizo gestos de llevar una maleta en las manos, a los que Loren respondió afirmando con la cabeza. Con el consentimiento de su novio, Carlos hizo una propuesta:

—Vente este fin de semana a nuestra casa.
—No no. No quiero molestar.
—Vas a cocinar a cambio, no serás una molestia. (Sí, Carlos sabía cómo relajar un ambiente tenso, los pleitos lo tenían bien curtido). Tenemos libre la habitación de invitados y así hablamos tranquilos de lo que podéis hacer. Tenéis una hipoteca conjunta, ¿verdad?
—Uf, no me lo recuerdes.
—Al contrario, es bueno. Tú hazle caso a tu amigo el abogado. La hipoteca es un muerto del que no te puedes librar si no es con un acuerdo de buena voluntad, así que es una carta que tenéis los dos para aseguraros de que vais a hacer las cosas bien. Si no dialogáis y rompéis de malas maneras, vais a tener problemas con el banco… y seguro que ni él ni tú queréis eso.
—No, claro.

—Pues ya está —intervino Loren—, te vienes este finde y estáis un par de días sin veros. Dile que necesitáis pensar sobre cómo vais a solucionar esto y que es mejor que os deis un espacio. Te vienes el viernes y el lunes por la tarde quedáis para charlar y plantearos el futuro.

—Vale, sí. Me apetece…, bueno, lo necesito mucho. No sabéis cómo os lo agradezco, sois maravillosos, qué suerte tenéis de estar juntos…

Y lloró. Mucho. Lo estuvieron escuchando llorar y consolándolo casi quince minutos. Luego se despidieron y quedaron en pasar a recogerlo el viernes a las cinco de la tarde. Rubén y Loren son amigos y compañeros de trabajo. (¿Recuerdas que fue Rubén quien convenció a Loren para salir a ligar la noche que conoció a Carlos?). Se quieren mucho. Se conocieron cuando Loren se mudó desde su pueblo a Barcelona para trabajar en el Clínic. Loren buscaba piso y vio un anuncio de «Compartir piso» en el panel de corcho de la sala de enfermeros. El que ofrecía compartir era Rubén y pasaron juntos muchos años. En aquel tiempo, Rubén ya salía con Jorge y cuando se casó con él (y se fueron a otra casa), Loren se quedó viviendo en el piso. Cuando Loren comenzó a tener una relación seria con Carlos, este y Rubén se hicieron amigos. Al final, los tres tenían mucha complicidad. Por eso, tanto Loren como Carlos se implicaron en ayudar a su amigo a resolver su crisis. Todo apuntaba a una clara ruptura. Al fin y al cabo, Jorge y Rubén llevaban tiempo sin actuar como pareja. Y no porque no tuvieran sexo, sino porque se ocultaban cosas y ya no promovían el bienestar mutuo. No navegaban juntos sino en direcciones distintas.

> ¿QUÉ SENTIDO TIENE QUE SIGÁIS COMO PAREJA CUANDO, EVIDENTEMENTE, NO ACTUÁIS COMO UNA PAREJA?

La ruptura bien gestionada

Si gestionar bien una relación en la que ambos se quieren necesita esfuerzo y paciencia, ¿te imaginas lo que se necesita para gestionar bien una ruptura? Exacto: droga dura (jeje), porque el efecto de las emociones «negativas» jugará en vuestra contra.

El jueves siguiente a su conversación telefónica, Loren y Carlos regresaban juntos del gimnasio. Serían las ocho menos cuarto de la tarde cuando abrieron la puerta del ascensor y se encontraron a su amigo Rubén sentado en el rellano. Traía consigo dos bolsas de plástico, de esas del supermercado, con algo de ropa. Sin duda, había salido de su casa por patas:

—¿Rubén? ¿Qué haces aquí?

—Es un hijo de puta, es un hijo de puta. (Y lloraba..., ¡cómo lloraba!).

—¿Quién? ¿Jorge? ¿Qué ha pasado? ¿Te ha pegado?

—No, peor, ¡mucho peor!

—¿Peor que pegarte?

Para ese momento, Carlos ya había abierto la puerta de casa y metido las bolsas en el vestíbulo. Entre los dos alzaron a Rubén del suelo y, casi en volandas, lo metieron en el apartamento. Loren cerró la puerta con el pie. Dejaron caer a Rubén sobre un sillón y mientras Loren traía agua, Carlos lo abrazaba.

—Venga, vamos a intentarlo. Cálmate.

—Toma agua, ¿quieres una tila? Tenemos infusión de valeriana, ¿te hago una?

—Sí, por favor. (Y lloraba).

—Venga, ven, dame un abrazo.

Un abrazo, un vaso de agua y una infusión más tarde, Rubén estuvo lo suficientemente recompuesto como para engarzar varias frases en una explicación coherente. Aunque era evidente que había pasado algo gordo con Jorge, no se imaginaban qué era lo que podía haber sido tan fuerte como para que Rubén saliese de casa casi con lo puesto.

—Está con otro tío.

—¿Jorge?

—Sí, el muy cabrón. Y yo sintiéndome como una mierda porque ya no atraía a mi marido. Y el hijo de puta estaba con otro.

—¡Joder!

—Pero ¿estás seguro?

—¡Si lo he pillado!

—¿Que lo has pillado?

—Con un tío de su empresa.

—¿Cómo?

—Marga, la de rayos, me dijo que quería hablar conmigo. Total, que a la hora de comer nos vamos a un restaurante al lado del hospital y me dice: «Rubén, perdóname por favor si me estoy metiendo en algo que tú has pactado, pero prefiero parecer entrometida y quedar como una gilipollas antes que callarme esto. No quiero que por callarme, tú salgas perjudicado». Claro, yo asustado le pregunto que qué pasa, que si es algo del trabajo. Y me dice que no, que es sobre mi marido. «¿Mi marido?». «Sí, sobre tu marido... ¿Vosotros sois pareja abierta?». Yo ya me lo vi venir todo y me puse a llorar como una magdalena.

—Hostias, ¿es que ella lo había visto con otro?

—En el hospital.

—¿En el hospital? ¡Coño, qué temerario!

—No, es que resulta que era al único sitio al que podían ir.

—Explícate, ¿había tenido un accidente?

—Sí, menudo accidente. Con el condón.

—¡La madre que lo parió! ¿Fue a pedir la profilaxis? ¡Había estado follando con otro!

—Tal cual. (¡Otra vez a llorar!)

—Pero... ¿desde cuándo?

—Eso lo supe luego. Total, que Marga me dice que ella estaba en urgencias el sábado que yo estuve viendo a mis padres en el pueblo, hace tres meses. Que se acordaba de lo del pueblo porque le traje chorizo al lunes siguiente. Me dijo: «Rubén, te lo cuento porque yo no estaba allí como profesional sino acompañando a mi madre y aquello lo oí yo como lo podía haber oído cualquier otro usuario. Que tú ya sabes que yo para el secreto profesional soy muy mirada». Resulta que estaba en la ventanilla haciendo cola y se dio cuenta de que el de delante suyo era Jorge y que estaba con otro tío. Ella se dio la vuelta para que Jorge no la reconociera porque se olió algo malo. Total, que cuando llegaron a la ventanilla, el otro dijo: «Para pedir la profilaxis del VIH, es que se nos ha roto el preservativo». La recepcionista les dio las indicaciones y se fueron sin verla a ella.

—¿Qué me estás contando?

—Pero eso no es todo. (Debo decir que Rubén ya llevaba un vodka encima y eso le estaba ayudando a hablar sin romperse).

—¿Más?

—Me dijo Marga que ella no sabía si éramos pareja abierta y que, por no parecer entrometida, no quiso decirme nada. «Pero mira qué puta casualidad que resulta que el otro muchacho es vecino de una compañera nuestra y los ha visto juntos un montón de veces porque Jorge lo acompaña en coche cada tarde hasta su casa. Y la chica me lo ha contado hace unos días. Como no sé cómo te lo vas a tomar, no te voy a decir quién es ella, pero para mí es cien por cien fiable». Un cuadro, chicos, un cuadro. Me estaba poniendo los cuernos, tal como me estaba imaginando.

»Hablé con Marga y le conté lo de la crisis y que estábamos rompiendo pero que Jorge lo negaba todo, que él decía que era culpa mía. Así que ella, por «solidaridad entre amigas», me dijo: «Pues, niño, si quieres la prueba definitiva, nada más tienes que estar antes de las cinco y media de la tarde en tal número de tal calle». Y allí me planté. Y allí me los encontré. Me quería morir. Pero cuando los vi besarse para despedirse, a quien quise matar fue a Jorge. Me abalancé sobre el coche, ¡me subí en el capó pegando manotazos sobre el cristal! El novio se debió pensar que yo era un atracador, no veas el susto que se llevó el maricón: encogió las piernas sobre el asiento y no las estiró en todo el rato. Jorge gritaba: «Hostias, hostias», y yo: «¿Hostias, hijo de puta? ¡Hostias las que te voy a meter, so asqueroso, pedazo de cabrón!», Me quité el zapato y aporreé el techo del coche. La gente en la calle mirando, Jorge pidiéndome que me tranquilizara, el otro que, en esas, se entera de que soy el marido y que estaba sacando la marica despechada a pasear: ¡más chillaba encogido en el asiento! Los vecinos tirando de mí como podían. Yo gritando: «¡Te mato, hijo de puta, por eso no querías follar!» y…

—… (Ojos como platos de Carlos).

—… (Loren se tapa la boca para que no se le escape la risa pero…) ¡Jajajaaaaaaaaaaa! (Carcajada estruendosa de Loren; desparrame de Carlos):

—¡Ay maricón, que nos lo hemos perdido!

—¡De verdad! Jajaja, si estoy allí te grabo. Ese vídeo lo peta en Youtube: «Marica despechada a taconazos contra el coche de su marido infiel ¡porque no la follaba!».

—Bueno, sí…, pero yo…estaba muy dolido y…

—Nene…, no jodas, si Almodóvar hace una película con eso.

Los tres empezaron a reír a carcajadas solo de imaginarse a Rubén encaramado al coche y metiéndole zapatazos, Jorge suplicándole calma desde el cubículo, el tercero dando gritos de miedo y encogido como un bicho bola, los vecinos tirando del pantalón de Rubén tratando de bajarlo del capó, y todo eso amenizado con los gritos de «Por eso no querías follar». Cuando se consiguieron aguantar la risa, un buen rato más tarde, retomaron la conversación.

—Total, que me fui a casa en taxi. A los diez minutos llegó Jorge, ¿y qué creéis que me dice?

—¿Qué?

—Que cómo me paso tanto, que se avergüenza de mí, que cómo puedo dudar de él y que su compañero se ha llevado un susto de muerte, que si sigo con mis paranoias me deja.

—¿Cómooooooo? ¿En serio te salió con esas? ¿Encima quería hacerse la víctima?

—Buah, le dije de todo: «Ahora mismo me cago en todos tus muertos, hijo de la grandísima puta. ¿Tú te crees que yo estaba allí de casualidad, pedazo de mierda? Estaba allí porque me dieron el chivatazo de que hace meses que os ven llegar y daros el beso de despedida, so pedazo de guarrón. ¿Y lo de la profilaxis en el Clínic qué? ¿Eso tampoco significa nada? ¡Que la que estaba detrás vuestro en la cola es amiga mía!». Se quedó muerto. «Suerte tienes de que ya no haya divorcio contencioso por infidelidad, so estiércol, que te iba a quitar hasta los empastes con la de testigos que tengo. Mierda, que eres un mierda. Tanto decirme que yo era un pesado con el sexo, ¡claro, como el señor ya tiene una puta que le vacía los huevos, al marido que le den por culo! Pues me van a dar ¡y mucho! Esta noche me busco a dos chaperos pollones y que me dejen el culo como tú no has sido capaz en tu puta vida, ¡piltrafa!».

—¡Niño! Cómo te pasaste, ¿no? Ahí sí que te pasaste mucho... Bueno, y con lo del coche también..., ¡pero era más divertido! (Y de nuevo se les soltó la risa).

—Pues sí. Pero me merecía darme el gusto. Después de cómo me lo ha hecho pasar, de los meses que me he tirado llorando e intentando reconstruir lo nuestro. Los meses que se ha pasado evadiendo el tema y dejando que yo me hundiera... Y decirme que todo era culpa mía cuando lo hablamos aquella vez. ¡Hijo de puta! ¿Que me he pasado? ¡Poco le he dicho!

—Total, que metiste cuatro trapos en dos bolsas y te viniste.

—Y el resto ya lo sabéis.

—Bueno bueno bueno. Mira, vamos a hacer una cosa: hoy vamos a relajarnos. Mañana, cuando volvamos los tres del trabajo, nos vamos a ver una comedia al cine, luego nos vamos de copas y te distraemos. Y, ya el sábado, empezamos a pensar en cómo enfocamos todo esto de la separación.

—No, calla, si eso es lo mejor. Cuando termino de soltarle todo, me pone cara de compungido y me dice: «Asumiré tu decisión sin obstaculizarte». ¡Lo que me faltaba! «¿Que asumirás mi decisión, hijo de la gran puta?».

—Y otra vez lo vestiste de limpio…

Nuestros amigos siguieron rajando de Jorge durante la cena y el té posterior. Como bien dijo Loren, lo que Rubén necesitaba en esos precisos momentos era poder desahogarse, gestionar todas las emociones que estaba sintiendo. Una vez que estuviese más tranquilo en ese sentido, se pondrían manos a la obra para solucionar la parte práctica: hipoteca, mudanza, cuentas bancarias y comunicarlo a familiares y amigos. Después vendría la elaboración del duelo. Pero eso ya sería una vez finalizado el proceso de ruptura.

Y, como nuestro protagonista, vosotros también tendréis que pasar por esas mismas fases: gestión emocional inicial, aspectos prácticos de la ruptura y elaboración del duelo. De esta última trataremos a lo largo de todo el siguiente capítulo. Ahora ocupémonos de las otras dos.

Gestión emocional inicial

Rubén, seguramente, se arrepentirá de lo que hizo y de todo lo que le llegó a decir a Jorge. Probablemente, en más de una cena entre amigos se reirán recordando lo esperpéntico de la escena y, en más de una ocasión, bromearán sobre su carácter («No te metas con Rubén, que si se enfada te pega zapatazos en el coche»). Que sus amigos empleen el humor para no magnificar el drama, ayudará a Jorge a mantener la perspectiva y, probablemente, hasta termine pidiéndole disculpas a Jorge y a su nuevo novio. Pero todo eso ocurrirá una vez haya superado las emociones tan intensas que se experimentan en los primeros momentos de una ruptura traumática.

Como Rubén, es obvio que tú también vivirás emociones intensas. Vas a sentir rabia, culpa y tristeza. Rabia porque estás sufriendo. Culpa porque incluso si lo has hecho todo por arreglarlo, te quedará la sensación de que podrías haber hecho más. Y tristeza porque, aunque seas tú quien tome la decisión de dejarlo, siempre lo vivirás como algo que, finalmente, no fue todo lo bonito que creíste que podía haber sido. La pérdida siempre se vive con tristeza.

Hablo ahora de gestión emocional «inicial» porque será diferente de la gestión emocional que tendrás que hacer en el futuro, cuando estés elaborando el duelo y cuando ya no sientas tanto la necesidad de expresar sino, más bien, de apaciguar. En este primer momento, de lo único que te tienes que ocupar es de dejar salir lo que estás sintiendo y expresarlo tantas veces como sea necesario. Si sientes tristeza, llora. Si sientes rabia, maldice. Si sientes culpa…, si sientes culpa, lee este libro para darte cuenta de que hiciste lo que estaba en tu mano y no se puede hacer más de lo que uno puede hacer.

A mí me gusta mucho emplear la música como forma de gestionar las emociones iniciales. Siempre se encuentra alguna canción (especialmente boleros, rancheras y éxitos de la música disco) que cuentan tu historia. Hasta parece que la escribieron pensando en ti. Luego te das cuenta de que eso, precisamente, significa que todo el mundo pasa por situaciones similares. ¿Que lo has dado todo por hacer que una relación funcione mientras que el otro no se implicó en nada y, justo cuando decides rendirte, ya cansado de que te pisoteen el corazón, el otro va y te dice que no te vayas? Pues *Fue un placer conocerte* es tu canción. ¿Te han puesto los cuernos? Apréndete *La media vuelta*. ¿Te han abandonado? Entonces, tu canción es uno de nuestros himnos: *I will survive*, de Gloria Gaynor:

> *At first I was afraid,*
> *I was petrified.*
> *Kept thinking I could never live*
> *without you by my side.*
> *But then I spent so many nights*
> *thinking how you did me wrong*

> *and I grew strong*
> *and I learned how to get along.*

Los gais llevamos décadas empleando la música como herramienta de gestión emocional y te invito a que busques tu selección de canciones que te ayuden a expresar lo que estás sintiendo.

El primer mes después de la ruptura es el mes en el que te debes permitir expresar todo lo que estás sintiendo sin ningún tipo de cortapisa, ya que ello te ayudará a que, posteriormente, elabores mejor el duelo (si fue una relación larga, churri, porque si habéis estado juntos solo un mes, no es para que andes con tanto drama).

Y quien dice música, dice películas, novelas, poemas u obras de teatro. Cualquier medio de expresión artística, cualquier cosa que emplees para liberar tus emociones es saludable. Y lo mismo si las liberas hablando con tus amigos o gritando delante de un acantilado... ¡o metiéndole puñetazos a un saco de boxeo!

La rabia que estás experimentando provoca que tengas mucha reserva de energía extra, ya que es una emoción que se libera cuando necesitamos enfrentarnos a un enemigo o a una contrariedad. Al sentir rabia, el cuerpo se prepara para el combate y es bueno que ese excedente de energía se libere de forma constructiva. Algo similar sucede con la tristeza: las lágrimas de tristeza son diferentes de las que produces cuando te entra algo en el ojo, y ambas son distintas de las que normalmente te mantienen lubricado el globo ocular. En el segundo caso, la lágrima lleva anticuerpos para luchar contra el elemento invasor, mientras que en el caso de los lloros de tristeza (emocionales), incluye entre sus componentes analgésicos y endorfinas de forma que, cada vez que lloras de pena, te das un chute de estas sustancias que tanto ayudan a llevar bien la ruptura. Como decía Carmen Maura en *Cómo ser mujer y no morir en el intento* (1991): «Ay, qué bien se queda una después de una buena llantina».

Cuando las emociones estén más apaciguadas podréis sentaros a hablar de cómo vais a gestionar el resto de la ruptura. Quizá un mes sería demasiado, pero si podéis estar al menos una semana sin saber nada el uno del otro para que cada uno llore su pena sin recriminaros nada mutuamente, seguro que podréis pasar a la siguiente tarea en mejores condiciones.

Aspectos prácticos relacionados con la ruptura

Si no estabais viviendo juntos ni compartíais cuentas bancarias, la cosa será mucho más sencilla. En vuestro caso podéis pasar al apartado siguiente del capítulo si queréis, pero si por el contrario, vivíais juntos y teníais propiedades o cuentas en común, la situación se complica aunque no se hace imposible. Lo mejor es intentar dejar un tiempo para que las emociones se apacigüen como acabo de explicar y que, después de ese tiempo, os encontréis.

Preferiblemente, quedad en un lugar público, como una cafetería, donde el saberos observados os presionará para que no perdáis la compostura. Sería interesante que antes de veros cada uno de vosotros haya hecho un listado de todo lo que tenéis que acordar: hipoteca, pago de recibos pendientes, si alguno de vosotros se queda en el piso o si os vais ambos a otro sitio y lo vendéis, el reparto de los muebles y demás objetos personales, la cancelación de la cuenta conjunta y puede que alguna que otra cosa más.

Una vez hecho el listado, sería aconsejable que hablaseis con algún asesor sobre cómo sería la mejor forma de llevar a cabo el reparto para que cada uno de vosotros tenga una idea sobre lo que le va a proponer al otro. Cuando os veáis, sacad vuestras respectivas listas e id elaborando una nueva con todos los temas que uno y otro traíais y la solución que habéis acordado. Si no os ponéis de acuerdo en algún punto, acordad la visita a un asesor imparcial. De la misma forma que la manera más justa de repartir una pizza es que uno la corte por la mitad y el otro elija la mitad que quiere, lo que podéis hacer para poneros de acuerdo sobre el asesor imparcial es que uno de vosotros elija tres asesores posibles y que el otro seleccione cuál de ellos será al que iréis a consultar.

En menos de un mes después de la reunión inicial debéis tenerlo todo resuelto (o en camino, que un piso normalmente no se vende tan rápido). A partir de aquí, intentad limitar el contacto entre vosotros durante los días siguientes por las razones que os explicaré justo a continuación.

Por eso, vete, olvida mi nombre, mi cara, mi casa (mi Facebook, mi Twitter, mi Instagram, mi email, mi Whatsapp...) y pega la vuelta

La canción de Pimpinela era mucho más sencilla, cierto, pero el disco era de 1982 y no hace falta decir que en aquellos años no existían ni las redes sociales ni los *smartphones* ¡y aún no había ni mil ordenadores conectados a internet!.[100] En aquel año a Lucía le bastaba pedir que Joaquín se olvidara de su nombre, de su cara y de su casa para desaparecer por completo de su vida.

Hoy tendrás que olvidarte de, como mínimo, media docena de redes sociales. No hacerlo tiene un inconveniente: cada vez que veas una foto suya en una fiesta con amigos, te escocerá. Y como lo que ves en las redes es postureo en un noventa por ciento, te escocerá más. Porque no te detendrás a pensar que,

---

100. Y era una red entre universidades, la World Wide Web que no se anunció hasta 1991.

seguramente, él no tenía ganas de fiesta y que sus amigos lo obligaron a salir y que se pasó tanto la cena como las copas posteriores mirando la hora y que solo sonrió para salir en aquel selfi en grupo con los mojitos en la mano. Lo que tú pensarás es: «Míralo, será cabrón, ya está de fiesta con los amigotes, ¡qué pronto se ha repuesto!». No importa que él no tenga redes, saldrá en las fotos de los amigos y, teniendo en cuenta que el mundo marica es un universo donde todos se conocen, es muy probable que veas alguna foto, estado o comentario donde aparezca él. Eso por no hablar de los grupos de Whatsapp o Facebook en los que ambos estáis. ¿Qué hacemos ante semejante situación?

Este es un tema que preocupa a mucha gente. Fijaos si es algo serio que una empresa como Facebook (que nunca da puntada sin hilo) ha comenzado a introducir modificaciones en su software de manera que, desde diciembre de 2015, cada vez que alguien cambia su estado de «En una relación» a «Soltero», la red social le ofrece alternativas que, en palabras de la gerente de productos, Kelly Winters (blog oficial de la compañía), persiguen «ayudar a la gente a manejar cómo interactuar con sus exparejas en Facebook después de terminar su relación [...] Esperamos que estas herramientas ayudarán a la gente a terminar sus relaciones en Facebook de manera más fácil, cómoda y con control».

Estas herramientas son: la posibilidad de ver menos publicaciones de su ex, que no se le sugiera en el etiquetado, limitar el número de fotos o vídeos del ex que ves, no enterarte de si está en una nueva relación y poder desetiquetarte de fotos en las que apareces con él. Es una nueva necesidad, algo que no habíamos necesitado hasta ahora pero que, desde hace unos años, es casi imprescindible. Ahora en las rupturas necesitamos decidir qué hacer con las redes sociales del ex. ¿Qué es lo más aconsejable?

Hay un estudio (Marshall, 2012) que nos proporciona una

cierta luz sobre qué hacer en estos casos. La autora del mismo encontró que quienes mantienen el contacto con sus ex a través de redes sociales suelen presentar más sentimientos negativos, bajada de la libido y más añoranza que aquellas personas que los bloquearon en las redes. Quienes mantienen a su ex en red suelen caer en la tentación de espiarlo y este espionaje está relacionado con no ser capaz de superar la ruptura. Sin embargo, y esto es lo interesante, también se encontró que quienes bloquearon a sus ex en un primer momento siguen manteniéndolo en una especie de idealización de la que no salen porque, al no verlo y no confrontar la realidad de que sus ex no son más que personas de carne y hueso con tantos defectos como virtudes, no los bajan del pedestal en el que los tenían. Dicho en otras palabras, quienes *estalquean* a sus ex, tardan más en recuperarse pero se recuperan mejor. Como veis, es una cuestión de plazos: bloquear o no, depende de en qué momento de la ruptura estéis.

Para daros mi consejo no me basaré en ese estudio sino en mi experiencia en consulta. Pactad un tiempo de bloqueo, un mes es una cifra estupenda. Decíroslo: «Te voy a bloquear en todas las redes de aquí a treinta días, luego te desbloquearé. Pero lo voy a necesitar para que esto se me pase». Si aún tenéis pendientes de solucionar los temas prácticos de la ruptura (hipoteca y demás), dejaos como vía de contacto el SMS que, por rústico, no permite ningún tipo de espionaje en plan aficionado. Bloquearos en todo lo demás. Una vez hayáis resuelto esos asuntos también podéis bloquearos los números de teléfono pero, quizás, a esas alturas ya no sea necesario. Tratad de pasar algunas semanas sin saber el uno del otro para que la herida emocional cicatrice y deje de escocer. A menudo, si habéis tenido amigos comunes, os vendrá bien dejar de entrar en Facebook, Twitter, Instagram y demás, porque siempre os encontraréis con alguna foto de un amigo donde (¡cielos!) sale él y os pegará el susto. No os sintáis inmaduros, simplemente estáis respetando vuestro funcionamiento emocional y eso es propio de personas que conocen bien sus emociones (es decir, que son emocionalmente inteligentes). Es sano poder decir: «Yo me conozco y sé que necesito un tiempecito en el que no sepa nada de él hasta que me calme, luego lo desbloquearé y volveré a saber de él pero ya lo podré encajar mejor cuando me lo encuentre por la calle. Al final, como a todo el mundo, se me pasará. Pero ahora lo que necesito es desconectar de él y eso es lo que voy a hacer». Un mes de apagón informativo os hará bien a los dos.

Después de ese mes es aconsejable que os confrontéis con la realidad para que podáis superar la ruptura. Para ello lo más conveniente será desbloquearlo y permitir que, si el azar quiere que te encuentres una foto de él, que así sea (he dicho el azar, no tú espiándolo). Poco a poco, a fuerza de írtelo encontrando de vez en cuando, tu ex se convertirá en ex y tú superarás el dolor de la ruptura. ¿Cómo? Pues tal como te explico en el siguiente capítulo.

BLOQUE IV

Rescatándonos del naufragio

9

Aquello se acabó: el duelo

Acababan de llegar de acompañar a Rubén al psicólogo. Habían pasado por un chino y habían comprado rollitos y arroz para los tres. Antes de cenar, Loren quiso darse una ducha («Esperadme, que me refresco en un segundo») y se encerró en el baño. Rubén y Carlos se sentaron juntos en el sofá y aprovecharon para abrir sus tabletas y mirar el correo. Fue entonces cuando a Carlos se le escapó:

—¡Mierda!

—¿Qué? ¿Qué te pasa?

—No no no…

—Carlos, ¿qué pasa?

Carlos deslizaba su índice por la pantalla del dispositivo, murmurando maldiciones y una retahíla de «hijos de puta». Después se quedó un buen rato en silencio. Rubén insistía en preguntar pero él solo balbuceaba «Nada, nada» y seguía leyendo. Luego lágrimas.

—Carlos, por Dios, ¿qué coño te pasa?

Entonces le extendió su tableta a Rubén para dejarle ver el email que acababa de recibir. Y se limitó a musitar: «Lee».

Hola Carlos, soy Lázaro.
Te suplico que no borres este email sin haberlo leído, necesito que

me oigas pedirte perdón, que me «leas pedírtelo». Me siento el hijo de la gran puta más grande del mundo y necesito que lo sepas. Necesito que sepas que he mandado a mis padres y a su puta secta a la mierda y necesito que sepas que no puedo perdonarme lo que te hice.

He estado yendo a terapia muchos años. Tenía tanta mierda dentro de mi alma que necesité un proceso tan largo para poder vaciarme por completo. Y aquí estoy. No te escribo para decirte «Soy un hombre nuevo, tienes que perdonarme», sino para decirte: «Soy un hombre tan nuevo que aborrezco el hombre que fui». Me martillea la cabeza: ¿cómo pude ser tan hijo de puta? Bueno, más que hijo de puta, fui un gilipollas. Un auténtico mierda acojonado ante la idea de dar un escándalo. Mis padres, ya sabes, ultracatólicos, me llevaron a colegios de su secta (porque son una puta secta) y me hicieron crecer rodeado de gentes como ellos. Misas diarias, confesiones semanales, el director espiritual de los cojones, los sermones sobre la condenación: el sexo y el infierno. Y ya ni te cuento lo que decían sobre la homosexualidad. Pasé toda mi adolescencia sufriendo la vergüenza de ser un pecador, una aberración que ardería en el infierno. Crecí creyendo que Dios sentía asco de mí.

Tú sabes que me costó salir del armario…, bueno, aceptar que soy homosexual. Del armario no terminé de salir hasta hace bien poco. Cuando tú y yo fuimos pareja me pasaba los días peleando contigo porque no quería que nadie supiera que era gay («A nadie le importa mi vida privada», ¿recuerdas?). Ese era yo: no podía evitar ser maricón pero sí podría evitar un escándalo. Porque eso fue todo lo que avancé. Creía que había aceptado mi homosexualidad y, en realidad, la había sustituido por otro tipo de vergüenza. Antes era vergüenza íntima, ahora era vergüenza social. Pero ser gay me seguía avergonzando. No había avanzado nada.

Te puse los cuernos docenas de veces. Me devoraba la ansiedad y solo me tranquilizaba al follar. Contigo quería una vida decente, contenida, «ordenada», como decía el cura de mi adolescencia. Mi corazón era un desorden infinito que solo se apaciguaba durante los ratos en los que me sumergía en emociones más intensas. Huir del dolor me convirtió en un yonqui de los subidones. Así fue cómo me infecté. Durante uno de tus viajes a Madrid me pegué la fiesta de mi vida. No sé cuánta coca me metí. Coca, MDMA, ketamina, GHB, me lo metí todo y me lo metieron todo: pollas, pollas y más pollas. Y sus respectivas lefas. Y puños y hasta creo que un pie. Yo no me enteraba de lo que pasaba dentro de mi cabeza, ¿cómo me iba a enterar de lo que pasaba dentro de mi culo? A la mañana siguiente yo ya sabía que había pillado algo. No te digo cómo me dejaron el culo en aquella fiesta.

Pero lo único importante era no montar un escándalo. Mi madre siempre decía que ella se moriría si alguien se pudiera escandalizar de algo de su vida o de la vida de sus hijos. Y eso fue lo que aprendí yo: mientras no se sepa, no es un problema. No quería que te dieras cuenta. Por eso, cada vez que me pedías sexo, yo accedía para no levantar tus sospechas. Mientras follábamos, en mi cabeza, le pedía a Dios: «Padre, te lo ruego, que él no se infecte. No me has concedido cambiarme y hacerme normal, pero concédeme esto. No te lo pido por mí, te lo pido por él: si yo tengo algo, que él no se contagie». Rezar, rezar... eso es todo lo que mi madre sabía hacer: rezar. Y si los problemas no se arreglaban, no era porque ella no hubiese hecho ni el puto huevo. Es que Dios no había querido. Demasiado bien salí.

Pero te infectaste. Me hice las pruebas el mismo día que te fui llorando a casa. Yo acababa de saberlo. Era mi castigo: por maricón, por vicioso, por pervertido. Dios me escupía su asco a la cara. Me lo escupía marcándome para siempre: sidoso. Y, conmigo, te marcó a ti.

Sabes la historia a partir de ahí y hasta que te fuiste de casa. No sabías nada de lo anterior. Ni sabes nada de lo que vino después. Quise reformarme. No podía soportar la culpa por lo que te había hecho. Un gran mal necesita una gran penitencia para mostrar un gran arrepentimiento a los ojos de Dios. Me flagelé. Sí: me flagelé literalmente. Hasta desollarme la espalda. Cada noche. Y rezaba suplicando una muestra de perdón por parte de Dios. Me iba a azotar cada noche hasta que Dios me diera una muestra de su perdón. Dios, Dios..., ¿qué culpa tendrá Dios del sadismo de los humanos? Me azoté cada noche hasta que se me infectaron las heridas de la espalda. Enfebrecí. Y tuve un desmayo en mitad de la oficina. En el hospital me vieron las laceraciones de la espalda y me preguntaron por ellas. Rompí a llorar y se lo confesé todo a una enfermera: que soy un engendro, que no solo soy homosexual sino que tengo el sida, que lo voy contagiando a los demás por ahí, que no soy capaz de resistirme a mis tendencias lujuriosas… Ella llamó a un médico y este aconsejó mi ingreso en la planta de psiquiatría. Allí me tiré dos meses ingresado con una depresión de caballo. Pastillas y psicoterapia durante los tres años posteriores. Ahora voy al psicólogo cada tres meses nada más. Pero no quiero dejar de ir porque no me siento curado del todo.

Toda mi vida me he sentido culpable. Tan culpable que necesitaba emociones mucho más intensas que acallasen esa culpa. Emociones que solo lograba con encuentros sexuales. Situaciones que, una vez terminadas, me hacían sentir más culpable. Y vuelta a empezar. Y cada vez peor. Y llevándome gente por delante. Fui un ser inmundo. Pero no por maricón. Sino por odiarme a mí mismo. En eso me convirtieron los de la secta: en un ser inmundo que se odia a sí mismo y que cree en un Dios criminal, coercitivo y maltratador.

He aprendido que no soy ninguna aberración. Que Dios me hizo, que Dios me acepta, que Dios me quiere. Que el Dios auténtico no es la mierda de diosecillo iracundo y vengativo del que hablaban en esa puta secta. He aprendido a hacerme respetar. He hablado con mis padres, les he puesto límites. Les he dicho todo lo que pienso de sus miedos, de su cabeza cuadrada, de su falserío. Se lo solté todo. Se quedaron de piedra (y claro que lloraron), pero fui firme: «Os he estado aguantando vuestras opiniones sobre mi vida durante 42 años, ahora vais a escuchar mi opinión sobre vosotros durante una tarde». Les dije que no quería dejar de verlos pero que si ellos se habían pasado décadas obligándome a escucharlos, ahora ellos me iban a escuchar a mí. Y que, luego, ya decidiríamos. Los hice llorar. Es muy duro tener que hacer llorar a tus padres para que se den cuenta de la tortura a la que han sometido a su hijo. Me pidieron perdón. Estamos tratando de reconstruir nuestra relación. Ya veremos.

Yo no te estoy pidiendo reconstruir mi relación contigo. Quiero que tengas la oportunidad de ponerte delante de mí y decirme la clase de hijo de puta que fui. Igual que yo me merecía poder hacerlo con mis padres, tú mereces hacerlo conmigo. No es que lo necesite, pero quiero cerrar esa etapa sabiendo que puedo cruzarme contigo por la calle sin que se me caiga la cara de vergüenza. Hoy sé que tener VIH no es ninguna deshonra. Que no es algo de lo que debamos avergonzarnos. Así que no te pediré perdón por eso, porque no tienes nada de lo que avergonzarte. Pero sí sé que no es fácil contárselo a un posible novio y sé que depende de un tratamiento crónico de por vida. Tu vida sería más sencilla sin VIH y por eso sí que quiero pedirte perdón.

En tus manos está. Recibe este abrazo mío,

Lázaro

—Ufff.
—No me lo puedo creer. Ahora que yo lo tenía olvidado...
—¿Y esas caras? (Loren aparecía por el pasillo).
—Lee.

Las funciones del duelo[101]

Carlos entendía el duelo como un olvido, como un apaciguamiento de las emociones para que lo que un día dolía intensamente otro día no significase demasiado. Y temía que, al encontrarse con Lázaro, se le removiera algo. No algo sentimental sino la pura rabia de querer descabezar a Lázaro.

Pero el duelo sirve para algo más que para que se nos pase la rabia; de hecho, cumple varias funciones. Uno de los

---

101. Una revisión divertidísima, aunque en inglés, la encontrarás en: www.whatsyourgrief.com.

expertos que más ha influido en la concepción que tenemos sobre el duelo en Occidente ha sido Erich Lindemann. Suya es la contribución que lo naturaliza advirtiendo que se trata de un proceso natural y que solo cuando excede de determinados parámetros podemos hablar de duelo «complicado» o «mórbido», pero que lo natural es que lloremos, que nos sintamos deprimidos y que se nos oprima el pecho una temporadita.

Lindemann también fue el primero en recurrir a una serie de tareas para describir las funciones del duelo. Si bien es cierto que la mayoría de trabajos se ha realizado sobre el causado por un fallecimiento, sus contenidos son muy aplicables a las rupturas de pareja, aunque con menos intensidad emocional. Al fin y al cabo, una separación es un enviudamiento sin difunto. Es importante recordar que, en palabras de Lindemann, el duelo puede durar periodos de tiempo diferentes para cada persona pero suele atravesar las mismas fases (o incluir las mismas tareas) para casi todo el mundo. La importancia de estas tareas, apunta el autor, estriba en que ayudan a aliviar el dolor. Sobre el tiempo que se tarda en elaborar el duelo, le robo unas frases preciosas al blog de mi amigo Rafa San Román, psicólogo experto en este trance vital: «¿Cuánto dura el duelo por una separación? Es una curiosidad legítima, desde luego, pero tremendamente difícil de satisfacer como no sea viviéndolo uno mismo. La respuesta corta, como en cualquier otro duelo, sería: "Depende. No hay plazos. No hay tiempos". El duelo es una habitación que todos tenemos reservada en nuestro interior, una cápsula donde el tiempo se mide de manera diferente a como se hace allá fuera, en la otra vida, la vida antes de la pérdida, en la vida de los otros que no tienen la pérdida». Maravillosamente claro, ¿verdad?

A la hora de elaborar el duelo, actualmente se admiten más tareas que las originariamente propuestas por Lindemann, aunque suelen coincidir en tres pasos:

1. Aceptar la realidad de la pérdida.
2. Experimentar el dolor de la pérdida.
3. Adaptarse a un entorno nuevo donde no está la persona que hemos perdido.

Lo primero que debemos tener presente es que un duelo no debe buscar olvidar el vínculo que tenemos con una persona, sino reelaborar este vínculo. No se trata de «olvidarlo», sino de «recordarlo de otra manera». Esto es muy fácil de entender: tienes memoria, chato; mientras tu cerebro funcione con normalidad, no lo olvidarás. Pero una cosa es que lo recuerdes con dolor a cada instante y otra bien distinta que lo recuerdes de vez en cuando y sin sufrimiento. Una vez tenemos esto claro, comenzamos a trabajar la ruptura.

Aceptar la realidad de la pérdida significa «aceptar que sí, que se ha terminado y que ya no hay más marido que valga. Que ya no está». Para eso es muy importante la toma de conciencia y haber dejado salir los sentimientos. Las primeras dos tareas están íntimamente ligadas porque es imposible asumir la ruptura sin asumir el dolor de la pérdida. Pero es muy difícil enfrentarse a «volver a nuestro restaurante favorito» sin estar emocionalmente estable. Por eso es preferible que dediques un tiempo, en torno a unas semanas, a llorar la pérdida. Ya sabes lo beneficioso que es llorar, así que nada de cortarse: a llorar como una magdalena durante el tiempo que necesites. Cuando hayamos llorado lo suficiente (tú mismo sentirás cuándo es «suficiente»), podremos hacernos a la idea de que él no está y, para eso, es recomendable que afrontes «vuestras cosas»: come o cena en vuestro restaurante, escucha vuestra canción, vuelve a ver vuestra película… y llora, llora, llora. Así podremos seguir avanzando en el proceso. Recuerda que una de las funciones del duelo es aprender a vivir sin él.

Para aprender a vivir sin él te aconsejo que hagas solo o en compañía de tus amigos todas esas actividades que realizabas con él (sí, hasta eso que estás pensando), y que, una vez hechas, reflexiones sobre que puedes hacerlas sin él aunque sean / salgan / las sientas de forma diferente. Es muy importante que tomes conciencia de que tu vida puede seguir siendo la misma aunque él no esté y que seas paciente contigo mismo si sientes que ahora no disfrutas igual. Piensa que, en mitad de un duelo y deprimido, es muy difícil gozar de nada. La anhedonia, la incapacidad para disfrutar de los placeres, es una característica de cualquier estado de ánimo deprimido y, por tanto, de cualquier duelo. No es que las cosas no sean lo mismo sin él. En realidad, es que el hecho de haberlo perdido no te deja gozar como antes. La buena noticia es que solo se trata de una etapa y cuando menos lo esperes, volverás a experimentar la misma risa y el mismo placer que antes. Lo importante, insisto, es que aprendas que él no era imprescindible en tu vida y que, aunque le añadiera una cualidad emocional distinta y gratificante, su ausencia no significa en absoluto el final de tu capacidad de disfrutar de la vida.

Por otra parte, recuerda que una de las cualidades de las emociones es que se van apaciguando,[102] de forma que lo que hoy te duele mucho mañana duele bastante, pasado mañana duele menos y, al final, apenas te duele. Algún día, a fuerza de seguir haciendo tu vida y de llorar su ausencia, dejarás de sentir que te falta algo. Si tu duelo no es tan lineal, no creas que te pasa algo malo ni que estás loco perdido. Hay duelos que son muy lineales y otros que tienen subidas y bajadas. Puede parecer una recaída pero no es más que un «bajón». No te preocupes, es absolutamente sano volver a deprimirse de vez en cuando. En esos casos, toma conciencia de que cada vez tardas menos en recuperarte y que los «bajones» te du-

---

102. *QMM*, pp. 447-450 (apartado sobre la «almeja interior»).

ran menos. Antes te pasabas una semana deprimido y ahora solo una tarde. ¿Ves? Te estás recomponiendo.

Otra de las funciones del duelo es aprender de nuestros errores. Siempre extraemos algunos aprendizajes cuando estamos en un duelo por fracaso (el que se vive cuando algo en lo que nos habíamos implicado fracasa). Naturalmente, de un duelo por tragedia (la muerte de un ser querido) no hay nada que aprender. Del duelo de la muerte de nuestro marido solo nos queda sobrellevar el dolor por la pérdida. Pero, como te decía, los duelos por fracaso suelen aportarnos aprendizajes. Aunque nunca seremos sabios del todo y podemos volver a equivocarnos, al menos nos equivocaremos en cosas diferentes. Uno aprende de los errores, de los golpes que se lleva en la vida, ¿verdad? Pues eso: el duelo sirve para que reflexionemos muy bien sobre lo que nos ha sucedido y para que extraigamos nuestras conclusiones. Por eso nos sale de forma natural leer libros de autoayuda (o mejor, maravillosos manuales de psicología práctica como los que yo escribo).

Nuestra propia mente nos pide que aprendamos, que no volvamos a equivocarnos. El sufrimiento tiene como propósito que huyamos de las situaciones que nos lo provocan, que aprendamos a no caer de nuevo en ellas. Por eso nos aplicamos tanto en averiguar, entender, tener información y ser capaces de elaborar una explicación razonable sobre lo que nos ha sucedido: porque estamos llevando a cabo el aprendizaje. Por eso lo mejor es que leas y que hables mucho,[103] ya que la experiencia de los demás te ayudará a extraer tus propias conclusiones.

¿No te has dado cuenta de lo pesaditos que nos ponemos colgando en Facebook frasecitas alegóricas y «pensamientos profundos» sobre el amor? Quien lo hace está elaborando un

---

103. Como nos recuerda la experta en duelo Alba Payàs en sus seminarios: «El duelo que no se comparte se termina complicando».

duelo sobre el amor y esas frasecitas de marras lo ayudan a pensar sobre lo que le ha sucedido y lo ayudarán a aprender. Esas frasecitas son la reflexión que esa persona necesita hacer sobre el amor para no caer en sus errores previos. No te digo que hagas eso en concreto pero sí que te plantees algo en la misma línea. Lleva un diario privado (escrito u oral, en papel o en vídeo) para que puedas reflexionar sobre lo que te ha sucedido. La mejor forma de pensar es verbalizando lo que se tiene en la mente, por eso nos aclara tanto (y nos sienta tan bien) hablar con alguien. Grábate en vídeo, anota lo que piensas, haz lo que sea. Pero permítete la expresión de tus ideas y la reflexión sobre ellas. Son parte de tu duelo, te ayudarán a integrarlo con éxito.

Cuando Loren se recompuso de su sorpresa, aconsejó a su novio:

—Bueno, cariño, yo creo que a ti también te ayudaría a dejarlo cerrado. Cada día te tomas la pastilla, cada día te acuerdas de que tienes VIH y cada día te acuerdas de que fue Lázaro quien te lo transmitió. Si es el mismo Lázaro el que te está invitando a que puedas decirle en la cara todas las cosas que te hace sentir, puede ser bueno para que tú te desahogues de una vez. Además, por lo que he leído, creo que el propio Lázaro le diría a su «yo del pasado» cosas peores que las que le podrías decir tú.

—Entonces, ¿crees que debo ir?

—Yo creo que te haría bien. Aunque te removiese algunas cosas, te haría bien. Y si te revuelves mucho, ya haremos algo nosotros para *des-revolverte*.

—Gracias. (Lagrimón). Eres lo mejor que me ha pasado en la vida. Te quiero.

—¡Y yo a ti, mi niño! Y yo a ti.

—Y yo os envidio cochinamente en estos momentos de mi vida —intervino Rubén.

—Perdón...

—No, coño, ¿qué vais a hacer? ¿Dejar de quereros porque está en casa vuestra amiga la divorciada?[104] ¡No, hombre!

—Bueno, sí. Pero igual no es el momento.

—Vamos, Loren, tu novio acaba de recibir un email del ex que le transmitió el VIH porque le puso los cuernos en una orgía... Si este no es el momento de que lo abraces, ¿cuándo es?

—Vale, me callo. Siempre tienes razón.

Entonces Rubén se dirigió a Carlos:

—A mí me hubiese encantado poder sentarme tranquilamente con el tipo que me lo transmitió. Yo también creo que debes ir a ver a Lázaro.

—¿Sí? ¿Crees que me ayudará?

—Creo que sí.

—¿Tú nunca supiste con quién fue?

—No. Para nada. Además que lo mío fue diferente. Yo estaba soltero y follaba lo normal para un marica de Barcelona. Me hacía las pruebas una vez al año. Y salió positivo. Pero llevaba un año sin hacérmela y habrían pasado por mi cama..., no sé, ¿treinta tíos? Sí, más o menos..., un par al mes o así. Claro, adivina ahora con cuál fue.

—Pero..., perdona si me entrometo, si usabas el preservativo sistemáticamente, no habría habido..., perdón, estoy siendo inquisitivo. Quiero decir que tendrías identificado con quién fuiste menos sistemático...

---

104. Como os decía en *QMM* (p. 135): «Hablar en femenino [...] no se emplea, en nuestra comunidad, como una marca de sexo (no se usa como un signo de sentirse mujer) sino como una marca de género. [...] Esta 'a' gay debe entenderse como una forma de señalar que uno es un tipo particular de hombre, un hombre que se diferencia del 97 por ciento de los hombres [...] Esa 'a' es una especie de marca lingüística, un modalizador, que actúa para diferenciarse del resto de hombres basando esa diferencia en la homosexualidad. La 'a' no es 'a' de femenino sino 'a' de hombre homosexual».

—Que si sé con quiénes follaba a pelo, ¿no?

—Perdona si te hago preguntas inadecuadas.

—Tranquilo, yo me hice preguntas mucho más inadecuadas a mí mismo. Sí, los tenía superidentificados: mis cuatro *follamigos* habituales. Con los demás nunca dejé de usar condón, pero con ellos, con eso de la confianza…, pues te metías la puntita, «follamos a pelo pero córrete fuera». Esto va así: casi todos usamos el condón con desconocidos pero nos confiamos con los que ya conocemos de algo. Hasta que nos damos cuenta de que no los conocemos de nada.

—¿Entonces? ¿Fue con uno de ellos?

—Les pregunté. Pero todos contestaron que ellos «estaban bien». Como si tener VIH fuese «estar mal». Me hice un lío, anduve obsesionado como dos meses. Necesitaba saber qué había pasado. ¿Me mentía alguno de mis *follamigos*? ¿Ni él sabía su seroestatus? ¿Fue con uno de los polvos de una noche? ¿Es que falló el preservativo? Dejé de hacerme preguntas cuando me di cuenta de que lo importante no era cómo llegué a ser VIH+ sino cómo ser feliz al margen de mi seroestatus. Y me fue bien, ya lo ves, no es algo que me importe ni para ligar ni para nada.

—Ya… ya veo.

—Perdonad que me entrometa en vuestra conversación pero… Rubén, con todo lo que tú sabes y lo bien que lo llevas, ¿por qué no te haces voluntario de una asociación de VIH? Podrías ser de mucha ayuda a otros hombres gais y a ti te vendría bien para distraerte y para ir conociendo gente.

—¿Tú crees?

—Sí, claro que lo creo.

—Y yo. A mí la propuesta de Loren me parece genial. Yo colaboro con la Plataforma Gais contra el VIH, aunque no es una asociación.

—Pues lo tendría que mirar.

—Espera, hay un compañero del hospital que es voluntario en una, Xavi Freixa.

—¡Es verdad!

—Mañana mismo le preguntamos a ver qué nos aconseja.

Etapas (o tareas) que tendremos que ir resolviendo

Saber que el duelo es algo que todos debemos vivir para limpiarnos emocionalmente y extraer los aprendizajes de esa experiencia dolorosa lo convierte en algo útil. Muchos de vosotros habréis leído libros que enumeran repetidamente las diferentes etapas que uno debe atravesar. Me consta que tras esas lecturas veis el duelo como una sucesión de diferentes fases, pero yo tengo que deciros que el proceso no es del todo así.

En esa clasificación por etapas se hizo muy popular el modelo de la doctora Elisabeth Klüber-Ross (1973), del que seguro que te han hablado tus amigos («primero lo odiarás, luego lo superarás»). Es un patrón basado en la experiencia de moribundos, pero sabemos que sus pautas son muy aplicables, por la razón que antes te expuse, a los duelos por divorcio / ruptura sentimental. Puntualizaré que existe cierta controversia sobre este modelo, ya que no se ha conseguido una demostración científica de su validez (acerca de esta polémica: Friedman, 2012) y que lo más probable es que se limita a enumerar una lista de reacciones habituales en los seres humanos ante un duelo, pero ya hemos dicho que cada uno reacciona de forma idiosincrática. Es decir, habrá quienes vivan el duelo inmersos en la negación, quienes vivan todas las etapas del modelo, quienes simplemente se enfaden, quienes vivan en la negación hasta que están dispuestos a aceptar. Y un etcétera tan largo como los siete mil quinientos millones de habitantes de este planeta.

Lo importante para nosotros en este momento no es que tú sigas unas pautas, sino que entiendas las posibles reacciones que puedes vivir y los distintos momentos que puedes atravesar. Tu proceso será absolutamente personal y no tendrá por qué parecerse al de nadie. Por todo lo anterior, lo que haré será exponerte las diferentes reacciones y tú encontrarás cuál es la pauta que sueles seguir. Algunas serán más habituales al inicio del duelo y otras más frecuentes a medida que vaya quedando atrás. Pero te recuerdo que estamos haciendo un traje a tu medida y que eres tú quien determina los modos y los tiempos.

También es importante distinguir entre el abandonado / traicionado y el abandonador / traidor, porque no vivirán el duelo igual. El primero puede que sufra más pena y el segundo puede que sufra más culpa (sí, el que abandona también sufre si tiene un mínimo de empatía: hacerle daño a alguien a quien has amado nunca es fácil). Incluso cuando la separación es de mutuo acuerdo, el sentimiento de pérdida y el duelo consiguiente son inevitables. Sea cual sea tu caso, veamos las diferentes reacciones.

• **Negación.** La negación no es solamente decir: «No no, a mí no me ha pasado eso»; también puede consistir en una especie de «no darse cuenta». Algunos hombres no son capaces de asimilar que han perdido a su pareja. Por orgullo o por vanidad (o por no quedar como un derrotado ante los demás), hay quienes ocultan que su novio los ha dejado. Otros también lo minimizan y se mienten a ellos mismos y a sus amigos con frases del tipo de: «Sí, lo hemos dejado, pero la verdad es que yo ya veía que no podía seguir con él», cuando, en realidad, todo le cogió por sorpresa. No quieren afrontar la realidad. A algunos les resulta imposible admitir que los han dejado porque son de esos gais que tienen novio para que nadie piense que ellos son «solterones a los que nadie quiere». Así que imagínate el trauma de que todo el mundo sepa que «el novio que tenía, al final no lo quiso y se largó». En estos casos, negarse a aceptar la realidad es un problema porque mientras no asumamos que aquella relación se terminó, no podremos comenzar a aprender a vivir sin él.

Otros hombres, sin embargo, entran en negación por

otro motivo: su mente es sabia. Vuestra mente puede darse cuenta de que no estáis preparados para abordar algo y, ya que a menudo los duelos nos provocan un dolor tan intenso, vuestra propia mente podría preferir que la conciencia se vaya enterando poco a poco y que sufráis ese dolor paulatinamente. Para eso entráis en negación: para no tener que afrontar de golpe un dolor tan intenso. A medida que vayáis teniendo las herramientas (apoyo social, capacidad para comprender lo sucedido), os iréis dando cuenta e iréis aumentando vuestra tolerancia al dolor y no lo necesitaréis «negar». Entonces proseguiréis elaborando el duelo. A veces, sin embargo, la negación tiene que ver con el hecho de que no se dan situaciones donde se haga patente la ausencia del otro, como por ejemplo en parejas a distancia (capítulo 10). Si siempre has vivido solo en tu casa, no le echarás de menos hasta que no se den las situaciones que compartías con él (vacaciones y similares).

En todos los casos os aconsejo lo mismo: afrontar que él no está es el primer paso para poder imaginarnos una vida sin él. Y para poder comenzar a vivir sin él, necesitamos afrontar la realidad, y para ello, son buenos los ejercicios de confrontación que te explicaba en el apartado anterior (visita «vuestro» restaurante, escucha «vuestra» canción, etcétera). Como también te decía antes: te harán llorar pero te ayudará a empezar a enfrentarte a la realidad.

• **Depresión.** Es normal deprimirse. O lo que es lo mismo: es normal llorar, perder el apetito, tener pesadillas, no querer salir de la cama por la mañana o no ser capaz de dormir por la noche, perder el interés, perder cierta capacidad de disfrutar. Es normal estar con la mente puesta en la pérdida y no ser capaz de pensar en otra cosa. Es normal verlo por todas partes o ir por la calle pensando en encontrarte con él. Es normal que huyas de los lugares donde te lo puedes cruzar. Es normal que, cada vez que algo te recuerde la ruptura, te derrumbes. Es normal. Te lo repito: ES NORMAL. Hasta cierto punto.

Un mesecito deprimido ya es suficiente tiempo para la mayoría de personas. Puede que tú tardes más, pero eso no significa que tú seas más débil. Recuerda: cada uno es como es. La primera semana suele ser la más trágica y es en la que necesitamos de más ayuda para todo: para que nos escuchen los desahogos, para conciliar el sueño y hasta para recuperar las ganas de comer. La tristeza es la emoción que nos obliga a pedir ayuda cuando la necesitamos, que nos hace pedir auxilio en situaciones que nos desbordan. Por eso nos sentimos menos tristes cuando nos abrazan o nos escuchan y por eso, en fases agudas, es tan recomendable tirar de amigos hasta el punto de pasar una temporadita en su casa (como hizo Rubén). Tampoco viene mal una ayudita farmacológica ya sea en forma de antidepresivo o en forma de valeriana, siempre que la tomes con receta. Incluso debes ser condescendiente con tus «vicios» y no machacarte porque te hayas fumado un paquete de cigarrillos en un día. Siempre seré el primero que te aconsejará dejar de fumar… pero no en este preciso momento, corazón. Solo debemos tener presente no excedernos en esta etapa y si ves que pasan más de dos meses y sigues tan hundido como el primer día, no lo dudes y ve a un psicólogo, quizá la ruptura haya desencadenado un episodio depresivo severo y necesites apoyo profesional.

- **Enfado.** Cada vez que algo o alguien te hace daño, sientes rabia. Y también es normal. La rabia es la emoción que experimentamos cada vez que vivimos un evento que nos bloquea. Sentimos rabia cuando algo o alguien se interpone entre nosotros y nuestros objetivos. Y eso incluye el objetivo de ser felices. Cada vez que algo o alguien nos impide ser felices sentimos rabia hacia esa cosa, situación o persona. ¿Y quién te está haciendo infeliz sino él? ¿A que ya lo entiendes? Por tanto, el enfado o la rabia son normales en el mismo sentido que lo es la depresión: es parte natural de la respuesta de alguien que está experimentando un duelo. No hay que sentirse culpable por sentir rabia.

La rabia es natural y mientras no salga de ahí y no se traduzca en que trames un atentado contra su vida para vengarte por el daño que te ha causado, no hay problema. Es lógico que lo llames «cabronazo» en tu cabeza. Y que hables mal de él con tus amigos. De hecho, a veces es terapéutico que montes un aquelarre con ellos. Reúne a los dos o tres más íntimos. Lo que vas a hacer es un acto de liberación emocional, no un juicio público, así que con que seáis tres o cuatro ya sois más que suficientes. Cubrid la mesa de objetos o fotos que tuvieran que ver con la relación (os servirán también para ir dando pie a conversaciones). Encended una vela sobre la mesa y, mirando la llama, jurad lo siguiente: «Juramos que todo lo que digamos hoy aquí, aquí se quedará. Juramos que somos conscientes de que todo lo que se diga hoy aquí obedece al duelo que —(aquí, tu nombre)— está experimentando. Juramos que somos conscientes de que, con toda seguridad, —(su nombre)— tendrá otra versión de las cosas. Juramos que solo hacemos esto para que —(tu nombre)— pueda dejar esto atrás». Y, una vez invocados los demonios despelleja-exnovios,[105] podéis servir los mojitos y comenzar el ritual de desahogo.

En cualquier caso, y ahora sí que te lo digo muy en serio, este es uno de los momentos en los que podrás apreciar el valor de tener amigos con los que compartir estas emociones tan intensas. Pero recuerda: una cosa es que compartas tu ra-

---

105. No dirás que no se me da bien ambientar aquelarres maricas. Espero que haya sido una descripción lo suficientemente extrema como para que entiendas que estoy bromeando, ¿verdad? Cualquier cosa que hagas que te ayude a verbalizar tu rabia dentro del respeto al otro estará bien hecho.

bia con tus íntimos y otra muy distinta es que la propagues a los cuatro vientos. Con las redes sociales, a menudo asistimos a espectáculos penosos de gente que cuenta sus miserias en público y que vuelca hacia fuera la rabia que siente. Como si hacerlo público le diese la razón, cuando lo cierto es que si alguien se dedica a contar, a muro abierto, los entresijos de una ruptura con la finalidad de difamar al otro, acaba de demostrar por qué el otro hizo bien en dejarlo. Un bocachancla nunca es un buen novio. Insisto: ten clase. Comparte en la intimidad lo que pertenece a la intimidad. Desahogarte no significa difamar. Mientras mantengas el respeto hacia el otro y hacia ti mismo, todo lo que hagas para superar este duelo estará bien hecho.

• **Negociación.** ¿Te acuerdas cuando he mencionado a los que comparten frases «profundas» sobre el amor en sus redes? ¿Y lo de leer libros sobre el tema? Pues estas acciones tienen que ver con esta otra reacción que es la negociación. En resumen, consiste en «pactar con la vida» que no volveremos a encontrarnos en una situación similar. Uno de los objetivos de los duelos era extraer el aprendizaje, ¿recuerdas? Pues la negociación es un modo que tenemos de tranquilizarnos a nosotros mismos. Como si Rubén se dijera: «Venga, Rubén, tío, vamos a aprender qué es lo que no hemos hecho bien. Deberíamos haber sido más asertivos desde el principio con el sexo», y con esas autoinstrucciones Rubén estuviera negociando consigo mismo el no sentirse tan mal. Como si se dijese: «Vale, sí, he sido un pardillo, pero como he aprendido la lección, no volveré a caer nunca más en ese error y, por tanto, puedo ir olvidándolo».

En algunos casos, la negociación se parece más a hacerle una promesa a un santo que a lo que te acabo de describir. ¿Tontería? ¿Exagero? Hay hombres que, al ser abandonados, se emperran en convertirse en justo lo opuesto de aquello por lo que fueron abandonados. Si los dejaron por otro que estaba más bueno, ellos se convierten en adictos al gimnasio, al pollo hervido (y al ciclo) con tal de convertirse en esculturas de carne. Como si las ofrendas al dios del clembuterol los fuesen a mantener lejos de volver a ser abandonados. Como si pensaran: «Mientras yo esté cachas, no volveré a sufrir por amor». ¿Te sigue pareciendo exagerado? ¿A que ya no tanto? Te aseguro que esa es la actitud de muchos.

El problema es que estas soluciones tan simplistas («Si soy bueno, el universo no me castigará con una nueva ruptura») no son más que pensamientos mágicos propios de un funcionamiento infantil y generan mucha frustración con la vida. Incluso siendo la mejor persona del mundo, la más guapa, puede que tu relación no funcione. Una vez leí un tuit que decía: «Si a Beyoncé le ponen los cuernos, ¡imaginad a vosotras!».

Extraer el aprendizaje no te pone a salvo de nada excepto de caer en el mismo error. Pero siempre aparecen errores nuevos. El mejor aprendizaje es que «de todo se sale», porque nos hace esperanzarnos y confiar en el futuro y en nuestra capacidad de recuperación. Aprende a recomponerte y saldrás de cualquier situación. Ese sí que sería «el gran» aprendizaje.

- **Integración.** Llegará el día en que ya no duela o que duela muy poco. El día en que recordarás a tu ex con un toque de amargura pero con la capacidad de pensar también en lo bueno que aportó a tu vida. Incluso si no te aportó nada bueno, lo recordarás como el hombre por el que tuviste que aprender a no caer en los lazos de capullos integrales. Él fue quien te hizo ver lo mucho que tenías que aprender sobre el amor y las relaciones. Y hasta puede que le tengamos que agradecer que te interesases por comprar este libro (¡fíjate!).

Hemos superado el duelo cuando somos capaces de mirar la ruptura con desapego, cuando ya no nos provoca sufrimiento. Quizá siempre quede algo de emoción, de dolor pendiente (como le sucedía a Carlos al pensar en Lázaro), pero ya es algo con lo que podemos convivir y que no nos inhabilita para tener nuevas relaciones. Hemos aprendido y hemos dejado atrás las emociones perturbadoras que experimentábamos. Hemos resuelto el duelo.[106]

Preparados, listos, ¡al capítulo 1!: no veas tu vuelta a la soltería como un fracaso

—Yo supe que ya no te quería el día que me enamoré de Loren. Pero no te había perdonado.

—Yo nunca he sabido querer a nadie, comenzando por no saber quererme a mí mismo… Mira cuántas oportunidades de ser feliz he perdido, comenzando por la de estar contigo.

106. Mi amigo Rafael San Román, psicólogo experto en duelo, me envía esta maravillosa reflexión sobre el término «aceptar» que creo muy oportuno compartir aquí con vosotros: «Aceptar no es negar que te importe la ruptura con la excusa de que miras hacia delante (eso es negar, maricón, que soy psicólogo y no me la pegas). Aceptar no es resignarte "cristianamente" al hecho de que esto te ha sucedido y continuar tu vida penando, más que viviendo, acarreando el peso de la pérdida pensando que qué le vas hacer. Aceptar no es necesariamente dar gracias por lo sucedido, aunque muchas personas lo hagan (otras muchas no van a darle gracias a la vida por que –en este caso– su relación acabara, ¿cómo podrían hacerlo, con lo maravillosa que era esa relación, o con el dolor que les ha provocado perderla?). Aceptar es no estar peleado con la realidad de la pérdida y no resistirse a ella, pero no desde la claudicación ni el abatimiento, no desde la resignación o desde el intento vano —aunque legítimo— de convencernos a nosotros mismos de que no nos importa, sino desde la apertura al hecho de que la vida te ha traído eso y, una vez integradas las diferentes dimensiones, tareas, fases, funciones y costes y cuanto podamos meter en el cajón de la pérdida, vivir con la voluntad de continuar mirando adelante con ilusión por la vida, abiertos también a todo lo nuevo que pueda traer, entendiendo que el dolor forma parte del juego, pero que no es su única parte».

—Has ido mucho al psicólogo, ¿verdad?

—Y no sabes cuánto me alegro. Me hacían falta unas buenas bofetadas terapéuticas.

—Me alegro por ti. Yo también fui, me vino muy bien. Por cierto..., ¿qué tal llevas tú lo del VIH?

—Bien bien..., ahora bien. Pero no ha sido nada fácil. Ya sabes: «castigo de Dios». Antes de llevar bien el VIH tuve que aprender a dejar de verme como un pecador. Y eso sí que ha sido difícil... La secta caló hondo.

—Lo entiendo.

—¿Y tú?

—Ahora bien. A mí me ha ayudado mucho asesorar a otros.

—Siempre has sido un gran hombre. Ojalá me perdones.

—Espero que esta conversación me ayude.

—Yo también lo espero.

Dos cafés y una limonada más tarde, Carlos pudo empatizar con Lázaro. Con el nuevo Lázaro y con el Lázaro anterior. Pudo comprender que el Lázaro anterior estaba tan destrozado psicológicamente por toda aquella IH con la que su educación ultracatólica lo cargó que terminó haciendo cosas propias de un neurótico. Carlos enlazó con el hecho de que, si en un contexto con una tasa de infectabilidad tan alta alguien comete un descuido en la prevención, la infección es altamente probable. Al final todo se podía reducir a la frase con la que le resumió a su novio cómo había ido el encuentro con su ex:

—No me infecté de Lázaro. Me infecté de sus demonios.

—Guau, eso es fuerte... Entonces, ¿vosotros bien?

—Sí, yo creo que puedo dejar esta historia atrás. He entendido que Lázaro estaba como una chota por culpa de su familia, y que si yo hubiese sido un poco más asertivo, igual no habría aceptado cosas que acepté en su día. Porque mira que me daba pistas de que no estaba bien de la cabeza. Que si en casa tenemos que poner dos dormitorios separados, que si me presentes como un amigo a tu jefe, que si cuidado con tal que es un sidoso... Si la criatura tampoco es que se escondiera: estaba como una regadera y yo no quise verlo hasta que fue tarde.

—A veces cuesta darse cuenta y quieres creer que el otro no puede ser tan mala persona… o tan petardo. ¿Tú estás bien?

—Sí sí… Definitivamente, sí. Me ha servido para entender qué ocurrió y cómo pudo sucederme a mí. Y para saber que no estuve saliendo con un monstruo, sino con un ser humano destruido por dentro. También me ayuda saber que él mismo fue consciente y quiso dejar de ser aquel guiñapo y convertirse en un hombre con la cabeza en su sitio. Por cierto, no veas el lote de terapia que lleva encima.

—No me extraña.

—Pues sí. En fin, tema resuelto. ¿Y Rubén? ¿Dónde está nuestra niña?

—La niña ha ido con un compañero del hospital a apuntarse como voluntario en Checkpoint. Nos dijo Xavi que tendría que hacer un cursillo para saber hacer *counselling*, pero que siendo enfermero tendría muchas posibilidades de quedarse allí como voluntario del servicio de la prueba rápida.

—Ah, eso está muy bien. ¿De la prueba del VIH?

—Eso es. Además, le dijo Freixa que siempre va bien tener voluntarios VIH+ por si salen positivos durante las pruebas. Que a los usuarios del servicio les ayuda el poder hablar con alguien que también sea positivo.

—Es verdad, a mí me hubiera venido genial el día de mi positivo. Además, Rubén tiene tan buena planta y es tan dispuesto que te da ánimos siempre, ¿a que sí? Es como decir: «Ah, pues si este tiene el VIH, yo quiero estar igual de bien que él».

—Sí, es verdad. Y hablando del tema, yo conozco a otro tío VIH+ que está buenísimo y que me pone muy cachondo…, que me encantaría que me pusiera mirando a Cuenca ahora mismo y hacerme gemir y babear y morirme de…

—Hey, jajaja, ¡esa boca!

—Venga, cariño…, que la niña todavía tardará en volver del cole.

—Nunca te haré rogarme sexo, amor. Ven *p'acá*, que te doy lo tuyo.

—¡Ese es mi hombre!

Así es. De repente, un día, nos tropezamos con otro hombre en una fiesta o en el cumpleaños de un amigo y el corazón nos late de esa forma especial que tú sabes reconocer. Y ya no echas de menos a tu ex ni te imaginas nada a su lado. Los besos de amor no tienen por qué ser con él. Ahora los besos de amor pueden ser con cualquier otro hombre. Haber vivido una relación completa, con todas sus fases, te ha servido para conocerte a ti mismo y saber qué sientes en cada momento. Tú ahora eres de aquellos hombres que vuelven a casarse (o ennoviarse) después de haberse divorciado y a los que les va mejor en la segunda relación porque ya han cometido muchos errores en la primera. Esa es la razón por la que no quiero que vivas tu vuelta a la soltería como un fracaso, sino como una conquista.

Este libro te ha enseñado el valor de ser un gay que vive su soltería de modo saludable. Con este libro has aprendido a no caer en relaciones tóxicas y también has aprendido la importancia de la autenticidad y de la aceptación para establecer una auténtica intimidad entre vosotros. Has aprendido a resolver conflictos. Ahora no vuelves a la misma casilla, sino a un nivel superior: has crecido.

En consulta suelo diferenciar entre «andar en círculos» y «andar en espiral». Alguien que anda en círculos siempre vuelve al mismo sitio y en la misma condición. Pero alguien que aprende de sus errores, aunque vuelva a vivir situaciones anteriores, ahora las aborda desde un nivel distinto. Pasa por las mismas vivencias pero desde otro nivel, como un recorrido en espiral. Así debe ser tu aprendizaje sobre las relaciones: una espiral. Para que vuelvas a tener citas pero llevándolas mejor que antes. Para que vuelvas a discutir con tu nuevo novio pero mejor de lo que lo hacías con tu ex. Para que, la próxima vez, todo sea mejor que la anterior. Especialmente en lo relativo a la relación contigo mismo.

—Anoche, cuando volví a casa estabais follando como locos.
—Eeehhh…
—Ni se os ocurra disculparos, estáis en vuestra casa y estáis enamorados. Soy yo el que no debería haberlo mencionado. Por cierto, pásame el zumo, Loren, porfa.
—Toma el zumo… ¿Entonces?
—Lo saco solo para deciros que os envidio. Con todo el cariño del mundo y con la envidia más sana. Pero os envidio mucho.
—Bueno, cielo, no queremos que te sientas incómodo mientras estés aquí. Seremos más cuidadosos la próxima vez.
—Ni se os ocurra. Además, anoche comprendí que tengo que ponerme las pilas y mudarme.
—No, eso no, Rubén. Tanto Loren como yo estamos encantados de tenerte aquí. De verdad que no queríamos que te sintieses incómodo. Pensábamos que tardarías más en regresar.
—Que no os disculpéis, coño, que estáis en vuestra casa. Además, a mí me apetece.
—¿Te apetece?
—Mudarme.
—¿Te vas?
—Claro, ya va tocando. Llevo aquí casi dos meses con la tontería. Me habéis ayudado más de lo que cualquiera hubiera hecho por mí. Estoy bien, aparte del episodio del ataque de cuernos en la calle.
—Buuufff. (Carcajada).
—Seguís sin poder aguantar la risa cada vez que saco el tema.
—¡Y lo que nos queda, maricón!
—Pues eso, que aparte del episodio aquel, la ruptura fue bien. Lo peor fue el daño que me hizo Jorge antes de llegar a la ruptura pero, a partir de ahí, todo cambió. La casa está en venta, no hubo proble-

mas con el reparto de los muebles... No os lo había dicho, pero he estado mirando pisos y he encontrado uno en este mismo barrio.

—¿En serio?

—Sí, ahí atrás. En la calle Mallorca con Marina. Delante de esa iglesita que está en obras.

—¡A dos calles, nene!

—Sí, y me lo alquilan con opción a compra. Cuando tenga el dinero del otro piso creo que compraré este.

—Entonces, lo tenías ya pensado.

—¡Claro! Además, me hace ilusión preparar mi piso, invitaros a cenar a vosotros, tener mis cosas, organizarme yo.

—¿No te sentirás solo?

—Seguro que sí, pero tengo que aprender a vivir solo y estar bien, mi psicólogo cree que me ayudará a sentirme mejor.

—Eso, ¿qué te ha dicho el psico?

—Que lo haga. Que si me pongo mal puedo volver a pediros refugio unos días pero que me hará bien ir aprendiendo a disfrutar de mi casa, de mi independencia, de hacer mis planes..., de llevar a algún maromo de vez en cuando y de aprender a vivir soltero y feliz.

—Entonces..., ¿nueva vida?

—Nueva vida. Y os aseguro que me hace ilusión. ¿Me llevaréis al vivero con vuestro coche? Quiero montar un jardincito en el balcón.

—¿El piso tiene balcón?

—De cuatro metros.

—¿De cuatro metros? ¡Sangría en verano!

—Jajaja... ¡Sí! Venid, dadme vuestras manos.

—Ten.

—Y la mía.

—Quiero que sepáis que me habéis enseñado a querer bien. Que gracias a vosotros sé que se puede encontrar un amor por el que merezca la pena implicarse en una relación. Pero que se puede estar muy bien sin pareja y que no hay que tener prisa por emparejarse. Que cuando uno está bien soltero es cuando puede compartirse mejor con una pareja. Y que, aunque los novios pasen, los amigos sois para siempre. Os quiero.

—Y nosotros a ti.
—Un beso.
—¡Y a mí, y a mí otro!

Y fueron unos amigos muy felices para siempre jamás.

BLOQUE V

Los otros amores

10

Universos alternativos

El poliamor gay

El catedrático de Psicología médica y Psiquiatría Adolf Tobeña, con el que solía coincidir en el programa sobre sexo *Les mil i una nits*, de Catalunya Ràdio, me comentaba que el ser humano se asemeja muchísimo a los pájaros en lo que se refiere a nuestros hábitos sexuales y de emparejamiento. Como las aves, los seres humanos generamos un vínculo muy fuerte con un congénere durante un periodo de tiempo que suele coincidir con la crianza de hijos o con el tiempo que dura la pasión sexual. Después el vínculo se transforma en otra cosa... o se rompe. Eso es a lo que se llama «monogamia sucesiva» y eso es lo que hemos visto hasta aquí: parejas.

Sin embargo, todos somos conscientes de que existen otras posibilidades distintas a la monogamia y tenemos algún que otro ejemplo de unidades formadas por varios miembros. En otras culturas es fácil encontrar la poligamia, aunque cualquiera de nosotros podría matizar eso. En primer lugar y con unas pocas excepciones, no hablamos de «poligamia» sino de «poliginia»: un hombre tiene muchas mujeres, pero nunca una mujer tiene muchos hombres. Por este motivo, más que de una tendencia polisexoafectiva en los humanos, puede tratarse de un reflejo del patriarcado, que considera que las mujeres son otro bien que pueden atesorar los hombres con poder. Y así suele ser, porque los harenes y las esposas múltiples suelen corresponder a jeques, jefes tribales y poderosos mercaderes. Las esposas, concubinas, camellos y coches deportivos son un signo de poder, no un vínculo afectivo.

Por el contrario, existen muy pocos casos de poliandria (una mujer que se une a varios hombres). Lo peor es que, en muchos de los lugares donde se practica la poliandria, se debe al escaso número de mujeres y esta es causada por el infanticidio que sufren las niñas. La poliandria no tiene que ver con un matriarcado, sino con algo tan terrible como el asesinato de las recién nacidas porque los padres prefieren hijos varones. De nuevo vemos que los regímenes familiares 'poli-' no obedecen a preferencias afectivas en estos casos. Con todo esto vengo a exponer mis dudas sobre los cuestionamientos acerca de la monogamia. Personalmente sí creo que los humanos, en general, somos monógamos aunque no eternamente. Y también creo que la monogamia, como ya me has leído, no está reñida con la posibilidad de que el sexo tenga lugar con más personas.

Pero lo que yo crea o lo que digan los estudios no es más que la tendencia general de una especie, la humana, que es maravillosamente diversa en todas sus manifestaciones. Por eso, de la misma manera que expreso mi convicción anterior, también expreso que estoy firmemente convencido de que hay muchas personas y, por supuesto, muchos hombres gais que son felizmente no-monógamos y que viven sus relaciones afectivas, ya no solo las sexuales, de una manera mucho más plural. Haciendo un cálculo sencillo: si somos 7.500 millones de humanos, el 2,5 por ciento somos homosexuales (187 millones y medio), de los cuales, la mitad somos hombres (93.750.000). Con que solo el uno por ciento de nuestra comunidad sea poliamoroso, la comunidad mundial del poliamor gay estaría formada por casi nueve millones y medio de maricas. ¡Conozco países con menos población! Sí, es un cálculo muy burdo desde el principio (¿significa lo mismo «gay» para un occidental que para un saudí?), pero sirve para darnos cuenta de que, por mucho que hablemos de una situación no mayoritaria, existirán miles de individuos que se identifiquen con ella. Hablamos, por tanto y aquí quería llegar, de miles de hombres gais que merecen nuestra empatía y, sobre todo, nuestro respeto.

El «poliamor» se define como «relaciones que incluyen a más de dos personas» y es un concepto que no solo se refiere a la libertad para mantener relaciones sexuales entre ellos, sino también a la creación de vínculos afectivos. Es decir, no se trata de un grupo de amigos que follan entre ellos, sino de un grupo de hombres que se aman. El poliamor se puede presentar en muchos formatos: polifidelidad, relaciones jerárquicas, matrimonio (o relación) grupal, redes de relaciones o, incluso, clanes. Aunque es cierto que muchos de estos conceptos parecen novedosos, en realidad siempre nos han acompañado personas que vivían su sexoafectividad fuera de la monogamia.

Lucía Etxebarria le dedica un ensayo a este asunto (Etxebarria, 2016) y os destaco dos respuestas de una de las entrevistas que le hicieron,[107] y no porque crea que Lucía es una megaexperta en asuntos de sexoafectividad, sino porque ejemplifican bien el consenso sobre estos asuntos: que no es algo tan nuevo.

—¿**Está de moda el poliamor?** En realidad ha existido siempre. Yo ya lo había descubierto porque siempre he estado en colectivos ar-

---

107. Lucía Etxebarria: «La pareja convencional es el opio del pueblo». Beatriz Martínez, *El Periódico*, 3 de agosto de 2016, disponible en: http://www.elperiodico.com/es/noticias/ocio-y-cultura/lucia-etxebarria-entrevista-libro-sexo-amor-libre-poliamor-5302818, consultada *online* el 24 de noviembre de 2016.

tísticos y he conocido a personas que vivían en parejas abiertas, en tríadas, en cuartetos o en círculos. Ya en los años 30 había comunas libertarias en España. Entonces se llamaba amor libre.

—¿**Cree que hay una necesidad de redefinir el término en relación a cada época?** Claro. Eso en marketing se llama *rebranding*. Mr. Proper ahora se llama Don Limpio. En realidad es lo mismo pero con otro nombre dependiendo del momento, para darle un nuevo impulso y vender más.

Eso pensamos muchos: el poliamor siempre ha existido pero en nuestra época necesitamos redefinir conceptos tan antiguos como este para adaptar su definición a las interpretaciones que le damos los hablantes del presente. El poliamor como concepto podría explicar cómo eran muchos de los amores de las cortes europeas: los matrimonios se concertaban como asunto político y se esperaba de los consortes que se mantuvieran el respeto pero, al tiempo, se entendía que reyes, reinas, duques y duquesas tuvieran sus «favoritas» y sus «favoritos». Incluso ellos entendían mejor el poliamor que muchos de nosotros porque tenían muy claro qué esperar de cada una de las relaciones que mantenían.

Algo que sorprende cuando lees sobre el poliamor es que encuentras tantos modelos, tipos y matices que, al final, casi todo es poliamor y hay quienes se lían. Lo veremos con un ejemplo para ser más claros. Es poliamor una relación donde uno es monógamo y el otro poliamoroso. Pero que tu novio sea monógamo y solo tenga sexo contigo y que tú te folles a todos los maricones que te cruzas en el gimnasio puede ser poliamor o no, dependiendo del consenso y del afecto. Si tu novio está conforme, entonces es poliamor. Si tu novio está en la parra y le has hecho creer que tú eres también monógamo, entonces no es poliamor sino que se llama «cuernos de toda la vida». Siendo rigurosos, no sería poliamor tampoco en el primer caso porque tú no sientes nada de afecto por los tíos con los que follas (ni ellos por ti), así que hablaríamos de «relación abierta» y nada más.

En nuestro entorno la forma más habitual de poliamor es la de las relaciones jerárquicas. Mi amigo Andrés está casado con Álvaro desde 2005 y ya llevaban ocho años de novios antes de su matrimonio. Eso significa que, en 2016, llevan diecinueve años juntos. Con tanto tiempo de relación, han vivido todas las etapas que hemos visto en este libro y, llegados a la etapa del «amor social»,[108] empezaron a tener sexo con otros hombres. Como ellos fueron pareja abierta, tuvieron sexo con otros hombres por separado pero, además, empezaron a hacer cosas por separado en su tiempo libre. Cada uno tenía su círculo de amigos, y con sus respectivos círculos desarrollaban actividades diferentes. Acabaron perdiendo mucha intimidad entre ellos aunque mantuvieron una convivencia muy agradable y un piso precioso en el centro. Siguiendo nuestro gráfico 1 de tres círculos, estaban en el sector 5, de «solo compromiso». Sucedió lo que tenía que suceder cuando se promueven las circunstancias: cada uno se enamoró de otro hombre. Andrés se enamoró de Antonio y Álvaro se enamoró de Arturo.[109] Andrés y Álvaro hablaron del tema y se dijeron: «Si, al final, las relaciones se acaban consumiendo, prefiero seguir conviviendo contigo antes que romper. Total, para acabar divorciándonos de Antonio o de Arturo, nos quedamos como estamos». Así, Andrés y Álvaro siguen casados, Andrés es novio de Antonio y Álvaro es novio de Arturo. Antonio y Arturo lo aceptaron porque tampoco querían plantearse unas relaciones formales y

---

108. Solo intimidad y compromiso pero nada de pasión; recuerda la región 4 del gráfico 1 que veíamos en el capítulo 7.

109. Menos mal que te has dado cuenta de que son nombres falsos, qué casualidad que todos comiencen por 'A', ¿no?

preferían mantener su independencia respecto de sus novios. Al final, todos contentos: Andrés y Álvaro siguen siendo compañeros de piso, se llevan bien entre ellos y con los novios respectivos. Todos se llevan bien con todos.

Esta situación no es nada infrecuente. Es fácil encontrarte con hombres gais que tuvieron una relación muy larga y que, una vez se diluyeron los lazos pasionales entre ellos, prefieren mantener la convivencia ya que se quieren mucho (un amor de casi hermanos) y vivir sus nuevos noviazgos sin cambiar su situación legal. Como hacían los reyes, las reinas, los duques y las duquesas. A la relación de más tiempo se la llama «relación primaria» y a las nuevas relaciones se las llama «relaciones secundarias». Es un modelo de poliamor del que, seguro, tú también tienes algún referente porque es uno de los más extendidos dentro de nuestra comunidad. En el caso de los heterosexuales, este modelo suele ser el más exitoso también.

Sin embargo, el anterior continúa siendo un modelo de monogamia. Sucesiva, pero monogamia al fin y al cabo: el enamoramiento se da con un solo hombre aunque mantengas un vínculo afectivo o legal con otro. ¿Acaso no existe un modelo de poliamor verdaderamente no monógamo? Existen las *triejas*. Una trieja es una «pareja de tres» y encontramos muchos casos exitosos... pero entre hetero-bisexuales. Exitosa es una *trieja* de dos chicas bisexuales con un chico heterosexual o una *trieja* de dos chicos bisexuales con una chica heterosexual. Hay una complementariedad sexoafectiva que satisface las necesidades de todos. Sin embargo, tienen que trabajarse también el tema de los celos porque, a pesar de esa complementariedad, resulta complicado gestionar una convivencia entre tres personas donde todas ellas mantienen el mismo estatus y donde todas sus opiniones y deseos deben consensuarse y donde es fácil caer en el error de atribuir las afinidades a una mayor cantidad de amor. En ese sentido, por ejemplo, tienen que trabajarse no confundir que dos de ellos tengan más afinidad en sus aficiones con que eso signifique que se quieran más porque pasen más tiempo juntos (porque coinciden en esas aficiones). Como señalan desde la asociación Poliamor-Madrid: «También trabajamos mucho los celos y los mecanismos para manejarlos. Analizamos nuestros sentimientos y los compartimos con nuestras relaciones».[110]

Y entre los gais, ¿qué sucede? No hay muchos datos disponibles, la verdad. Muchos provienen de foros donde gais poliamorosos hablan entre ellos. El problema de los foros es que la información suele estar muy sesgada y que suelen presentar la visión de los administradores, eliminando cualquier posibilidad de debate o de disensión. Por esta razón y siempre hablando en términos generales, los foros suelen presentar visiones muy ceñidas a la forma de entender el asunto por parte del creador / administrador y eso nunca deja de ser una visión particular, no dan una visión representativa de una comunidad. De todos modos, entre lo que he ido recopilando y mi propia experiencia en consulta y en talleres, voy a explicarte algunas cosillas sobre las *triejas*.

El mayor problema que enfrentan las *triejas* gais está relacionado con el momento afectivo en el que se encuentra cada uno de sus miembros. En rigor, para hablar de *trieja*, deberíamos estar hablando de tres hombres gais que se conocen al mismo tiempo y que comienzan a experimentar deseo sexual entre todos ellos. Que empiezan a salir juntos los tres y a desarrollar su intimidad a tres bandas de modo simultáneo. Como ves, suena poco realista. Las cosas no suelen darse así aunque la «teoría de la *trieja*» diga que es posi-

---

110. «El poliamor sale del armario», Lucas de la Cal, *El Mundo*, 20 de mayo de 2016, disponible en: http://www.elmundo.es/cronica/2016/05/20/5737551dca4741f64e8b45e9.html, consultada online el 24 de noviembre de 2016.

ble. Es uno de los problemas de los teóricos: todo es posible en teoría pero lo cierto es que no todo tiene la misma probabilidad de suceder en la práctica. Alguno no quiere entender que el hecho de que algo sea posible no lo convierte en probable y, mucho menos, en real.[111]

El *trienamoramiento* que te acabo de describir, por más que pudiera ser posible (tres chicos de cualquier grupo de amigos se enamoran), es muy poco probable. ¿Qué es lo que suele ocurrir? Que una pareja ya formada incorpore a un tercero. En el caso de los hetero-bisexuales, el tercero hace dos aportaciones: por una parte, viene a complementar la parte sexoafectiva de uno de los miembros de la pareja previa y, por otra, soluciona el «efecto Coolidge» del otro miembro de la pareja. En correspondencia, el tercero recibe de la pareja previa una sexoafectividad más completa. Así, los dos chicos bisexuales tienen ambos tanto a una chica como a un chico y la chica tiene dos chicos. ¿Qué ocurre entre nosotros? Que no se parece en nada a eso y el tercero suele venir para cubrir la pérdida de deseo sexual entre los miembros de la pareja previa, y eso ya sabemos a lo que conduce: problema que se soluciona con un parche, problema que explota más tarde o más temprano.

Eso no significa que os esté diciendo: «Maricones, ni lo intentéis, eso de las *triejas* es una trampa mortal», sino que os invito a que lo abordéis con una dosis extra de madurez. Os lo explico con un ejemplo. Imaginad que un día de estos una pareja tiene invitados en casa y uno de esos invitados (le llamamos Juan, para no estar todo el rato con «el tercero») les resulta atractivo a ambos. Cenan, toman vino, ven una película y todos los invitados se van marchando... excepto Juan. Los chicos de la pareja le preguntan si quiere que abran

---

111. No se deduce que algo exista solo porque teóricamente deba existir (Kant *dixit*).

otra botella. Juan acepta, la abren y siguen conversando sobre, no sé, el arte micénico. Se miran, a Juan le excita la idea de acostarse con ellos dos y a los chicos les seduce la idea de acostarse con Juan. Se insinúan y ¡patapúm!: polvazo. Pero a la mañana siguiente ninguno de los tres quiere que la *trieja* se separe. Y salen a comer juntos. Y vuelven a casa. Y otro polvazo. Y se prometen que no van a calentarse la cabeza sino que dejarán que las cosas se pongan en su sitio por ellas mismas. Nunca quedan de dos en dos (excepto los de la pareja, claro, que ya viven «de dos en dos») y se van conociendo con el paso de las semanas. A lo tonto, llevan un mes viéndose. ¿Te suena? Claro, estás leyendo el mismo proceso de enamoramiento del que hablé en los capítulos 5 y 6, solo que ahora está sucediendo entre tres. Dos que ya forman una unidad y un tercero que se enamora de esa unidad.

Hay que hablar mucho y tener muy claro qué os está pasando. En el momento en que del «Dejemos que las cosas pasen» lleguéis al «Aquí ya han pasado muchas cosas», será bueno que habléis. ¿Qué sois? ¿Lo vuestro tiene un nombre? Podéis intentarlo y puede no ser tan complicado como os teméis. Si volvéis a los capítulos sobre cómo promover la intimidad, podéis aplicar esos mismos principios a vuestra *trieja*, solo que con algunas modificaciones. La pareja previa tendrá que hacer un esfuerzo un poco más grande para ser flexible, ya que muchos de los acuerdos que pactaron entre ellos ahora tendrán que ser revisados para acomodarse al nuevo integrante. Eso supondrá, en algunos casos, desdecirse de lo previamente acordado y, como ya sabemos, eso no es fácil, ¿verdad? Tendréis que acordar muchas nuevas condiciones: ¿sexo solo si estáis los tres? ¿La pareja previa puede tener sexo entre ellos pero el nuevo no podría tener sexo con uno de la pareja previa por separado? ¿Cómo vais a abordar los celos? ¿Y el sexo más seguro? ¿Podréis tener sexo con otras personas fuera de la *trieja*? La lista de temas que tendréis que abordar y pactar será considerable aunque no mucho más larga que la lista que pactaríais si fueseis solo una pareja.

El poliamor se basa en un principio fundamental: la honestidad con uno mismo y con los demás. Es imposible el poliamor si uno no es honesto consigo mismo de la misma manera que no es posible si no lo es con las personas con las que uno se relaciona. Os recomiendo la lectura de *Ética promiscua* (Easton y Hardy, 1997) para que reflexionéis sobre todas estas cuestiones con la ayuda de unas ideas bien elaboradas y perfectamente explicadas. Si no se tienen las cosas muy claras y todo bien elaborado, podemos complicarnos seriamente la vida.

Como apunta moscacojonera en el artículo «Los mitos del poliamor romántico»:[112] «La no monogamia como una alternativa en la que, si no se cambia nada más que el número (dejar atrás que sean dos personas y que sea con tres, cuatro, cinco personas), se ve que los problemas anteriores no desaparecen: se multiplican por tres, cuatro o cinco».

> LO QUE NO SOLUCIONES CON UNA PAREJA, LO MULTIPLICARÁS EN UN POLIAMOR.

En efecto, si tienes problemas de celos, en una *trieja* los multiplicarás. Lo mismo que si tienes problemas para la intimidad o para comprometerte en un proyecto. Sucede algo similar si sigues creyendo en los mitos del amor romántico. Es muy importante que superes tus limitaciones personales y,

---

112. Publicado en *Golfxs con principios,* 24 de febrero de 2015, disponible en: http://www.golfxsconprincipios.com/lamoscacojonera/los-mitos-del-poliamor-romantico/, consultado online el 24 de noviembre de 2016.

también, que entiendas que los modelos no son más que propuestas, no obligatoriedades.

Por eso, termino este apartado con una cita del artículo «No eres tú, es la estructura: desmontando la poliamoría feminista», de Coral Herrera Gómez:[113] «Para liberarnos, hay que acabar con las estructuras que vienen de fuera y construir las nuestras propias. Entre la monogamia absoluta-traicionera y el poliamor buenrollista-feliciano, hay muchas más alternativas. No tenemos por qué dividirnos en dos bandos, ni tenemos por qué elegir uno u otro modelo: entre el blanco y el negro hay toda una gama de colores y matices diversos, pues tan diversas somos las personas como las relaciones que construimos entre nosotras».

Y esto es tan fácil de entender como lo siguiente: las estructuras sociales (modelos de relación) sirven como sugerencia, no deben entenderse como moldes. Son propuestas para que veas si te sientes cómodo en ellas (o no), para que tengas un cierto referente. Pero nunca para que te obligues a amoldarte a algo que no va contigo. Ser homosexual nos ha enseñado que no todo el mundo es igual. Aplica ese aprendizaje al modo en que las personas se relacionan ¡y lo habrás entendido!

Parejas intergeneracionales

No, lo vuestro no es un amor diferente, pero como vuestra pareja tiene sus propias particularidades, os he dedicado unas páginas dentro de este capítulo. Comencemos aclarando conceptos: una pareja intergeneracional es una pareja donde la

---

113. Publicado en *Píkara Magazine*, 4 de septiembre de 2015: http://www.pikaramagazine.com/2015/09/no-eres-tu-es-la-estructura-desmontando-la-poliamoria-feminista/>, consultado online el 24 de noviembre de 2016.

diferencia de edad entre sus miembros es de, al menos, una generación. Podíamos decidir un número de años, por ejemplo quince, que nos sirviera como referencia para distinguir entre quienes pertenecen a una generación y quienes pertenecen a la siguiente (o anterior). Si tu novio y tú os lleváis unos quince años (o más), sois una pareja intergeneracional.

Desde la Antigüedad han existido parejas homosexuales intergeneracionales. ¿Seguirán existiendo siempre? Pues no parece que la cosa vaya a continuar por ahí. No, al menos, como había sido hasta finales del siglo XX. Hasta entonces, las dificultades para visibilizarnos y aceptar nuestra homosexualidad provocaban que la mayoría de homosexuales creciéramos muy aislados unos de otros. Cuando dos hombres gais se encontraban, solían emparejarse (recuerda el «amor como *pragma*») aunque fueran de generaciones distintas. En la Grecia clásica (y en el Japón de los samuráis) las relaciones gais intergeneracionales estaban institucionalizadas porque tenían un componente educativo, de «maestro a alumno», que también puede observarse en muchas relaciones intergeneracionales gais actuales en las que el maduro actúa como mentor, en «el mundo gay», del más joven.

Recordemos también que los gais nos reunimos en unos espacios donde el único elemento común es que somos homosexuales. En esos bares, saunas o asociaciones era fácil (lo digo en pasado) encontrar a hombres de muy distintas edades y ello propiciaba que surgieran relaciones intergeneracionales. Pero la situación ha cambiado: la mayor visibilidad hace más fácil que un chico gay pueda encontrar a otro entre los de su edad. Y lo mismo para los hombres gais con más años. Utilizamos aplicaciones de *cruising* (Grindr, Wapo, entre otras), donde se puede hacer filtrado por edades, y las discotecas se empiezan a identificar por la edad media de su clientela habitual. Ya no hay tanta mezcla intergeneracional y eso se nota en las parejas que, cada vez, tienen edades más similares.

Sin embargo, a pesar de que son menos frecuentes, no significa que no las haya. Hace un tiempo, en 2012, corrió por las webs de información marica un artículo que trataba sobre las parejas intergeneracionales y aludía a un estudio de Joe Thompson y Colt Spencer. Muchas webs se copiaron unas a otras y repitieron la información casi como un calco, pero yo no he conseguido encontrar ni el estudio original, ni referencia alguna a esos autores, ni más información sobre el tema de la que ofrecen estas webs. Tengo la sensación de que era un artículo inventado porque, además, estaba lleno de tópicos. De hecho, ha desaparecido el artículo original en inglés (publicado en Gay.net) y solo quedan las referencias de las webs en español que se hicieron eco del mismo. En estas se decía que el chico joven busca la estabilidad que le proporciona un hombre maduro y que el hombre maduro busca la belleza del joven. Volvemos a los tópicos de «La belleza solo está en la juventud» y «La estabilidad solo está en la madurez», según los cuales ni puedes ser bello a partir de los cuarenta y cinco ni puedes ser estable hasta que no superes los cuarenta. El artículo hacía, además, una equiparación de roles con los tradicionales heterosexuales: el maduro hace de «hombre» (proveedor, estable y con red social de influencia), mientras que el joven cumpliría el estereotipo de «mujer» aportando cultura, belleza y modernidad a la relación. No nos equivoquemos: las parejas intergeneracionales no están juntas por eso.

El sexo es otro elemento importante, no cabe duda. Siempre se ha oído que el joven es más atractivo, más excitante. Se ha relacionado belleza y atracción sexual con la juventud. Pero el libro de los gustos tiene millones de páginas y, a menudo, sorpresas: el *daddy* es objeto de deseo. De repente, los hombres de más de cincuenta años, con canas en la barba, sienes y pecho, se han convertido en un atractivo para muchos hombres sobre los dieciocho o los treinta. Quizá haya un simbolismo, «Este tiene que saber mucho sobre sexo con tantos años de experiencia acumulada», o simplemente la belleza de un cuerpo por el que ya ha pasado una buena cantidad de vida. El *daddy* suele ser un prototipo que encarna la masculinidad en forma de vello corporal y facial (barbas, bigotes), así como experiencia y control de las situaciones. Muchos jóvenes encuentran eso absolutamente irresistible. Pero tampoco es la atracción sexual lo que determina el éxito de una pareja intergeneracional (en todo caso, determinaría que follarais). El factor que hace que las parejas intergeneracionales funcionen es otro distinto.

Otro de los tópicos que circulan por internet sobre las parejas intergeneracionales es que no hay competitividad entre sus miembros. Para fundamentarlo, se habla de un libro sobre parejas... de hace más treinta años (McWhirter y Mattison, 1985). Afortunadamente, las cosas han cambiado muchísimo desde los años ochenta y eso de la competitividad, si es que de verdad fue así entonces, hoy no sería lo que distingue a una pareja intergeneracional de otra. De hecho, la competitividad sigue estando tan presente (o ausente) en estas parejas como en las demás. Las parejas intergeneracionales tienen el mismo nivel de competitividad o de celos que puede tener cualquier otra pareja. El factor que las hace funcionar es otro.

¿Y cuál es ese factor X? (ya está bien de misterio). Lo que hace que una pareja intergeneracional funcione es el encaje de uno de ellos en una generación que no es la que le correspondería por edad. Sucede: hay hombres que no se identifican con su generación, bien porque se sientan más jóvenes, bien porque se sientan más maduros. Hay chicos de veintitrés que se aburren soberanamente haciendo lo que hacen la mayoría de los chicos de su edad: yendo de discotecas, a los centros comerciales, a fiestas donde se compite a ver quién consume más alcohol (sí, de acuerdo: topicazo. Pero es de lo que se quejan estos chicos, yo solo soy su mensajero). Ellos disfrutan haciendo otras cosas: quieren ir al cine a ver películas con cierta profundidad, se apasionan por la política y el debate o disfrutan de veladas en casa con los amigos. Asimismo, existen hombres mayores que no soportan lo que hacen el resto de hombres de su edad: quedarse en casa viendo una película, salir al parque o no vivir más aventura que la compra en el supermercado del sábado por la tarde.

Mi amigo Julio, que está en una relación con un hombre trece años más joven que él, subió al Kilimanjaro con sesenta y cuatro años. Evidentemente, Julio se aburre con hombres de su edad y le resulta difícil implicarse en una relación con alguien que no le sigue la marcha. Ese es el punto: el proyecto, lo que se comparte. Donde fallan las parejas intergeneracionales que solo se basan en la atracción sexual es que, al margen de que se ponen cachondos, no tienen nada que compartir. Sin embargo, si un chico joven muy maduro para su edad o si un hombre maduro con una mente muy joven se encuentran con alguien con quien su perfil encaje, entonces la cosa funcionará. La pregunta que os tendréis que hacer, por tanto, es: «¿Qué nos une?».

En una pareja intergeneracional es importante estar en la misma etapa vital: si uno está en pleno acceso al mercado laboral y no piensa más que en progresar en su carrera aunque tenga que dedicarle algo de su tiempo libre, será mal comprendido por un novio que esté jubilándose y solo piense en disfrutar con su chico de cada momento de su (mucho) tiempo libre. Si estáis en etapas vitales diferentes con objetivos diferentes y proyectos diferentes, la relación no tendrá mucho futuro. Por el contrario, si os encontráis en etapas vitales similares, donde el uno y el otro estéis enfocados en vuestra carrera o en el ocio compartido, tendréis muchos más nexos entre vosotros y la relación funcionará mejor porque ambos os amoldaréis a la necesidad (y expectativas) del otro.

Por tanto y resumiendo: una pareja intergeneracional puede ser la mejor opción para quienes siempre estuvieron desacompasados de su propia generación porque darán con alguien de mentalidad similar a la suya. Si la atracción entre vosotros es solo sexual (*daddy*, *twink* y viceversa), pasadlo bien mientras os dure, pero no deis la entrada para un piso. El factor que hará que una relación intergeneracional funcione es que os complementéis en vuestro proyecto de vida y en lo que esperéis de una relación.

Parejas a distancia

Hasta hace apenas nada, solíamos pensar que una pareja se definía por la convivencia. Como ya hemos visto, eso forma parte de nuestra mitología sobre el amor y ya no nos creemos tanto los mitos. Sin embargo, una cosa es vivir en casas distintas pero verse con frecuencia y algo muy distinto es verse muy de vez en cuando porque se vive a cientos (o miles) de kilómetros. ¿Qué retos tienen que afrontar las parejas a distancia?

Antes aclaremos conceptos. No estamos hablando del hombre que no sale a relacionarse con otros gais en su ciudad porque tiene severos problemas de socialización y que, en lugar de afrontarlo, anda chateando con hombres desde la seguridad que le proporcionan los encuentros digitales. Es una forma de relacionarse al fin y al cabo, pero surge de la ausencia de habilidades sociales o del miedo a ser rechazado. Enamorarse de unas letras es enamorarse de una fantasía. Es un parche en un agujero y tienes un libraco estupendamente escrito a tu disposición para que aprendas a superar tus miedos y tu falta de autoestima. Se titula *Quiérete mucho, maricón* y el autor le dedicó meses y meses para ofrecerte con él un manual completísimo sobre autoestima y aceptación. Creo que se me entiende :)

Ahora, hecha esta precisión, vayamos a vuestra relación a distancia. Lo primero que os debo preguntar es si vuestra separación es coyuntural o no. Es decir, si se debe a una circunstancia temporal («Me tuve que ir a buscar trabajo a otro país pero quiero volver al mío» o «La empresa me ha destinado un año fuera de nuestra ciudad») o si se debe a que, cuando os conocisteis, ya vivíais en ciudades distantes («Nos conocimos en el Orgullo de Madrid, yo fui desde Barcelona y él desde A Coruña»). En el primer caso se trata, sencillamente, de esperar a que la residencia vuelva a ser la que era y que la distancia no afecte a una relación que ya habéis creado; emplead los consejos que os daré para sortear esta separación temporal. En el segundo caso sí que podemos decir que sois la definición exacta de «pareja a distancia»: dos hombres enamorados que residen permanentemente a kilómetros el uno del otro. Entonces os enfrentáis al reto de crear algo de la nada estando separados todos los días por muchos kilómetros.

Hoy en día es mucho más fácil mantener una relación a distancia porque los medios de transporte nos lo permiten. Los precios son mucho más baratos gracias a las compañías *low cost* y tenemos un buen abanico de medios posibles para elegir. Además, muchos de los gais que conocen a otros gais en uno de sus viajes son, precisamente, gais acostumbrados a viajar y con una parte de sus presupuestos destinada a ello. Antes era para ver ciudades, ahora será para ver al novio. También es posible mantener la comunicación de modo permanente gracias a las videoconferencias por Skype o Facetime y similares o gracias a aplicaciones como Whatsapp o Telegram. Y ya no hablemos del resto de redes sociales ¡o del clásico teléfono! Hemos creado unos nuevos canales de comunicación y hemos sustituido la interacción presencial por la digital. Y pueden ser igual de buenas. Esto es así hasta el punto de que resulta más fácil saber al detalle cómo le va a un hombre que vive a 2000 kilómetros de ti que saberlo de tu propio vecino. Quizá porque el intercambio digital lo tenemos al alcance de la mano y el presencial necesita que nos movamos del sofá. Esta tendencia parece que favorece vuestra relación, ¿verdad?

Pues no. Y lo sabes. Porque puedes comunicarte mucho, pero una relación necesita de algo más para pasar de platónica a amorosa. A no ser que tú seas uno de esos hombres que se siente incómodo con el contacto físico, lo más probable es que necesitéis veros, tocaros, sentiros, acariciaros, chuparos, saborearos, follaros, oleros y besaros. Y ese hándicap para poder experimentar el contacto físico es el mayor obstáculo para vuestra relación. Es muy difícil poder mantener la pasión en ausencia de contacto físico. Y recordad la importancia del contacto para crear un vínculo y una profunda intimidad. Tendréis que plantearos que, si queréis que vuestra relación funcione, necesitaríais veros una vez cada quince días como poco.

Mis amigos Toni y Moisès, cuando se conocieron, vivían a 1250 kilómetros porque Toni estaba estudiando en Suiza. Se conocieron por una web de contactos y estuvieron chateando durante dos años antes de que Toni regresara a Barcelona. Llevan juntos más de una década y son felicísimos, pero ellos tenían, ambos, una gran dosis de madurez y fueron muy osados al apostar por algo en lo que ni ellos mismos creían del todo. De hecho, hasta que no se vieron en persona (unos cuantos meses después de haber empezado a chatear), no sintieron verdaderamente que se estaban enamorando. No fue hasta entonces cuando empezaron a llamar «enamoramiento» a lo que sentían y no fue hasta entonces cuando empezaron a tomarse en serio el uno al otro. Decían: «Cuando nos tocamos fue cuando supimos que, de verdad, había química, que podía funcionar». ¿Cómo vais a llevar el poder tocaros de vez en cuando? Doy por hecho que trabajáis ambos y que tenéis la posibilidad de desplazaros durante el fin de semana. Si vuestra situación es diferente y la disponibilidad, mayor, obviamente cambia el planteamiento.

Muchas parejas a distancia pactan la no monogamia ya que entienden que follar solo una vez a la quincena puede no ser lo que mejor se acomode a sus necesidades. Algunos no lo hablan pero lo sobrentienden y ya sabes lo que pienso yo de los sobrentendidos. Aun así, el sexual no es el mayor de los problemas de este tipo de parejas ya que, al verse con menos frecuencia, se echan más de menos y los reencuentros sexuales suelen ser mucho más intensos que si follaran con frecuencia. El verdadero problema es la creación de la intimidad. Como viste en el capítulo 6, la intimidad surge del contacto. Y es la intimidad la que fomenta el lazo más profundo entre los enamorados. Si queréis que vuestra relación funcione, necesitaréis hacer un esfuerzo extra por fomentar la intimidad entre vosotros. Hablad mucho, contaros las vidas el uno del otro y haced una videoconferencia al menos cada dos o tres días. Descubrid vuestro proyecto juntos: ¿alguno de vosotros se mudaría de ciudad o, por el contrario, queréis manteneros a distancia siempre? ¿Qué queréis construir juntos? ¿Acompañaros en los viajes? ¿Ir juntos a los festivales? Vuestro proyecto puede estar más limitado, pero no tiene por qué no haber proyecto para vosotros.

> **UNO NUNCA SABE SI ALGO FUNCIONA HASTA QUE LO INTENTA.**

Los problemas más habituales que deberéis enfrentar guardarán relación con crisis emocionales y con problemas de comunicación. Estos últimos, debido a la ausencia del lenguaje no verbal, ya que toda vuestra comunicación se basa en un canal que no permite los matices de la entonación, el ritmo en el habla, la postura, la mirada, que proporcionan mucha información afectiva y está implícita en estos elementos, hasta el punto de que su ausencia puede provocar que la comunicación parezca fría o, lo que es peor, propiciar malos entendidos. Las emociones perturbadoras pueden ser muy intensas: frustración por no poder tocaros cuando más necesitáis un abrazo o por no poder acurrucaros entre los brazos de vuestro novio cuando los problemas en la oficina os sobrepasen. La duda sobre si lo vuestro funcionará o sobre si os estáis siendo fieles también será una constante. Y otra emoción constante (al menos hasta que os hayáis asentado) será el miedo: ¿quién no tendría miedo ante una situación que plantea tantas incertidumbres y en la que uno quiere poner el corazón?

¿Qué os aconsejo yo? Intentadlo. Al menos durante seis meses.[114] Si en ese tiempo no comienza a funcionar, plantearos una amistosa retirada. Pero tratad de hacer que funcione. Lo peor que puede pasar es que hayáis viajado mucho durante ese medio año. Así nunca os quedaréis con la duda de «¿qué hubiese sido de mi vida si lo hubiera intentado con aquel chico de Coruña?», y no saldréis demasiado perjudicados.

114. Todas las sugerencias de plazos son siempre orientativas. Hay quien necesita más y quien necesita menos. Lo que importa es que te fijes un plazo para decidir y evitar que la situación se eternice.

Recapitulemos

Hay unas cuantas ideas que me gustaría que te llevases al culminar la lectura de este libro. La primera de ellas es que el amor no es igual para todo el mundo, que cada uno de nosotros lo vive de forma diferente y que todas las formas son igualmente legítimas. Que solo el amor que duele debe ser cuestionado. Si amas más románticamente o si amas más desde el sentimiento de amistad, es tan válido como si amas más sexualmente o más ardorosamente. Lo único que importa es que la relación sea correspondida y entendida por tu novio y que nunca hablemos de una relación en la que tú perderías tus valores como ser humano. Solo es desechable el amor tóxico.

Tampoco olvides que el amor más importante es el amor a ti mismo: tu autoestima. Que solo amándote podrás saber que te aman bien y solo con una buena autoestima podrás amar libre de la dependencia. Amarte a ti mismo significa que puedes sentirte muy bien sin necesidad de que alguien sea tu novio. Que puedes ser perfectamente feliz estando soltero.

El proyecto de pareja siempre implica esfuerzo por parte de ambos. Raramente una relación fructifica si no nos esforzamos por hacerla funcionar. Si crees en los mitos del amor romántico, puedes pensar equivocadamente que no hace falta nada más que el amor para que la relación funcione.

En cualquier caso, si has amado bien pero no funciona, no pasa nada. Porque otra de las ideas que quiero que te quede para siempre clara es que de todo se sale y de todo se aprende. Las relaciones nos enseñan cómo nos relacionamos con los demás y con nosotros mismos. Vive tus relaciones como un aprendizaje y nunca creas que lo sabes todo.

Por último, y muy importante, recuerda que quien nunca juega, nunca gana. Si no lo intentas, nunca podrá salirte bien. Aunque te arriesgues a llevarte un desengaño, inténtalo. Con todas las precauciones, pero que el miedo nunca te impida vivir una relación.

No puedo prometerte que todo te saldrá bien, pero sí que te saldrá mejor de como te había salido antes. Ámate, ábrete al amor, aprende a amar. Ama.

Epílogo

Entregué a la editorial el manuscrito de este libro un día del otoño de 2016. Al ver la fecha, caí en la cuenta de la coincidencia: era el día de su cumpleaños. Había acabado mi libro sobre el mundo afectivo homosexual el mismo día que cumplía años el primer hombre del que me había enamorado conscientemente. Su recuerdo ya no era nada en mi vida pero la coincidencia no dejaba de ser simbólica porque había cerrado un ciclo justo con un libro que se titula *El ciclo del amor marica*. No te puedes imaginar lo gratificante que fue mirar atrás y ver cuánto había recorrido yo mismo.

Con una vida tan complicada como había sido la mía, el mero hecho de pensar que —además— podría ser homosexual era algo que me creaba tanta ansiedad que ni yo mismo podía ser consciente de mis verdaderos sentimientos por más que por la calle los ojos se me escapasen detrás de un hombre atractivo. Por más que solo el porno gay me excitase, por más que buscase a otros hombres para tener cibersexo con ellos. Por más que, en algunos de mis ensueños, lo que verdaderamente me enardeciese fuese imaginarme abrazado a otro hombre, los dos desnudos con él sobre mí, besándonos en una cama. Aun así, yo quería seguir pensando que aquello no era sino confusión mía, producto de una vida tan difícil como la que me había tocado vivir.

No me siento creyente pero algunas veces los astros se confabularon a mi favor y, en una de esas, yo supe lo que era enamorarse. Hacía muy poco que me había atrevido a salir del armario con mi hermana. «Yo… yo soy…, bueno, tú sabes: bisexual», le dije. No era bisexual, soy homosexual. Nunca había sentido por una mujer algo como aquello que luego sentí por él. Por ellos. Aunque aún yo no lo sabía. Haber encontrado la tranquilidad de poder hablar de lo que experimentaba me ayudó a aceptarme, a sentirme cómodo conmigo mismo. A pasear por Sitges y sentirme feliz de que todo el mundo pudiera imaginar que era homosexual. Y empezar a aceptarlo. Sí, los astros se confabularon, pero fue la aceptación de mí mismo lo que les abrió la puerta para que pudieran cambiar mi vida… por fin.

Él era amigo del novio de un amigo. Él era famoso, muy famoso en su país. Un país en el que era imposible hablar de ser homosexual. Un país para vivir en el armario. En un armario precioso: de oro, de viajes, de amistad con los *sheiqs* que lo contrataban para cantar en sus fiestas privadas. Un armario de fans enloquecidas y de conciertos rebosando mujeres que le gritaban su amor. De un novio a escondidas. Un novio casado con una mujer. Un armario de estar pensando en la mujer con la que debía casarse. Un armario de huir, de vez en cuando, a Europa para poder ser él mismo. Así era él.

Había venido a casa del novio de mi amigo. A pasar un fin de semana. Pero el novio de mi amigo tuvo que marcharse de urgencia porque otro amigo suyo murió repentinamente. Y mi amigo me llamó: «Gabriel, tío, tienes que venirte a casa. Yo no sé hablar ni papa de inglés y este hombre no sabe español. Me hace falta que estés tú aquí para traducir. Esta noche se va en avión, te lo pido solo hasta entonces». «Bueno, voy», accedí. Y allí me planté. Pasamos el día recorriendo Barcelona y lo acompañamos al aeropuerto a eso de las siete de la tarde. «Me ha encantado conocerte, a mi vuelta me gustaría volver a verte», fue su despedida. Él volaba a otra ciudad española, a ver a otros amigos, y regresaba en cuatro días. Le contesté que estaría esperándolo y regresé a casa fascinado por un hombre tan educado, con tanto mundo y con una sensibilidad tan cultivada y tan poco cursi como la suya.

Me busqué la vida: conseguí coche y un apartamento en Salou. A su vuelta yo lo esperaba en la puerta de llegadas del aeropuerto. «Vamos a dormir frente al mar», le dije, y él me sonrió. Me habló, durante el trayecto, de su viaje a Granada y de las huellas de su cultura en aquella ciudad. Ahora podía comprender que un occidental como yo pudiera sentir tanto amor por una cultura como la suya. «Al fin y al cabo —me decía—, te has criado en una de las perlas de la cultura árabe».

Llegamos, soltamos las maletas, se duchó y nos fuimos a cenar. Paseamos por las calles de Salou, repletas de guiris, y se rio mucho de que los españoles empleásemos esa palabra para referirnos a los extranjeros.[115] De nuevo, las huellas de la historia y los puntos en común. Me hablaba de sus actuaciones. Y de una canción suya que estaba teniendo mucho éxito: «Es la historia de un chico que le declara su amor a una chica», y me la puso en su MP3. Yo le conté mi llegada reciente a Barcelona y que quería hacer mi vida en aquella ciudad. En realidad, hablé más bien poco, lo que me gustaba era escucharle.

Tras la cena, una copa sin alcohol (era Ramadán) en un karaoke donde se animó a cantar *Kissing a fool,* de George Michael. Luego, vuelta al apartamento por el paseo marítimo. «Vamos a la orilla», me pidió. Paseamos hasta el espigón y lo

---

115. Él la relacionaba con un vocablo turco, aunque ya el Diccionario etimológico de Corominas y luego también el DRAE establecieron que «guiri» proviene del euskera *guiristino,* deformación por parte de los vascoparlantes de «cristino», que servía para designar a los liberales partidarios de María Cristina de Borbón frente a los carlistas.

recorrimos hasta su extremo. Allí nos sentamos, mirando a un mar que se intuía tranquilo. Se acercó a mi oreja y me susurró que aquello iba a ser solamente para mí. Empezó a cantar. La noche, la luna, el mar. Todas las estrellas del cielo sobre mí y una estrella de la Tierra cantando en mi oído aquella canción cuyas estrofas fui capaz de reconocer. Identifiqué la palabra *houb* porque ya había aprendido cómo se dice «amor» en árabe. Sus ojos, cuando los miré, se quedaron fijos allá para mí. Para que yo me viera en ellos.

Él era un seductor y sabía bien cómo enamorar. Él no tenía más interés que engatusarme. Porque teniendo a todo el mundo engatusado era la única forma en la que se sentía seguro. Eso me parecía evidente. Yo no le interesaba afectivamente. Él solo estaba coqueteando. Pero mi corazón, al que tanto respeto y que tan sincero siempre me ha sido, me supo resumir muy bien la situación cuando me dijo: «Gabriel, esto tiene fecha de caducidad. Mañana él se marchará para no volver y sería una locura plantearse ni tan siquiera intentar un romance con él. Pero vívelo, porque tú sabes bien que nunca habías sentido esto que estás experimentando en estos momentos».

Así que tomé una de sus manos entre las mías y le dije: «¿Sabes, *habibi*, tú eres una respuesta?». «¿Una respuesta?», se extrañó. Y yo le hablé de mi vida, de mi confusión, de todo lo que me había sucedido hasta aquel día. «Así que le pregunté a la Vida que si yo podría enamorarme de un hombre, porque, si así fuese, entonces dejaría de tener dudas sobre si soy homosexual. Y, ya ves, Alá ha sido compasivo y generoso conmigo: te ha traído desde tan lejos, me ha puesto en tu camino, nos ha acompañado a este espigón y te ha hecho cantarme al oído. Ahora sé que nunca había sentido, por ninguna mujer, esta seducción y que, sin ningún tipo de dudas, efectivamente soy homosexual. Haría el amor contigo toda la vida. Sí, *habibi*, tú eres una respuesta. Y nunca imaginé que la respuesta sería tan bonita».

Él, un musulmán creyente que vivía perdido en el conflicto entre sus sentimientos y lo que su cultura pensaba acerca de la homosexualidad, se estremeció. Porque nunca antes había imaginado que el dios en el que él quería creer lo habría utilizado como instrumento para dar una respuesta sobre el amor a un hombre homosexual. Le sonreí. Nos volvimos al apartamento.

Algunos meses después de su marcha aún nos escribíamos algunos emails. Pero no fueron muchos. No importaba. Yo sabía que él tenía fecha de entrada y fecha de salida de mi vida. Lo que no sabía era que, al enamorarme de él, pude reconocer aquellos mismos sentimientos en mí, años atrás. Claro que yo era homosexual, claro que me podía enamorar de otro hombre. Yo ya había sentido amor por otro hombre. Había tenido esos mismos sentimientos por Nacho, cuando éramos compañeros de trabajo en Granada (Granada, el amor…; el amor, Granada). Pero unos sentimientos que estuvieron enterrados bajo una capa tan densa de miedos, dudas, confusión y ansiedad que ni siquiera había podido vivirlos con lucidez. Por eso nunca pude olvidarme de él. Por eso, durante tantos años, yo lo recordaba y pensaba en qué habría sido de su vida. Y por eso yo llevaba desde entonces, fijos en mi mente, sus ojos verdes y su sonrisa tiernamente tímida. Así fue: la primera vez que me enamoré ni siquiera me di cuenta. La primera vez que me di cuenta no me podía enamorar. Pero, entre él y aquel, yo supe lo que significaba la palabra «amor» para mí. Y fue eso lo único que importó al final.

Referencias bibliográficas

BEREZNAI, S. (2006), *Gay and single... forever?*, Nueva York, Marlow y Company.
BLANNING, T. (2008), *The pursuit of glory. Europe 1648-1815*, Londres, Penguin.
BOWLBY, J. (1988), *A secure base. Clinical applications of attachment theory*, Londres, Routledge.
BURRELL, E. R., H. A. PINES, E. ROBBIE, L. COLEMAN, R. D. MURPHY, K. L. HESS, P. ANTON y P. GORBACH (2012), «Use of the Location-Based Social Networking Application GRINDR as a Recruitment Tool in Rectal Microbicide Development Research», *AIDS and Behavior*, vol. 16 (7), pp. 1816-1820.
CHAPMAN, G. (1996), *Los lenguajes del amor. Cómo expresar devoción sincera a su cónyuge*, Chicago, Moody Press.
CHERNIN, J. N. (2006), *Get closer. A gay men's guide to intimacy and relationships*, Nueva York, Alyson Books.
DAAR, E. S. y K. CORADO (2016), «Condomless sex with virologically suppressed HIV-infected individuals. How safe is it?», *Journal of the American Medical Association*, vol. 316 (2), pp. 149-151.
DE DECCO, J. (1988), *Gay relationships*, N. York, Harrington Park Press.
—— (1988), *The male couple's guide*, Marcus.
DÍEZ, M. (2013), «Epidemiología de la infección VIH en España», Jornadas de actualización en Atención Farmacéutica al Paciente con Patologías Víricas, Madrid, 9-10 mayo.
DOWNS, A. (2005), *The velvet rage*, Cambridge, Perseus Books.
EASTON, D. y J. W. HARDY (1997), *Ética promiscua*, Santa Cruz de Tenerife, Melusina.

EPSTEIN, R. (2010), «How science can help you fall in love», *Scientific American Mind* (20), pp. 26-33.

ETXEBARRIA, L. (2016), *Más peligroso es no amar*, Madrid. Aguilar.

FERRER, V. A., E. BOSCH y C. NAVARRO (2010), «Los mitos románticos en España», *Boletín de Psicología*, 99, pp. 7-31.

FISHER, H. (2004), *¿Por qué amamos?*, Madrid, Taurus.

—— (2006), «The drive to love. The neural mechanism for mate selection», en Sternberg y Weiss (comps.), *The new psychology of love*, New Haven, Yale University Press, pp. 87-115.

FRIEDMAN, R. (2012), «Stages of the grief. The myth», http://blog.griefrecoverymethod.com/education/blog/2012/01/stages-grief-myth>, consultado el 11 de septiembre de 2016.

GOEDEL, W. C. y D. T. DUNCAN (2015), «Neosocial-networking app usage patterns of gay, bisexual, and other men who have sex with men. Survey among users of Grindr, a mobile dating app», *Journal of Public Health Surveillance*, enero-junio 1(1), publicado online el 8 de mayo de 2015.

GOTTMAN, J. y N. SILVER (2001), *Siete reglas de oro para vivir en pareja*, Barcelona, Random House Mondadori.

HENDRICK, C. y S. HENDRICK (2006), «Styles of romantic love», en Sternberg y Weiss (comps.), *The new psychology of love*, New Haven, Yale University Press, pp. 149-170.

ISENSEE, R. (1996), *Love between men*, Nueva York, Alyson Publications.

KENRICK, D. T. (2006), «A dynamical evolutionary view of love», en Sternberg y Weiss (comps.), *The new psychology of love*, New Haven, Yale University Press, pp. 15-34.

KÜBLER-ROSS, E. (1973), *On death and dying*, Nueva York, Routledge.

LEE, J. A. (1988), «Love styles», en R. J. Sternberg y M. L. Barnes (eds.), *The psychology of love*, New Haven, Yale University Press, pp. 38-67.

LINDEMANN, E. (1944), *Symptomatology and management of acute grief*, publicado online el 1 de abril de 2006, disponible en: http://ajp.psychiatryonline.org/doi/abs/10.1176/ajp.101.2.141.

MARCUS, E. (1988), *The male couples guide*, Nueva York, Harper Collins.

MARSHALL, T. C. (2012), «Facebook Surveillance of Former Romantic

Partners. Associations with PostBreakup Recovery and Personal Growth», *Cyberpsychology, behavior, and social networking*, vol. 15 (10), pp. 521-528.

Martín, G. J. (2016), *Quiérete mucho, maricón*, Barcelona, Roca Editorial.

McWhirter, D. P. y A. M. Mattison (1985), *The male couple*, Nueva Jersey, Prentice Hall.

OMS (2006), «Defining sexual health», report of a technical consultation on sexual health, Ginebra, 28 al 31 de enero de 2002.

Paternotte, D. (2016), «The NGOization of LGBT activism. ILGA-Europe and the Treaty of Amsterdam», Social Movement Studies, *Journal of Social, Cultural and Political Protest*, vol. 15 (4), pp. 388-402.

Peplau, L. A. y A. W. Fingerhut (2007), «The close relationships of lesbians and gay men», *Annual Review of Psychology*, vol. 58, pp. 405-424.

Perel, E. (2006), *Inteligencia erótica*, Madrid, Temas de Hoy.

Rendina, H. J., R. H. Jimenez, C. Grov, A. Ventuneac y J. T. Parsons (2014), «Patterns of lifetime and recent HIV testing among men who have sex with men in New York City who use Grindr», *AIDS and Behavior*, vol. 18 (1), pp 41-49.

Riso, W. (2008a), *Amar o depender*, Barcelona, Planeta.

—— (2008b), *Amores altamente peligrosos*, Barcelona, Planeta.

Rudy, E., M. Beymer, G. Aynalem, J. Rodriguez, A. Plant, R. Bolan y P. R. Kerndt (2012), «GRINDR and other geosocial networking applications. Advent of a novel, high-risk sexual market place», National STD Prevention Conference.

Ruiz Figueroa, B. (2015), *Desde el tercer armario. El proceso de reconstrucción personal de los hombres gais separados de un matrimonio heterosexual*, Barcelona, Egales.

Savic, I., H. Berglund y P. Lindström (2005), «Brain reponse to putative pheromones in homosexual men», *Proceedings of the National Academy of Sciences*, 102 (20), pp. 7356-7361.

Schmitt, D. P. (2006), «Evolutionary and cross-cultural perspectives on love. The influence of gender, personality, and local ecology on emotional investment in romantic relationship», en Sternberg y Weiss (comps.), *The new psychology of love*, New Haven, Yale University Press, pp. 249-297.

Seligman, M. E. P. (2011), *Flourish*, Nueva York, Free Press.

Serrano, G. y M. Carreño (1993), «La teoría de Sternberg sobre el amor. Análisis empírico», *Psicothema*, n.º 5 (supl. 1), pp. 151-167.

Sternberg, R. J. (1988), *The triangle of love. Intimacy, passion, commitment*, Basic Books.

—— (2006), «A duplex theory of love», en Sternberg y Weiss (comps.), *The new psychology of love*, New Haven, Yale University Press, pp. 184-199.

Su, J. Y., J. Holt, R. Payne, K. Gates, A. Ewing y N. Ryder (2015), «Effectiveness of using Grindr broadcast to increase syphilis testing among men who have sex with men in Darwin, Australia», *Australian and New Zealand Journal of Public Health*, vol. 3 (3), pp. 293-294.

Travis, R. L. (2012), *Gay men's guide to love and relationships*, RLT Publishing.

Wiele, C. y S. T. Tong (2014), «Breaking boundaries. The uses and gratifications of Grindr», *Proceedings of the 2014 ACM International Joint Conference on Pervasive and Ubiquitous Computing*, pp. 619-630.

Yela, C. (2000), *El amor desde la psicología social. Ni tan libres ni tan racionales*, Madrid, Pirámide.

—— (2003), «La otra cara del amor. Mitos, paradojas y problemas», *Encuentros en Psicología Social*, 1(2), pp. 263-267.

Este libro utiliza el tipo Aldus, que toma su nombre
del vanguardista impresor del Renacimiento
italiano Aldus Manutius. Hermann Zapf
diseñó el tipo Aldus para la imprenta
Stempel en 1954, como una réplica
más ligera y elegante del
popular tipo
Palatino

***
**
*

El ciclo del amor marica
se acabó de imprimir
un día de primavera de 2017,
en los talleres gráficos de Liberdúplex, s.l.u.
Crta. BV-2249, km 7,4, Pol. Ind. Torrentfondo
Sant Llorenç d'Hortons (Barcelona)

***
**
*